国家社科基金
后期资助项目

马克思的本体论革命及其当代意义研究

Research on Marx's Ontological Revolution and Its Contemporary Significance

陈永杰 著

浙江大学出版社
·杭州·

图书在版编目(CIP)数据

马克思的本体论革命及其当代意义研究 / 陈永杰著
. — 杭州：浙江大学出版社，2023.11
ISBN 978-7-308-24344-5

Ⅰ. ①马… Ⅱ. ①陈… Ⅲ. ①马克思主义哲学－本体论－研究 Ⅳ. ①B016

中国国家版本馆 CIP 数据核字(2023)第 206237 号

马克思的本体论革命及其当代意义研究
陈永杰　著

责任编辑	周烨楠
责任校对	李瑞雪
责任印制	范洪法
封面设计	周　灵
出版发行	浙江大学出版社
	(杭州市天目山路148号　邮政编码310007)
	(网址：http://www.zjupress.com)
排　　版	杭州朝曦图文设计有限公司
印　　刷	杭州高腾印务有限公司
开　　本	710mm×1000mm　1/16
印　　张	15
字　　数	301 千
版 印 次	2023 年 11 月第 1 版　2023 年 11 月第 1 次印刷
书　　号	ISBN 978-7-308-24344-5
定　　价	68.00 元

版权所有　侵权必究　印装差错　负责调换

浙江大学出版社市场运营中心联系方式：0571－88925591；http://zjdxcbs.tmall.com

国家社科基金后期资助项目
出版说明

  后期资助项目是国家社科基金设立的一类重要项目，旨在鼓励广大社科研究者潜心治学，支持基础研究多出优秀成果。它是经过严格评审，从接近完成的科研成果中遴选立项的。为扩大后期资助项目的影响，更好地推动学术发展，促进成果转化，全国哲学社会科学工作办公室按照"统一设计、统一标识、统一版式、形成系列"的总体要求，组织出版国家社科基金后期资助项目成果。

全国哲学社会科学工作办公室

前　言

　　本书旨在针对马克思的本体论革命及其当代意义展开探讨性研究。我们深知这是一个有相当难度的课题。虽然人们一直谈论着马克思完成了哲学史上一场重要的革命，却并未真正阐明这场本体论革命对于哲学本身意味着什么。这个问题是不能回避的，虽然它一再被回避。这暴露出了当前研究马克思主义哲学所面临的困境。一方面，人们毫不犹豫地谈论着马克思的"哲学革命"，另一方面，却对西方哲学传统尤其是近代的传统缺乏一种批判性的反省，尽管马克思本人已经完成了这种反省。这个困境的存在促使我们重新审视马克思的本体论革命及其当代意义，以期实现对准确理解马克思主义哲学的些许推进。

　　马克思本人并未系统完整地论述自己的本体论思想，他论述本体论革命多是以与同时代人论战的面貌呈现，如《关于费尔巴哈的提纲》《1844年经济学哲学手稿》《德意志意识形态》。然而，这些文字关于马克思的本体论革命思想的表达十分简洁，为后来的各种解读留下了空间。马克思所阐发的共产主义思想与他所发动的本体论革命是二而一的，如果没有对其本体论革命有真切领会，那么，马克思的共产主义思想就会被纳入近代形而上学的范畴之中。在近代形而上学中，抽象的思辨理性原则变身为物质生产运动的知性法则，"实践"本体虽然一再被强调着，但在本质上属于客观经济范畴的展开。这样的"实践"与马克思所指明的现实世界本身的自我革新、自我批判相去甚远。抽象的思辨理性一直霸占着对马克思的本体论革命的解读，所以，这就需要我们从本体论革命的视角阐发马克思主义哲学，使历史唯物主义真正走入当代。

　　准确地阐明马克思对费尔巴哈感性直观本体论和黑格尔抽象的思辨理性本体论的批判，是把握马克思本体论革命的关键。费尔巴哈率先发动了对一般哲学—形而上学的批判，在此基础上，马克思借助变革后的黑格尔辩证法实现了对全部形而上学本体论的彻底颠覆和终结。可以说，关于马克思的本体论革命及其当代意义的当代解读是理解马克思主义理论体系非常重要和恰当的主题。

目 录

绪　论　马克思本体论革命的双重超越 …………………………… 1
第一章　马克思对费尔巴哈本体论的剖析与超越 ……………… 20
　第一节　费尔巴哈对马克思本体论革命的奠基 ………………… 20
　　一、费尔巴哈对哲学—神学的本体论批判及其理论贡献
　　　………………………………………………………………… 22
　　二、费尔巴哈揭示了近代哲学的意识内在性 ………………… 29
　　三、费尔巴哈消解意识内在性的尝试 ………………………… 31
　第二节　费尔巴哈为马克思的本体论革命提供了理论前提 …… 34
　　一、由"感性对象性"到"对象性活动" ………………………… 35
　　二、从"现实的人"转变为"现实的个人" …………………… 38
　　三、从"感性直观"到"感性活动" …………………………… 42
　第三节　实践本体论对感性直观本体论的超越 ………………… 45
　　一、马克思借助费尔巴哈清算以往的本体论 ………………… 46
　　二、揭示感性直观本体论的局限——历史性的缺失 ………… 51
　　三、历史由感性活动建构而成 ………………………………… 57

第二章　马克思对黑格尔意识本体论的批判与翻转 …………… 62
　第一节　"生活决定意识"思想的确立 …………………………… 63
　　一、对近代思辨哲学意识内在性的揭示 ……………………… 63
　　二、追问意识之本质——从"纯粹意识"到"感性意识"
　　　………………………………………………………………… 67
　　三、伴随对象性活动而来的"感性意识" ……………………… 70
　　四、"生活决定意识"的方法论意涵——深入社会现实
　　　………………………………………………………………… 74
　第二节　马克思对黑格尔辩证法的超越 ………………………… 77
　　一、否定性:从"知性否定"到"辩证否定" …………………… 78

二、否定性的现实根基：生活世界 …………………………… 82
　　三、辩证否定的革命实质：历史性批判 ………………………… 87
第三节　对黑格尔思辨理性本体论的批判 …………………………… 91
　　一、揭示思辨理性本体的抽象性 ………………………………… 91
　　二、以实践本体替代思辨理性本体的变革 …………………… 94
　　三、由"思辨辩证法"到"实践辩证法" ………………………… 97

第三章　本体论革命的理论枢纽
——"对象性活动"原则 …………………………………… 102
第一节　"对象性活动"原则形成的理论前提 ……………………… 102
　　一、马克思对费尔巴哈"感性对象性"的继承 ………………… 103
　　二、马克思对费尔巴哈立场的引申与反思 …………………… 107
　　三、马克思对黑格尔活动原则的批判性发展 ………………… 111
第二节　"对象性活动"原则的创造性构建 ………………………… 118
　　一、"对象性活动"原则的内涵 ………………………………… 118
　　二、"对象性活动"原则在《巴黎手稿》中的呈现 …………… 122
　　三、"对象性活动"原则的逻辑后承：实践 …………………… 127
第三节　"对象性活动"原则的本体论意涵 ………………………… 131
　　一、从"对象性活动"原则出发翻转了以往哲学 ……………… 131
　　二、立足于"对象性活动"原则考察现实世界 ………………… 135
　　三、"对象性活动"彻底突破了"意识内在性" ………………… 138

第四章　本体论革命的理论成果
——以"对象性意识"终结"自我意识" ………………… 145
第一节　对象性意识的本体论意涵 …………………………………… 145
　　一、对象性意识的生成 …………………………………………… 146
　　二、对象性意识是人对自身的领会 ……………………………… 150
　　三、对象性意识的本体论意涵 …………………………………… 154
第二节　对象性意识的建构 …………………………………………… 159
　　一、对象性意识的主体性建构：属人的感觉 …………………… 159
　　二、对象性意识的对象性建构：社会存在 ……………………… 162
　　三、对象性意识的住所：语言 …………………………………… 166

第三节 历史是对象性意识的历史 ……………………… 169
 一、对象性意识确证现实的社会生活 ………………… 170
 二、生产力是对象性意识的对象性存在 ……………… 174
 三、对象性意识的历史性向度 ………………………… 176

第五章 本体论革命的当代意义 …………………………… 182

第一节 本体论革命后的新历史观 ……………………… 182
 一、扬弃思辨理性对历史的解读方式 ………………… 183
 二、社会意识是生产方式的意义生成 ………………… 186
 三、共产主义的实践本体论论证 ……………………… 189
第二节 本体论革命中的批判精神 ……………………… 194
 一、对批判精神应有原则高度的估价 ………………… 195
 二、对现代性的批判 …………………………………… 198
 三、批判精神意味着切入社会现实 …………………… 201
第三节 由本体论革命带来的新世界观 ………………… 204
 一、开拓了本体论研究的问题域 ……………………… 204
 二、在实践中确证了人类解放的价值旨归 …………… 208
 三、确立了以人的对象性活动为根基的新世界观 …… 210

参考文献 …………………………………………………… 214

绪论　马克思本体论革命的双重超越

马克思本体论革命的内在理路是：所"立"（构成切中社会现实的唯物史观）与所"破"（批判性吸收费尔巴哈的感性直观本体论和黑格尔的自我意识本体论）的共存。马克思的本体论革命是以实践为根据去理解社会生活，实践对马克思而言是历史的、革命的、批判的和见之于现实的。这是一种创造和改变社会关系的活动，现实世界为实践（感性活动、对象性活动）所规定和建构，实践的历史的展开便是世界的改变。马克思本体论革命的直接理论成果是建构了实践本体论，进而由此确立了历史唯物主义。唯物史观彻底颠覆了以往从抽象的思辨理性出发去理解生活世界的做法，主张世界的改变和历史进程的展开并非由观念推动，而是生活世界在从事着自我批判、自我革新。

当前，新时代中国特色社会主义的创造性实践作为一项重要的时代任务已与我们照面，为使这项任务得以顺利进行，需要我们达成真正意义上的方法论自觉。因此，就不能不对各种未澄清前提和划定边界的本体论思想展开批判。遗憾的是，今天的知识界还没有真正理解和吸收马克思本体论革命的理论要义，理论领域内的教条主义、经验主义在一定意义上就是其表征。只要在哲学本体论上缺乏必要的省察，便会不自觉地陷入其泥潭。由于这一主题是哲学性质的，我们不得不在哲学的高度上加以阐明。可以肯定的是，只有深刻领会马克思本体论革命的思想资源并熔铸为我们的思维方法之后，才能真正把握马克思主义思想体系的理论价值，以便于巩固对社会现实的解释力和话语权。

一、马克思本体论革命的哲学史背景

马克思主义已经诞生一百多年了，对于我们这个时代究竟还有没有真正的当代价值？这个问题几乎是所有马克思主义理论工作者都要面对的首要论题。出人意料的是，即便是解构主义的创始人德里达也认为反复阅读和研究马克思是我们时代的责任，"没有这种责任感，也就不会有将来。不能没有马克思，没有马克思，没有对马克思的记忆，没有马克思的遗产，就没有将来"①。法国存在主义哲学家萨特认为马克思主义是我们时代不可超越的哲学,"马克思主义的生命力远不是已经枯竭了,它还正年轻,几乎还在童年,似乎刚刚开始发展,所以它仍然是我们时代的哲学,它是不可超越的,因为产生它的那些历史条件还没有被超越"②。德国著名存在主义大师哲学家海德格尔在《关于人道主义的通信》一文中指出:"人们可以以各种不同的方式来对待共产主义的学说及其论据,但从存在的历史的意义看来,确定不移的是,一种对有世界历史意义的东西的基本经验在共产主义中自行道出来了。"③这些哲学家的判断足以佐证马克思主义的当代性。类似的言说无须过多转述,我们需要做的是从哲学的义理层面如实地展现马克思本体论革命的合理性及其理论说服力。我们讨论马克思经过本体论革命的目的是实现马克思主义理论功能的再度青春化,由此呈现其当代价值。

就哲学史的历程而言,近代思辨哲学的出发点是"我思"——自我意识的立场,这在马克思那里也可以看到类似开端,马克思在青年时期参加博士俱乐部时,也是将自我意识作为其理论的基本立脚点。大体说来,笛卡尔以"我思"作为出发点为近代思辨哲学确定了主体性原则,康德等人以诸多形式加以发展,直至黑格尔达到了主体性原则的顶峰。近代思辨哲学的开启是以笛卡尔的"我思故我在"为标志,其哲学属于一种内在性的原则,从自身出发裁定一切,外在性和外在权威被否定。近代思辨哲学的任务就是追求真理和知识,其首要原则是不接受任何未经考察前提的思想,这也就是所谓自由的思想。不消说,这是一条伟大而且极其重要的原则,因为这种具有能动性的自由思想是积极的、具有实体性内容的,而不是纯内在的。但是,笛卡尔面临最大的问题是:从"我思"——主体性——出发,如何从意识内部走到外面来,创造出一个外部的对象世界?事实上,"我思"这个值得讨论的基础没有在本体论上得到追问,而被视为理所当然。

康德打破了思维和存在统一的确定性,确定了思维的最高权威性,这无疑赋予了思维以巨大的自由。但是康德的这种思想上的自由却仅仅是主观的自由,一旦这种自由被应用到现实世界,就变成抽象性的和可疑的。不可否认,康德力图达到理性本身的真理性,对理性进行了深刻而卓有成

---

① 雅克·德里达:《马克思的幽灵》,中国人民大学出版社1999年版,第21页。
② 萨特:《萨特哲学论文集》,安徽文艺出版社1998年版,第118页。
③ 袁贵仁、杨耕主编:《当代学者视野中的马克思主义哲学》,北京师范大学出版社2008年版,第39页。

效的考察,然而,他却将本质性回撤到了自我意识内部。康德沿用了笛卡尔的"我思"原则,但是康德的"我思"概念实际上改变了先前的主体性原则,不是实体之我在思,而是先验之我等于思;不是经验的思,而是纯思,终究无法解决纯粹思维的自我运动如何贯穿对象领域的问题。而在黑格尔看来,思想的真正客观性应该是:我们的思想与事物的自身(an sich)达成和解,即思想能够贯穿事物自身就体现了思想的客观性。黑格尔力图实现"思"与"有"的同一,其主体概念既不同于笛卡尔意义上的"我思",也不同于康德意义上的"先验主体",而是一个生产性的概念,一个自我发展和自我生成的主体。黑格尔以此来判定康德哲学在本体论上依然属于主观思想的自我意识。

马克思充分肯定了黑格尔哲学在本体论上的贡献,认为黑格尔的伟大之处就在于把人的自我创造看成了一个过程。然而,黑格尔的哲学体系依然封闭在思想的内部自身,是围绕自身的不停息的运转。不可避免的是黑格尔的逻辑学在自我运动中出现的问题,即纯粹思维的自我运动如何外化为现实的自然界。这是黑格尔在本体论上的难题。其中必须面对的问题是:意识是纯粹的内在的实体,对象是纯粹的外在的有广延的实体,完全无广延的意识如何推动有广延的对象,与有广延的对象相互作用、相互协调?这是不可思议的,也是自相矛盾的。在形而上学建制中,这个问题始终无法得到解决,最后,都不得不借助上帝来解决,笛卡尔、康德、黑格尔莫不如是。

马克思判定在以黑格尔为最终完成者的形而上学建制内,自我意识如何贯穿外在的社会现实是个无法解答的难题。而作为唯物主义者的费尔巴哈所直观到的世界仍然是抽象形而上学的,最终由于他不知道现实的实践活动本身而返回到了人的抽象实体和抽象本质。而抽象物质的方向毋宁说就是唯心主义的方向,因为前者分享着后者的本体论基地。与费尔巴哈的抽象物质方向形成对立的是黑格尔的思辨唯心主义,黑格尔意义上的自然界是抽象的,只是自然界的思想物,自然界相对于理念而言是异在的,真正的感性的自然界却被理解成了一种外在的形式。

在对旧唯物主义特别是费尔巴哈直观唯物主义的知识论路向的本体论革命中,马克思创造性地转化了黑格尔的辩证法并融入其中,确立了"感性活动"即实践的本体论立场,阐明了历史唯物主义实践本体论的崭新意蕴。正是通过对黑格尔哲学的批判性吸纳,马克思达到了本质性跨越费尔巴哈感性直观本体论限度的目的。马克思将黑格尔的辩证法理解为劳动原则,"可见,他抓住了劳动的本质,把对象性的人、现实的因而是真正的人理解为人自己的劳动的结果"①,即表明黑格尔在意识领域内做到了主体自身的出离和对异在对象的占有,从而展开了主体产生与形成的过程,也就为历史运动找到了抽象化的表达。由此,马克思就在对费尔巴哈的感性直观本体和黑格尔辩证法的双重批判下,创立了"感性活动"这一本体论革命的理论成果。此时的主体才真正出离了自身,通过实践本体论(也可以称之为感性活动本体论、对象性活动本体论)实现了主体和对象的生成与发展,使得现实世界与我们照面。

马克思认为现实世界是由实践活动所构造的,黑格尔的本体论视域中所设定的人等于自我意识,物性是自我意识的外化,只是人类感性的、自我对象化活动的无内容的抽象形式,内容丰富的、活生生的、感性的、具体的活动就变成了自我意识的纯粹抽象,"这就是普遍的,抽象的,适合于任何内容的,从而既超脱任何内容同时又恰恰对任何内容都有效的,脱离现实精神和现实自然界的抽象形式、思维形式、逻辑范畴"②。所以,马克思借助"实践"本体既超越了费尔巴哈的"感性直观",也完成了对黑格尔"绝对精神"的批判性脱离,而且这种超越和脱离是彻底的本体论意义上的。这也正是马克思在本体论意义上的革命性贡献。

马克思从实践本体来理解世界是向人的呈现和世界在人的实践活动中改变,而不是在人的思维中被先验地规定出来,在先验理性的逻辑中展开它的一个个环节,从而随之改变。黑格尔是在康德基础上前进的,将先验逻辑转变为辩证逻辑,世界的改变被看成是理性自身的辩证法。而在马克思看来,世界的改变和人的实践活动的历史性是一致的,实践活动的历史展开就是世界的改变过程。

与近代的哲学家们不同,马克思敏锐地发现了思辨哲学形而上学建制中主体性的自我封闭的问题,马克思认为现实个人不是纯思的自我,纯思的自我必定会导致唯我论的困境,现实的个人其实是在实践交往中被构造出来的,因此,马克思引入了实践本体来批判近代哲学。为了解答这个形而上学的本体论难题,马克思要求给予社会现实先于意识的优先地位。早在马克思研究"法的形而上学"时,就已经意识到了其中的困境了,"这里首先出现的严重障碍正是现实的东西和应有的东西之间的对立,这种对立是唯心主义所固有的;它又成了拙劣的、错误的划分的根源"③。马克思的主

---

① 《马克思恩格斯文集》(第 1 卷),人民出版社 2009 年版,第 205 页。
② 《马克思恩格斯文集》(第 1 卷),人民出版社 2009 年版,第 218 页。
③ 《马克思恩格斯全集》(第 40 卷),人民出版社 1982 年版,第 10 页。

体当然不是封闭的主观思想或者自我意识,而是指人的实践活动——劳动。劳动作为一种自觉自为的活动,是一种历史性的活动,呈现出人的自我生成和自我发展;劳动既是历史发展的原因又是历史发展的结果。马克思的本体论革命就是从历史发展的角度出发,将人的活动理解为历史性的活动——物质资料的生产方式及其变动结构,其展开形态表现为具体条件下的特定的实践活动。

我们可以这样概括马克思的本体论革命:第一,任何真正的理论包括马克思自己的学说也是对世界的解释,但并不是对世界的观念的解释,也不是重新规范世界,而是对当下实践的本质构造和必然趋势的说明;第二,要进入生活世界去理解生活世界的自我批判,而不是从观念的出发去解释实践的东西;第三,世界不是观念导致它改变的,观念只是自觉地表达世界自身变革的要求。显然,马克思的实践本体不再是黑格尔的停留于封闭的主体的自我意识活动。这就意味着马克思对任何一种形而上学建制的坚决拒斥,也意味着马克思对自我意识主体的批判性脱离,而这种拒斥和脱离是以实践本体论为核心展开的。只有经由马克思的本体论革命,才能实现"现实生活过程"的通达。在马克思看来,实践是历史的发展动力,实践活动的历史性展开引发了生活世界的自我批判、自我革新,从而促使了世界连续不断地前行。人们所持的观念上的批判实则是对生活世界自我批判的观念表达,如果不能使现实世界与我们照面,那么,我们就根本不能冲散思辨哲学意识内在性和旧唯物主义感性直观的迷雾。马克思本体论革命的直接理论成果是实践本体论的确立,进而建构了科学的世界观——唯物史观,唯物史观则意味着对社会现实本身的真正切中。

二、由批判精神而来的本体论革命

批判精神是马克思如此清晰的突出特征,"我指的就是要对现存的一切进行无情的批判"[①]。正是在这种精神的引领之下,马克思逐步深入了社会现实的深处,找到了真正深入思考和解决现实问题的道路——实践本体论。如果没有这样的精神,马克思在世界历史上形成"千年伟人"的影响是难以想象的。这种新本体论诞生的过程既是对西方近代哲学形而上学建制的翻转,同时也是马克思主义的自我生成之路。马克思主义产生于19世纪中叶,是在吸收了近代西方哲学的合理内核的基础上形成和发展起来的,那么,马克思主义是不是属于近代西方哲学?我们认为,马克思主

---

① 《马克思恩格斯文集》(第10卷),人民出版社2009年版,第7页。

义和近代西方哲学的关系,与其说前者是对后者的继承,毋宁说是一种对后者的批判性超越。事实上,马克思主义哲学不是任何一种意义上的近代哲学,而是真正的当代哲学。对于马克思主义的这种界定不是仅仅涉及"学派划分",还本质地关涉其本体论革命及其方法论意义。如果在本体论革命层面没有清楚地澄明,那么,马克思主义的方法论意义或许永远无法向我们敞开。

为了厘清马克思与西方近代思辨哲学之间的关联,我们有必要对近代哲学做一简要梳理。西方近代思辨哲学是从笛卡尔到黑格尔的整个西方哲学,这个时期的哲学具有其独特性:第一,把形而上者与形而下者、超感性世界与感性世界严格分离并对立起来;第二,真理和现实性不在感性世界而在超感性世界;第三,如果说感性世界中有真理和现实性,那么就是某种感性事物分有了理念,因此这种感性事物就分有了真理和现实性。总之,近代哲学始终在抽象的自然界或绝对的观念世界范围里兜圈子。这种哲学中本体论的根本问题在于:就其所区分的意识和对象领域而言,只要从"我思"——主体性——出发,就无法解决纯粹思维的自我运动如何贯穿对象领域的问题。完全无广延的意识如何推动有广延的对象,与有广延的对象相互作用、相互协调?

与西方近代思辨哲学不同,马克思对近代形而上学本体论的态度是批判性超越,以及对所有形而上学建制的坚决拒斥,而这种脱离和拒斥构成了本体论层面的革命性变革,它是以回到人们的生产方式及其变动结构为主旨的。"不使哲学成为现实,就不能够消灭哲学。"①就此而言,马克思把实现哲学(新哲学)和消灭哲学(形而上学)看作同一个过程,一方面,充分展现了其思想的深刻性和辩证性,因为哲学和它所批判的对象不是属于不同的两个世界,恰恰相反,哲学批判现实世界正是通过批判自身完成的;不否定哲学,就不能使哲学变成现实。另一方面,这也表达了马克思对西方近代思辨哲学家从绝对、自我意识、抽象的人出发的形而上学建制本体论的扬弃。马克思以人的实践活动为本体论基础,对近代思辨哲学"理性形而上学"的本体论进行了猛烈的批判,尤其是西方理性形而上学的完成者和综合者——黑格尔哲学。如果说,柏拉图是全部形而上学的滥觞,那么,黑格尔则是最终的完成者。马克思所说的"哲学终结"其实意味着全部形而上学建制之不可能,之所以提出要消灭一切形而上学建制的哲学,是因为他特有的使命,即揭露旧世界的本质,创立一个新世界。这样,马克思就

---

① 《马克思恩格斯文集》(第1卷),人民出版社2009年版,第10页。

诉诸实践本体执行其变革形而上学的目的。在马克思看来,哲学危机的解决只有诉诸实践本体。这正是马克思与近代思辨哲学家的本体论差异之所在。对以黑格尔为完成者的形而上学进行的本体论革命注定了马克思不会停留于此。毋宁说,马克思已经完成了对整个近代思辨哲学本体论的批判性超越。

那么,马克思为什么联合黑格尔反对费尔巴哈?是因为马克思和黑格尔一样都懂得普遍者的决定性力量。但是,马克思又为什么联合费尔巴哈反对黑格尔?是因为黑格尔把这个普遍者神秘化了。依照黑格尔,本质的东西是在普遍者当中的。而费尔巴哈单纯的感觉和单纯的直观只能达到所谓感性的实存,因此,关于感性实存的本质我们无法言说,或者几乎无法言说,因为感性的实在只对单纯的感觉和单纯的直观显现。异于费尔巴哈,马克思认为有普遍者的存在,并且这个普遍者起决定性作用。在这一点上,马克思与黑格尔一致。与黑格尔不同的是,这个普遍者不能被神秘化为绝对精神,"意识[das Bewußtsein]在任何时候都只能是被意识到了的存在[das bewußte Sein],而人们的存在就是他们的现实生活过程"[①]。马克思认为这个有决定力量的普遍者存在于人们的现实生活过程中,即物质资料的生产方式及其变动结构。或许,我们可以推论马克思会赞同黑格尔:客观精神制约着主观精神。但在本体论上,黑格尔进一步用绝对精神来扬弃客观精神,绝对精神是作为实体的绝对者——上帝。显然,黑格尔把具有决定作用的普遍者神秘化了,这成为其后马克思本体论革命的主要论战对象。

马克思为什么要发动本体论革命?在哲学史上,马克思既继承了黑格尔——"现实是被构造出来的",同时又批判了黑格尔——"现实不是被理性构造出来的"。黑格尔哲学中的本体论是以绝对精神为逻辑而展开的,把绝对精神与历史思想相结合,构成了庞大的唯心主义思辨哲学体系。黑格尔把活生生的现实的历史归结为高度思辨的逻辑,在他看来,人类社会的历史的实践也只不过是绝对精神自我认识的一个环节。因此在黑格尔那里,现实中发生的一切都是无足轻重的,归根到底,一切都在理性之中,理性便具有了本体论的意义;理性逐次展开的进程就是历史,人的自由的实现是绝对精神在自我展开过程中自然而然的事情。所以马克思说,黑格尔的绝对精神只不过是对世界之外的造物主信仰的虚幻残余。在本体论领域,马克思则认为现实是由历史的感性活动构造而成的,而并不是由理

---

① 《马克思恩格斯文集》(第1卷),人民出版社2009年版,第525页。

性建构起来的;现实并不是认识对象,因为认识在构造之前,感性活动就先将其构造出来了。因此,马克思对黑格尔的思辨理性本体论展开了批判,建立了实践本体来代替抽象的思辨理性本体。"马克思不再自认为是传统的旧哲学家,他放弃了用哲学架构来描述周围世界和社会历史的理论方式,确立了从做一个普通的人去面对社会生活和历史情境开始的新哲学世界观。"①马克思的本体论革命便不可避免地发生了。

简言之,人、实践活动、现实社会和其中的生产关系等概念为马克思实践本体论的确立和凸显提供了思考源泉,也确立了马克思主义的实践本体论立场。在哲学史中,本体论伴随哲学的发展而在时代精神的沉淀中经历了曲折的历史进程。马克思并不一味地拒斥理性——形而上学,在马克思看来,理性必须结合和立足于"非理性活动"即"感性活动"才具有意义。在《关于费尔巴哈的提纲》中,马克思就批判费尔巴哈"不是把它们当做感性的人的活动,当做实践去理解,不是从主体方面去理解"②这一"主要缺点",进而指明了历史唯物主义是"把感性理解为实践活动的唯物主义"。这种新唯物主义将人、现实人的实践活动作为理解世界的根本尺度,就能避免抛开人与实践而陷入思辨哲学的意识内在性的危险,通过人的实践活动阐发了社会历史进程,进而对人的本质与社会的发展动因做出了深层次解答。无论如何,对于马克思主义的理解都不能依循形而上学的建制,因为这将削弱马克思哲学的革命性意义,也就否定了马克思主义的当代性。总之,作为一种批判了全部形而上学本体论的新哲学而言,马克思主义是真正的当代哲学。

为了理解马克思的当代性,我们不得不回归问题的根本之处——改变世界,由此出发来理解马克思关于直观抽象的唯物主义和对于思辨哲学的本体论革命。马克思首先批判的是直观抽象的唯物主义,费尔巴哈以感性直观本体论作为武器的唯物主义不能不说是卓越的,但是其本体论的局限性同样鲜明,也就是以人道的方式"解释"对人来说异化了的世界,问题在于唯有通过理论的批判和实践的革命才能"改变"世界。同时,马克思对思辨哲学——即使是能动地发展了主体性原则——也进行了批判,因为思辨哲学家所采取的方式只能在精神中实现,作为精神的本体无法通达现实,更谈不上"改变世界"。

在马克思看来,本体论革命是不能脱离社会现实而存在的,更不能脱

---

① 张一兵:《回到马克思》,江苏人民出版社2014年版,第685页。
② 《马克思恩格斯文集》(第1卷),人民出版社2009年版,第499页。

离人而存在,否则,这种哲学便失去了存在的意义,应当被终止。这恰恰是马克思本体论革命的理论贡献——促使人们回到现实生活中来,返回人的社会实践中。"在思辨终止的地方,在现实生活面前,正是描述人们实践活动和实际发展过程的真正的实证科学开始的地方。"①如此看来,马克思在提出"消灭哲学(形而上学)"时,已经赋予哲学新的批判功能了。对于当今社会而言,哲学的真正意义乃在于深入地切中社会现实并先行地在观念中加以完善。

三、本体论革命的前提:认识论批判

马克思的本体论革命的重要前提是先行展开了认识论领域的批判,认识论批判奠定了马克思本体论革命的根基。在黑格尔的本体论中,现实是由理性认识活动所构造的,如果没有认识便无所谓现实。马克思的历史本体论中有个重要的概念——对象性意识。但是,在黑格尔哲学中,知识是意识的唯一对象性关系,离开意识的理性就没有现实,因为意识知道对象是意识的自我外化,也就是说意识之所以知道自己(作为对象的自己),是因为对象只是对象的外观,对象的本质只不过是知识本身。按照黑格尔,通过理性建构出了知识,同时也建构出了现实。而在马克思那里,我们所谓面对的现实不过是知识的外观而已。

进而言之,马克思认为黑格尔哲学中的知识只是将自己外化,"知识把自己同自身对立起来,从而把某种虚无性,即在知识之外没有任何对象性的某种东西同自身对立起来;或者说,知识知道,当它与某个对象发生关系时,它只是在自身之外,使自身外化;它知道它本身只表现为对象,或者说,对它来说表现为对象的那个东西仅仅是它本身"②。在马克思而言,这种知识将自己同自身对立,知识视自己本身为对象;理性认识的对象本身是被理性认识所构造出来的。而在黑格尔看来,辩证法是一种力量,理性自我展开的过程就是历史,这个展开过程被称为辩证法。这是理性企图在每一个事物中发现自己的意向;认识并非与理性无关,恰恰相反,认识活动是在事物中发现理性自身。按照黑格尔,理性作为存在的根据,先后在事物中展现自己的全部环节,这是绝对精神的逻辑展开。

西方哲学从巴门尼德开始,主张逻辑的东西不仅是人类的认识形式,而且是事物的本质。黑格尔认为,通过巴门尼德,思维的形式不仅成为事

---

① 《马克思恩格斯文集》(第1卷),人民出版社2009年版,第526页。
② 《马克思恩格斯文集》(第1卷),人民出版社2009年版,第212—213页。

物的形式,还成为事物的核心。那么,逻辑的东西为什么成为现实的东西?事实上,这些都是非法的、超越的。认识主体的存在也被非法地给予了我们,其实只有一样东西不可否认地给予了我们,即直观。逻辑的东西转变成了现实的东西的原因即在此,纯粹直观之物是不可被否认的东西,是绝对地被给予的。范畴也被当作超越的给予。直观是真实的存在,不能还原于生物依赖于环境的需要;直观也是纯粹的,不依赖于个体的心理特征。如果视现象为假象,便设定了现象背后的本质。这其实是一种超越的设定,因为其中包含的设定是:本质是由概念所把握的。如果继续追问:概念如何确定自己把握了事物自身的本质?则无法回答。

胡塞尔的认识论批判也没有否定认识本身,而是主张以往的认识论出现了理论上的不自洽,根本原因是超越了限定之物。其实,这恰好是要悬置起来的。现象学不得不将这些超越限定之物悬置起来,不能悬置之物为纯粹直观,由此推出了对象、认识主体。就其本质而言,范畴是一种直观,我们需要追问范畴的真实来源。现象学的主题是批判关于超越的切中,在超越的切中之外的认识是不可能的,认识只有在纯粹的直观中才真实存在,因为外部对象是被我们的纯粹直观建构出来的,而不是概念与范畴所做出来的。与此相应,自我、认识主体也是被这样建构出来的,这个"建构"不是心理学意义上的,其中包含着先验原则。但是先验原则在胡塞尔那里并不是以康德的形式展开讨论的,而是在纯粹直观的领域中来讨论的。现象学不借助范畴,虽然需要说明范畴是如何出现的,但依然还要清理范畴。概念与范畴清洗掉之后,才能达到现象学的要求——重返人与世界的原初关联。显然,这个原初关联不是反映论意义上的。纯粹直观一方面要承认它是绝对被给予的东西,另一方面又要建构出外部对象来,还要建构认识外部对象的主体来。在纯粹直观中,主体、客体并不是先行设定的,而是被建构。其实,所有的认识对象都是由认识主体的先天认识形式建构的。但是还要留出自在之物,自在之物又是超越的设定。认识主体如何建构了自己的对象?在胡塞尔而言是通过纯粹直观之物,在马克思那里则是感性活动,感性活动建构了我们的认识对象,也建构了主体的存在。

马克思的本体论革命为什么将纯粹直观改变为感性活动?"感觉"为何是人类的感觉或者感觉的人类性?马克思对感觉的本体论讨论是非常深刻的。马克思否定了将感觉作为感性认识的能力来反映外部事物,这种反映外部事物的感觉,是近代认识论的感觉。同样,马克思也批判了将感觉作为生物个体的感性享受:"眼睛成为人的眼睛,正像眼睛的对象成为社会的、人的、由人并为了人创造出来的对象一样。因此,感觉在自己的实践中直接成为理论家。感觉为了物而同物发生关系,但物本身是对自身和对人的一种对象性的、人的关系,反过来也是这样。"①

显然,在马克思看来,自然物是人的感性活动的展现,也是人的对象性本质力量的展现,并不是我们去改造和征服的东西。马克思认为有音乐感的耳朵和能感受形式美的眼睛也都来自感性活动,这是人的对象性本质力量的实际展开。我们在观看此对象时,对这一对象的感觉变成了人的感觉。本质直观和感觉的人类性都来自社会,感性活动就是社会的活动。"因为,不仅五官感觉,而且连所谓精神感觉、实践感觉(意志、爱等等),一句话,人的感觉、感觉的人性,都是由于它的对象的存在,由于人化的自然界,才产生出来的。五官感觉的形成是迄今为止全部世界历史的产物。"②在胡塞尔那里,主体、客体的产生是通过纯粹的直观,而在马克思这里却是感性活动,其实即便是纯粹直观也需要用感性活动来加以说明。马克思主张人的本质力量的对象化活动就是感性活动。认识不是心理活动,认识要求具有客观性、普遍性。认识的可能性问题是一切哲学的首要问题,马克思展开的认识论批判的内容并不是认识能否切中外部事物的问题,而是认识如何出现的问题,马克思的主张是认识由感性活动建构而来。

从实践本体论出发,马克思反思了人类的认识,建构了关于认识论基本问题的崭新理解。马克思的态度十分明朗:思维的力量就是人的实践力量的观念表达,如果离开实践来谈思维的客观真理性问题,它就变成了经院哲学问题。马克思确证了思维的此岸性,意味着思维来自感性世界,根源于感性活动,思维所获得的成果是对象性的本质力量的观念形态和理论表达。

就思维逻辑的层次而言,马克思的本体论革命蕴含了三个方面。其一,将创造世界与认识世界的主体从抽象的人转向了现实的人。在马克思之前,传统的人学理论受西方近代思辨哲学意识内在性的束缚,夸大理性与意识能动作用的发挥,往往忽视了人的现实与社会历史性之本质,它们脱离社会发展、生产关系和社会现实来对人的本质加以把握而最终导致了对人的抽象认识,尤其是黑格尔哲学将人假定为先验的实体来理解和思考,将主体即实体的观念混同于理念世界和现实世界的关系,囿于思辨理性世界来建立"抽象人性观"的思想建构。与之相反,对于马克思而言,全部的思想概念包括人都必须从社会历史中产生并伴随人的实践活动对现

---

① 《马克思恩格斯文集》(第1卷),人民出版社2009年版,第190页。
② 《马克思恩格斯文集》(第1卷),人民出版社2009年版,第191页。

实世界的再改造，对于人的把握与理解必须置放到社会总体、社会关系当中来思考，这样，人就不再是抽象的人自身，而是展现了其作为存活的、现实的、实践活动中的生命本质。

其二，将人与世界的关联从感性直观走向了感性活动。这里的出发点是针对费尔巴哈所进行的批判，虽然费尔巴哈试图以"感性理论"将黑格尔哲学重新颠倒过来，却以"感性直观"将人的现实性淹没在了机械唯物主义的思想中。马克思指出："费尔巴哈与'纯粹的'唯物主义者相比有很大的优点：他承认人也是'感性对象'。但是，他把人只看做是'感性对象'，而不是'感性活动'，因为他在这里也仍然停留在理论领域，没有从人们现有的社会联系，从那些使人们成为现在这种样子的周围生活条件来观察人们——这一点且不说，他还从来没有看到现实存在着的、活动的人，而是停留于抽象的'人'。"[1]当费尔巴哈把人看作抽象的、感性直观的人，而不能理解人的生存与发展方式——实践即感性活动时，他对于人与世界的认识就陷入了脱离社会历史的纯粹直观。马克思从黑格尔哲学中发现了"黑格尔的《现象学》及其最后成果——辩证法，作为推动原则和创造原则的否定性——的伟大之处首先在于，黑格尔把人的自我产生看做一个过程，把对象化看做非对象化，看做外化和这种外化的扬弃；可见，他抓住了劳动的本质，把对象性的人、现实的因而是真正的人理解为人自己的劳动的结果"[2]。可见，马克思通过对黑格尔历史活动原则的认识确立和发展了感性活动这一现实原则，从而从感性直观跨越到了感性活动，对于社会、人和人的本质在市民社会中得到了充分认识和确证。

其三，将哲学的目标宗旨从解释世界转向改变世界。作为共产主义者的马克思，对于现存社会的理解与认识中有个目标，就是在解释世界的过程中找寻改变世界的根本方法。在马克思看来，以往的哲学家并没有脱离单纯理论解释世界的范畴，特别是受到阶级局限性的影响，他们不仅没能在对合理世界的认证中实现对不合理的现存世界的批判，反而为社会制度和资产阶级作了辩护，这种思维方式未能立足于社会现实，不过是"乌托邦"式的理想。事实上，哲学只有改变世界才能够成为消解社会矛盾、实现人的自由发展的武器。正如马克思所强调的，人们生产出自己的生活，生产出推动社会历史的物质动力，才能为私有财产与异化的扬弃创造物质条件，进而实现人类的真正自由解放。这个过程体现的正是马克思独特的实

---

[1] 《马克思恩格斯文集》(第1卷)，人民出版社2009年版，第530页。
[2] 《马克思恩格斯文集》(第1卷)，人民出版社2009年版，第205页。

践思维方式。

在马克思那里,实践与感性活动、对象性活动的内涵大体一致。马克思主张人应该在感性活动中证明自己思维的真理性,而不是在感性活动之外。思维有其逻辑形式,其内容的真理性实质上是我们改变外部事物能力的现实性。所谓思维就是对象性本质力量的理论表达、观念形态。马克思的真理观并非主观符合客观的符合论,亦非实在符合概念的先验论,而是实践建构论——人类实践力量的理论表达。所以马克思才会说,"人应该在实践中证明自己思维的真理性,即自己思维的现实性和力量,自己思维的此岸性"[①]。需要注意的是,在此马克思提到的"证明"并非符合论意义上的"检验",而是指人通过实践力量实现了预先提出的目标。

四、确立了以实践为原则的本体论立场

既然费尔巴哈的感性直观本体无法贯穿社会的历史领域,那么,马克思的实践本体如何使得历史原则积极地展开的呢?我们主要通过两个方面来讨论:其一是主体维度,人是有"意识"的,能在实践活动中不断领会到我和"他物"之间的对象性关系,这使得原有的对象性本质力量变成了属人的力量,从而不断地构建出属人的世界;其二是通过否定性维度,在人的实践过程中展开对现存世界的否定和批判,1843 年马克思给卢格的信中说,"我们不想教条地预料未来,而只是想通过批判旧世界发现新世界"[②]。

(一)从客体维度到主体维度

西方近代思辨哲学的基本建制是意识内在性,即表现为从意识自身先验地展开和设定对象世界的原则,但归根到底这种哲学本体论所设定的不是事物本身,而仅仅是关于事物的思维形式。那么,如何揭穿意识自身所建立起的种种幻相以及如何重新理解现实生活本身?费尔巴哈首先提出感性直观来消解超感性世界与感性世界的分立。这是具有开创性的,但是费尔巴哈是否真正冲破了"意识"对"生活"的统治与支配呢?显然,马克思对此给出的答案是否定的。那么,为什么费尔巴哈最终还是停留在意识内在性基本建制之中?马克思又是如何冲破此基本建制,彻底翻转了费尔巴哈哲学,开辟了通往"社会现实"的道路?要阐明这些问题,我们绕不开马克思的本体论革命。

费尔巴哈试图将人们从抽象的精神世界拉回到现实、具体的感性世界

---

① 《马克思恩格斯文集》(第 1 卷),人民出版社 2009 年版,第 500 页。
② 《马克思恩格斯文集》(第 10 卷),人民出版社 2009 年版,第 7 页。

中,但是其感性直观本体提供给我们的只是直接的、单纯的感性实存,而将感性对象的历史性、过程性和具体化等都排除在外了。这就造成了费尔巴哈的历史观忽视了历史的现实基础,把现实基础"仅仅看成与历史过程没有任何联系的附带因素"①,费尔巴哈也就无法把历史理解为过程、一种处在不断发展中的物质生产过程,历史领域便成了他所无法通达的领域,从而就导致他不得不返回到唯心主义的基地中去。这也就导致费尔巴哈的哲学缺乏马克思主义那样的原则高度,马克思认为费尔巴哈"和其他的理论家一样,他只是希望确立对现存的事实的正确理解,然而一个真正共产主义者的任务却在于推翻这种现存的东西"②。

费尔巴哈直观到的感性世界是与人的实践活动无关的世界,作为一种纯粹、静止、不可改变的客体而存在。可以说,费尔巴哈所采取的感性直观原则取消的仅仅是理解生活世界的超自然、理性的一面,体现出的只是接纳现成对象的受动性,这样就造成了对现实生活的抽象理解。马克思在《关于费尔巴哈的提纲》里对此批判道,从前的一切唯物主义(包括费尔巴哈的唯物主义)的主要缺点是:"对对象、现实、感性,只是从客体的或者直观的形式去理解,而不是把它们当做感性的人的活动,当做实践去理解,不是从主体方面去理解。"③这里"从主体方面去理解"意味着什么?这不同于思辨哲学家所主张的、拘泥于意识范围内的抽象主体对现实生活的理解,而是指人们在实践活动中达到的对自身和外部环境的理解。费尔巴哈在其著作中,也大量使用"实践"与"生活",但他所认为的外部自然还是原始、始终如一的东西,他所以为的"人的本质"还是抽象的、始终不变的。原因在于费尔巴哈所理解的实践只是外在的、客体式的活动,而不是人的主体式的活动,这就表明了马克思实践活动的本体论含义不同于费尔巴哈的感性直观本体论。

如何揭示马克思"实践活动"的本体论意蕴呢?首先我们需要明确人与动物的区别,通过对两者区别的阐释,可以清晰地呈现出人这个对象物何以会创造出另外一个世界。马克思指出,"动物和自己的生命活动是直接同一的。动物不把自己同自己的生命活动区别开来,它就是自己的生命活动。人则使自己的生命活动本身变成自己意志的和自己意识的对

---

① 《马克思恩格斯文集》(第1卷),人民出版社2009年版,第545页。
② 《马克思恩格斯文集》(第1卷),人民出版社2009年版,第549页。
③ 《马克思恩格斯文集》(第1卷),人民出版社2009年版,第499页。

象"①。这就意味着,动物是顺从于自己的生命活动,仅仅具有自然属性;或者说,动物的生命活动就是它自身,具有单一性。然而,人的生命活动是"有意识的自由活动",当然这意识既不是类似于动物式的自然心理,也不是像以往思辨哲学所理解的意识的优先性,而是来源于人们的对象性活动,是一种"有意识的生命活动",即"对象性活动"。马克思在此表达了在劳动过程中,人们领会到了他与其他存在物的对象性关系,就将原先的对象性本质力量变为属人的本质力量,也就体现了人的本质力量与其他存在物的本质力量的本质不同。动物仅仅是利用自然满足自己的生存,但是就整个人类来说,人不仅创造出生产生活,而且还把整个自然界作为属人的本质力量的对象再生产出来,从而实现了人的目的,体现了人生命的价值和意义。

概而言之,马克思的感性活动本体论与费尔巴哈以及以往旧唯物主义的本体论不同之处在于:以往的哲学只是将现存事物当作自古就有的、永恒不变的;而在马克思那里,这是人类感性活动带来的结果。现实的人既以自身感性活动推动生产力与生产关系的发展变革,又以实践交往推动和创造着世间万物,马克思进而说明了费尔巴哈视角下感性直观的消极性——将纯粹直观奉为圭臬而忽视了作为认识与实践主体的人。所以,马克思改变了旧唯物主义从客体的视角来看待世界,扭转了哲学本应有的主体性和价值维度被忽视的状况。

(二)实践活动的否定性维度

马克思评价黑格尔的辩证法是"作为推动原则和创造原则的否定性"②,那么,如何理解否定性的"推动原则"和"创造原则"呢?"否定的否定不是通过否定假本质来确证真本质,而是通过否定假本质来确证假本质或同自身相异化的本质,换句话说,否定的否定是否定作为在人之外的、不依赖于人的对象性本质的这种假本质,并使它转化为主体。"③也就是说,否定并不是仅仅表现为对立双方单纯地相互否定、相互排斥,一方最终战胜另一方,而是更多地赋予其生命感。这里的肯定与否定是以同一和差异的形式出现,当同一在差异中确立自身时,就会产生矛盾,矛盾的解决是通过否定达到更高的同一,即"使它转化为主体",从而就表现了否定性的推动原则和创造原则。恩格斯对否定性的评价则广为人所熟知,"凡是现实

---

① 《马克思恩格斯文集》(第1卷),人民出版社2009年版,第162页。
② 《马克思恩格斯文集》(第1卷),人民出版社2009年版,第205页。
③ 《马克思恩格斯文集》(第1卷),人民出版社2009年版,第214页。

的都是合乎理性的这个命题,就变为另一个命题:凡是现存的,都一定要灭亡"①,即要从暂时性的方面去理解事物,这就突出了否定性对事物历史性发展的推动作用。

黑格尔的否定性只是表现为内在的超越,即通过对概念的否定和批判,建立起绝对理念的哲学体系,而这抽象的活动并没有触碰到现实的感性世界,只是将其遮蔽起来了。所以,马克思恰如其分地指出了黑格尔辩证法是具有批判形式的非批判运动。马克思认为应该从思辨理性本体论内部将黑格尔辩证法的否定性解放出来,使辩证法的否定性和批判性得以在现实生活中展开。在马克思看来,哲学的真正目标、实现哲学的真正路径不是"解释世界",而在于在批判现实中"改变世界",走出意识内在性的藩篱,在实践革命的道路上通往和走向对现实世界的批判性拯救。

那么,如何才能实现对社会生活的否定和批判呢?马克思将这个使命依托于本体论革命的基础之上。实践活动本身是区别于纯粹思辨的理性活动,纯粹思辨的理性活动只是抽象地发展了人的能动性,而忽视了现实生活的自然属性,费尔巴哈的感性直观本体论则恰恰相反。马克思的实践活动在费尔巴哈基础上进一步充分地体现出了能动性和受动性的统一。在马克思看来,现实世界并不是人与世界单极化的肯定性统一,而是还要承认人与世界之间的矛盾,这样才能在实践活动中不断实现人与世界的双向否定性的动态统一。换言之,在马克思那里,对象性意识是感性活动的主体性,它意味着能在一定的感性存在物中指认社会,而当社会指认发生障碍时,也就是感性存在物与社会相脱节时,对象性意识对现存世界的批判就展开了,社会形态的演变也就开始了。

通过实践活动,人和世界的现实性就体现在这一感性矛盾的不断生成、发展和瓦解的过程中,在这一系列发展过程中,实现了理想与现实、人与自然的真正和解。在马克思看来,"全部问题都在于使现存世界革命化,实际地反对并改变现存的事物"②。这就体现了现实世界是人类实践活动历史性的结果,从而克服了以往思辨哲学对"活动"原则的抽象发展。这样既尊重了以往建设性的成果,又提出了不断向人道化的世界前进的目标。因此,实践的否定性既表现为对现存世界的批判和超越,也体现出实践活动本体论解释社会发展的说服力和合理性。

由于马克思对黑格尔和费尔巴哈的本体论展开了革命性的双重变革,

---

① 《马克思恩格斯文集》(第4卷),人民出版社2009年版,第269页。
② 《马克思恩格斯文集》(第1卷),人民出版社2009年版,第527页。

其获得的理论成果便是在实践本体论基础之上切中社会现实的历史唯物主义。马克思批判的根本在于黑格尔抽象的思辨理性本体论立场遮蔽了社会现实，社会现实在黑格尔那里被完全等同于理念。而马克思主张，"不是人们的意识决定人们的存在，相反，是人们的社会存在决定人们的意识"①。马克思所主张的不是意识决定生活，而是生活决定意识，也就是说，并非观念的变革导致了社会的变革，而是特定时代的物质生产运动自身的原则和必然趋势。它表明生活世界在从事着自我批判、自我革新，社会关系的改变发生在生活世界之中，而不是在观念世界中。马克思的这个结论意味着对主观思想的批判性超越，实现的就是本体论上的革命——马克思要把以往从观念出发去理解生活世界的做法完全颠覆过来，社会现实也将与我们真正照面。可以确定的是，只有在历史唯物主义作为方法论担保的前提下，我们才能彻底地理解和把握社会的客观现实，理解社会历史事件，进而描述出社会历史运动的必然性法则。

历史唯物主义的本体论根基是："全部社会生活在本质上是实践的。"②实践就是感性的生活世界的自我批判、自我革新，观念的批判只是对生活世界自我批判的表达，而不是其原因和动力。"社会生活在本质上是实践的"意味着社会关系的创生或改变不是由人的观念发动的，社会关系的改变发生在生活世界之中，而不是观念世界中。社会生活本质上是自我批判的，世界的改变、社会形态的演变不是观念造成的。换言之，实践活动带来人的解放，在每一特定历史时刻需要有思想家来表达、制作这种解放的学说，而不是这种学说带来解放。因为如果我们追问这种学说的来历，必定要追问到生活世界，这是其自身实践活动的冲突必然带来的自我批判。只有当实践本体论真正成为我们的方法论之时，社会现实才有可能进入我们的视野，对于社会生活的本质性揭示才得以实现。马克思的实践本体论作为其理论体系的基础，不仅是理解马克思哲学，更是洞悉和批判整个近代西方哲学的关键。因为马克思是针对整个哲学形而上学而言的，要破除一切形而上学的全部虚幻性及其天真性。

消解旧本体论思想之所以如此困难，以至于对它的诸多叛逃都最终返回到其思辨理性的本体论地基之上，是因为以"我思"作为本体论基本建制的"内在性"根本无力贯穿整个哲学形而上学。如果不能对其本体论前提进行澄清和批判，任何努力都将所得甚微。马克思将人和自然、社会和历

---

① 《马克思恩格斯文集》（第 2 卷），人民出版社 2009 年版，第 591 页。
② 《马克思恩格斯文集》（第 1 卷），人民出版社 2009 年版，第 501 页。

史都以实践本体论统摄了起来,以社会历史辩证法拨开笼罩在主观思想上的迷雾。马克思的本体论革命的价值无可估量,尤其是在资本逻辑和现代形而上学支配下的现代性世界。实践本体论作为一种按其真正的本质理解历史事件的科学方法,其重要意义在于让我们有能力去从历史性的角度考察当代,不仅看到当代的表面现象,也看到实际推动事件的那些比较深层的历史动力。[①]"在思辨终止的地方,在现实生活面前,正是描述人们实践活动和实际发展过程的真正的实证科学开始的地方。……这些抽象本身离开了现实的历史就没有任何价值。"[②]而正是这种实证科学,使得"关于意识的空话将终止,它们一定会被真正的知识所代替"[③]。这里所谓"思辨终止的地方"也就是对德国古典哲学之集大成的黑格尔哲学的完成,而"真正的实证科学"则依托于对费尔巴哈哲学的本体论批判。可以说,马克思哲学的奠基就依赖于对黑格尔与费尔巴哈哲学的批判性继承。当马克思从"现实的人及其历史发展"来探讨和思考人与自然界、人与社会历史的关系时,马克思克服了主客体分离、现象与本质割裂的关系认识,在实践的立足点上形成了感性对象性的思维方式,既克服了纯思辨和抽象的主观思维创造世界的思想,又有力批判了直观僵化的纯实证主义。马克思还进一步说明:对于社会现实的认识不是以主观形成的某种理论为依据,而是以社会现实本身为根据,从历史发展着的现实出发来把握历史规律。在揭示和反思资本主义社会现实矛盾的进程中,马克思最终形成了在实践本体论基础之上崭新的、科学的世界观与方法论。通过这样的研究,马克思主义的当代意义在理论上的深刻性和作为当代生活的推动原则才会得到全面展现。我们只有去除旧本体论思想的遮蔽才能深入社会现实之中,才能真正地理解事物的本真状态,而这需要我们开始进行思想——真正的思想。除非我们开始思想,否则,我们就再也听不到马克思的呼声了。

只有深刻地把握了马克思的本体论革命,并展开与社会现实的深入对话,我们这个时代的问题才能被真正的思想所把握。反之,只要没有把握马克思本体论革命的理论意义,就不可能有社会现实的真实呈现,我们就不能不重蹈抽象贫乏、软弱空虚的教条主义、本本主义的覆辙。虽然哲学植根于其所处的时代,是时代精神的精华,许多哲学流派也自称既要把握思想中的时代,还要解决现实的问题,但事实上只有经过本体论革命的马

---

① 卢卡奇:《历史与阶级意识》(,杜章智等译),商务印书馆2009年版,第317页。
② 《马克思恩格斯文集》(第1卷),人民出版社2009年版,第526页。
③ 《马克思恩格斯文集》(第1卷),人民出版社2009年版,第526页。

克思主义才真正将社会现实作为自己哲学的扎实根基,不回避社会现实中的问题,努力在理论和实践层面加以解决。马克思主义的生命线也因之得以构成。正因为如此,我们可以肯定地说,迄今为止,恐怕没有任何一个哲学流派能像马克思主义哲学,也没有任何一个哲学家能像马克思那样,对我们的哲学方法论和生活世界产生如此广泛而深远的影响。

第一章 马克思对费尔巴哈本体论的剖析与超越

马克思借助费尔巴哈的感性直观本体论开启了批判近代思辨哲学的大门，但是也意识到费尔巴哈理解世界的本体论原则——"感性直观"——从根本上制约着"批判"的力度与深度。这是因为"单纯的感觉""单纯的直观"只是实现了与"纯粹活动"的外在对立，未能真正突破形而上学意识内在性的基本建制。或者说，费尔巴哈的感性直观本体并未触碰到主体与客体的现成性，只是换一种方式重新解释了现存的世界，并没有解决抽象思维对现实事物隐没的问题，此感性直观下的感性世界就只能再度沦为形而上学的俘虏。马克思认为这一切的根本原因在于：在本体论层面，费尔巴哈是直接通过单纯的感觉来确定感性实存的，将思想意识等相关广大领域实际地让渡给了他的论敌，使得人的能动性方面被掏空了，这就导致费尔巴哈还是将自身处于"封闭的区域"内，主体实际地改变现实世界也就无法实现。

不可否认，费尔巴哈率先消解了近代西方形而上学意识内在性的基本建制，主张近代思辨哲学从作为自身本质的思维形式开始，停留于存在的抽象形式而不知存在为何物。因此，费尔巴哈力图从思维自身内部走出，通过感性直观把握"现实存在"。然而，马克思认为费尔巴哈的感性直观原则还是停留在意识的维度内，其感性对象性关系依然是预先设定的现成之物。对马克思而言，实践活动中人与对象之间的相互生成和作用，并不存在封闭的区域，人就活跃在对象之中。如此，马克思才真正将意识内在性的基本建制彻底贯穿，同时也实现了对费尔巴哈哲学的批判性翻转。

第一节 费尔巴哈对马克思本体论革命的奠基

费尔巴哈在哲学—神学的批判中，指出近代思辨哲学从思维内部出发，所认识到的只是事物的思维形式，而不是现实的感性对象。于是，费尔巴哈诉诸感性直观本体论,试图重新回到原先被概念立场所遮蔽的前逻辑、前反思、前概念的人的感性世界中,以此与整个形而上学所建立的超感性世界相抗衡,这无疑给哲学发展带来了充满希望的本体论转向。马克思在《1844年经济学哲学手稿》中指出,费尔巴哈"证明了哲学不过是变成思想的并且通过思想加以阐明的宗教,不过是人的本质的异化的另一种形式和存在方式"①。在费尔巴哈那里,近代思辨哲学是对神学肯定的另一种表达方式,神学是绝对者、上帝对感性世界的规定,而近代哲学是纯粹思维对事物的规定,两者都是将事物本身扬弃掉了,只剩下实际事物的抽象规定。因此,费尔巴哈认为,整个西方哲学自基督教有神论开始就走上了一条外部超感性存在规定感性存在的即被称为异化的虚假错误道路。

"马克思批判理论的全部特性在于,它是一种意识形态②批判理论,而这种理论的优点和特点在于,它表现为元批判,即用历史唯物主义的基本原理先行地对前提加以澄明的批判方式。"③也就是说,历史唯物主义的建立,同时就意味着对"意识形态"批判的展开,这表现为:实践本体对一些前提性预设的澄明,使人们能够脱离主观思想,真正理解现实社会。而对于整个意识形态的批判,费尔巴哈是开创者、先驱者。在宗教批判中,费尔巴哈的感性直观本体论揭示出了神学对人的抽象规定,并将这一神学性质的批判扩展为对整个思辨哲学的批判,从而就开启了近代形而上学自我批判的大门。虽然费尔巴哈最终还是成了黑格尔哲学的一个支脉,但是他对形而上学的颠覆乃至对马克思本体论革命所作出的贡献并没有因此被取消。正如恩格斯所说,"我也感到我们还要还一笔信誉债,就是要完全承认,在我们的狂飙突进时期,费尔巴哈给我们的影响比黑格尔以后任何其他哲学都大"④。因此我们需要重新审视费尔巴哈,以形而上学批判为立脚点重新审视费尔巴哈的本体论思想及其对马克思的本体论革命所带来的积极意义。

---

① 《马克思恩格斯文集》(第1卷),人民出版社2009年版,第200页。
② 马克思恩格斯谈到的"意识形态"有两种:一种是为阶级统治做论证的"资产阶级意识形态",另一种是以青年黑格尔派为代表的"德意志意识形态"。在马克思恩格斯看来,"意识形态家"制造的虚假意识歪曲地理解人类历史进程,将人类历史完全抽象化为某种神秘力量的产物,其根源就在于过于推崇精神的力量,将精神或思维视为一切社会存在产生的根源。因此,马克思、恩格斯提到的"意识形态"多为贬义。
③ 俞吾金:《意识形态论》,人民出版社2009年版,第165页。
④ 《马克思恩格斯文集》(第4卷),人民出版社2009年版,第266页。

一、费尔巴哈对哲学—神学的本体论批判及其理论贡献

1841年4月,费尔巴哈在《基督教的本质》一书中延续了以往施特劳斯和布鲁诺·鲍威尔对已经实体化了的基督教德意志世界的批判,但是,费尔巴哈与二者批判的对象不同。鲍威尔是对福音书的历史进行批判,认为福音书是人有意杜撰的,不具有真理性;施特劳斯针对的则是基督教的信仰论,将教条神学当作其批判的对象;而费尔巴哈是将一般的基督教,即基督教宗教作为批判的对象:"……我的主要对象是基督教,是宗教——它是人的直接对象、直接本质。"① 这就表明费尔巴哈将矛头指向了整个宗教,认为宗教是人对象化的产物,从而否定了宗教神学的独立性。

（一）费尔巴哈对宗教神学的人本学批判

在费尔巴哈那里,"人"不同于施特劳斯的"类"和鲍威尔的"自我意识",也远远超出了概念立场。在《基督教的本质》导论的第一章,费尔巴哈指出人和动物的本质区别在于意识,意识具体表现为"类本质"的对象化,或者说是在我们的本质范围内去认识事物,从而使得事物打上了人的烙印。在此基础之上,费尔巴哈将宗教的产生归结于人的依赖感,即人越缺乏什么,上帝就越成为什么;进而在世俗世界中,人们将自身需要的所有美好都赋予上帝,上帝便成为人格化的存在,成为人们的终极关怀。费尔巴哈指出:"人的依赖感是宗教的基础,而这种依赖感的对象,这个为人所依赖,并且人也感受到自己依赖的东西,本来无非就是自然。"② 在与自然打交道的过程中,人们一方面从自然中获取生产与生活资料求得生存与发展,另一方面往往会面临能力之外的事件而产生对未知的恐惧,这使得人们不得不对外寻求依托来寄托自身情感需求。为了满足这一需求,人们从自身本质中抽象出一个"类本质"——上帝,其作为至上的、完满的存在就成为人们最好的、心理上的情感寄托。因此,宗教是人本质的对象化产物,人怎么思考,上帝就怎么思考,人的意识就是上帝的意识。③ 在费尔巴哈看来,这样才使得人们有追溯上帝的可能,否则一个"完全不能跟我共通的东西"是不可思议、不能理解的;如果是与我无关的东西,那么就不能成为我的对象。在这个意义上,费尔巴哈完成了对宗教真理的批判性表达。

但是,在人本质对象化的同时,也就开启了异化的可能性。人的本质

---

① 费尔巴哈:《费尔巴哈哲学著作选集》下卷(荣震华等译),商务印书馆1984年版,第21页。
② 费尔巴哈:《费尔巴哈哲学著作选集》下卷(荣震华等译),商务印书馆1984年版,第436页。
③ 胡水清、雷勇:《试析费尔巴哈的宗教批判思想》,载《社会科学战线》2015年第10期。

对象化为外在的他物并通过直观这一外在的、对象化的产物而获得自身的本质时,却发生了异化。在宗教中,这具体地表现为:宗教将人与世界都舍弃了,成了独立的存在,而之前人在上帝身上肯定了他在自己身上加以否定的东西①,使得上帝和人成为两个对立的存在者,即表现为"上帝的富有即是人的赤贫,上帝之为一切即是人的乌有"②。人的本质只有在上帝(即对象性产物)的规定下才能成为积极的和本质的东西,人对上帝的直观,就不能不是"消极的、与人为敌的"。因此,两个极端就出现了:上帝是完全积极者,人是完全消极者;上帝是一切实在性之总和,而人是一切虚无性的总和。

这表明,在宗教异化中存在着人与自身的分裂。这种"分裂"并不是精神主体与精神实体的分裂,而是现实的人与其本质的分裂,从而产生了人和上帝。随之而来的是有限个人的独立意志被剥夺,仅能以上帝的意志为意志,这就造成了上帝才是人的最高本质,上帝成为人存在的根据。"属神的本质不是别的,正就是属人的本质,或者,说得更好一些,正就是人的本质,而这个本质,突破了个体的、现实的、属肉体的局限,被对象化为一个另外的、不同于它的、独自的本质,并作为这样的本质而受到仰望和敬拜。"③站在人本学的立场上,费尔巴哈揭露了宗教对上帝崇拜所导致的思辨哲学的立场,在宗教神学的笼罩之下,人们受到宗教的麻痹而在神学的束缚中丧失了对人自身的清醒的自觉,失去了属于人本质的认识能力,最终陷入宗教迷信的困顿之中。因此,费尔巴哈指出摆脱宗教异化就要将属神的本质重新赋予人,这样才能使人返回自身。

(二)费尔巴哈对一般哲学——形而上学的批判

在费尔巴哈看来,宗教批判的本质就是对以往哲学的批判。哲学与宗教虽然有差异,但是从根本上来说,二者是同一的,都试图证实"完全单独的超于世界和外于世界的本质性"。所以,思辨哲学中的"创造"与神学中的"创世"都从根本上实现了对感性世界的规定和把握。为此,费尔巴哈一语道破:"神学的秘密是人本学,思辨哲学的秘密则是神学——思辨神学。"④

由于黑格尔哲学是思辨哲学的集大成,是最终完成了的最高形式,因

---

① 费尔巴哈:《费尔巴哈哲学著作选集》下卷(荣震华等译),商务印书馆1984年版,第53页。
② 费尔巴哈:《费尔巴哈哲学著作选集》下卷(荣震华等译),商务印书馆1984年版,第52页。
③ 费尔巴哈:《费尔巴哈哲学著作选集》下卷(荣震华等译),商务印书馆1984年版,第39页。
④ 费尔巴哈:《费尔巴哈哲学著作选集》上卷(荣震华等译),商务印书馆1984年版,第30页。

此对黑格尔哲学的批判也就意味着对整个近代思辨哲学的批判。费尔巴哈评价黑格尔哲学是"神学最后的避难所和最后的理性支柱",进而"谁不扬弃黑格尔哲学,谁就不扬弃神学"①。费尔巴哈首先通过对黑格尔"理性专制主义"和"逻辑图式主义"这两方面的批判,揭示出黑格尔哲学的神学性质。"理性专制主义"意味着将理性理解为事物绝对的、唯一和真正的原则,从而将一切非理性的原则扬弃掉;"逻辑图式主义"则是以绝对理性为原则展开的形式,或者说,一旦从思辨理性出发,其展开的具体规定或环节只不过是逻辑图式的演变罢了。这样就可以将黑格尔哲学与宗教神学做一次类比:(1)上帝及其天国——绝对理性及其逻辑图式;(2)上帝化身或创世——理性的逻辑图式外化为自然和历史。② 这样也就证明了黑格尔的逻辑学是理性化和现代化了的神学,是化为逻辑学的神学。③ 可见,黑格尔通过对感性的褫夺将形而上学进一步理性化为绝对精神的自我实现,最终为整个近代形而上学哲学奠基。

费尔巴哈批判黑格尔将哲学的开端设定在"抽象的存在"中,"从存在开端,乃是一种纯粹的形式主义,因为这并不是真正的开端,并不是真正最初的东西……理念假定为他物的东西,在本质上又已经假定理念为前提。所以这证明只是一种形式的证明"④。也就是说,黑格尔尽管想抓住"现实的内容",但是其绝对思辨理性的开端就决定了他的辩证法只不过是一个中介的过程,最终不过是通过外在事物实现了理念的不断发展。究其原因,黑格尔封闭的体系决定了他无法抓住无限的感性具体,实现的只能是完全无内容的抽象形式,真实的现实、感性只是理念发展的一个环节而已。由此,通过费尔巴哈的揭示,我们也可以发现黑格尔哲学的本体论实质是思辨理性本体论——仅仅停留在思维内部或者是从属于"意识内在性"的基本原则。

在关于思辨哲学的本质问题上,费尔巴哈断言整个近代哲学只不过是宗教的理性形式而已,"近代哲学是矛盾的,尤其是泛神论是矛盾的,因为泛神论是站在神学立场上对神学的否定,也就是说泛神论是神学的否定,

---

① 费尔巴哈:《费尔巴哈哲学著作选集》上卷(荣震华等译),商务印书馆1984年版,第114页。
② 吴晓明:《形而上学的没落:马克思与费尔巴哈关系的当代解读》,北京师范大学出版社2017年版,第241页。
③ 费尔巴哈:《费尔巴哈哲学著作选集》上卷(荣震华等译),商务印书馆1984年版,第103页。
④ 费尔巴哈:《费尔巴哈哲学著作选集》上卷(荣震华等译),商务印书馆1984年版,第59页。

然而本身又是神学:这个矛盾特别成为黑格尔哲学的特征"①。事实上,费尔巴哈想要说明的是,黑格尔哲学实际就是对神学的否定之否定,是"否定神学(超验性等等)之后又肯定神学的哲学,即同自身相对立而肯定神学的哲学"②。费尔巴哈站在反对神学的立场上,一针见血地道破了黑格尔思辨哲学的形而上学性质。

这里还有几个问题需要深入研究。其一,什么是泛神论?这与对近代哲学根本性质的阐述有密切关联。泛神论是既否定上帝又肯定上帝的,如同斯宾诺莎所说"上帝是一种广袤的实体,亦即物质的实体"③,这里的"广袤的实体"从形式上看是有限的、非上帝的事物,实则表明了"上帝的现实化"和"物"的神圣属性。黑格尔进一步发展了斯宾诺莎的泛神论,黑格尔的泛神论与斯宾诺莎的泛神论一样,将自然神论连同道德神论都包括在内。自然神论中的上帝无所不包,是创造自然界与自然秩序的真正实体;道德神论中的上帝则作为道德的宗教要求,主导着人们的道德信念与追求。由此可见,黑格尔赋予了上帝至上的能动性,世间万物的创造和人的德福都由至高无上的上帝掌控,这使泛神论与泛神主义的崇高在其宗教神学中得到了进一步发展。

其二,"神学的否定,本身又是神学"意味着什么?这个问题其实是神学的另一种表达方式。在对宗教异化的批判中,费尔巴哈指出,人本质对象化的产物——上帝——却反过来成为支配人的主体,进而造成了对人自身的否定。同样,近代哲学也是如此行事的,它所涉及的事物并非事物自身,而只是"上帝的特性"。在德国思辨哲学的思想进程中,就成功地复辟了斯宾诺莎的"实体",最终实现了理性的神话;对于唯物主义即泛神论而言,它所肯定的"绝对实体"只是作为理性的存在,这就间接地表明了理性的实在性。由此,我们可以清晰地发现,为什么近代哲学是宗教的理性形式,以及为什么对黑格尔的批判同时意味着对整个近代思辨哲学的批判。就此而言,我们可以再次联想马克思对黑格尔哲学体系三要素的分析:斯宾诺莎的实体、费希特的自我意识、黑格尔的绝对精神。从中可见,在黑格尔哲学中,思辨理性本体论的绝对化和神化得到了最全面、最彻底的实现。

(三)对近代"实体"神学性质的本体论揭示

在经过对费尔巴哈的哲学—神学批判的分析之后,我们就可以发现费

---

① 费尔巴哈:《费尔巴哈哲学著作选集》上卷(荣震华等译),商务印书馆1984年版,第147—148页。
② 《马克思恩格斯文集》(第1卷),人民出版社2009年版,第200页。
③ 费尔巴哈:《费尔巴哈哲学著作选集》上卷(荣震华等译),商务印书馆1984年版,第139页。

尔巴哈所作出的理论贡献。人们一般会将费尔巴哈哲学理解为对思辨哲学的批判,却并没有发觉他其实是对一般形而上学本体论——思辨理性本体论——的批判。这就容易误解费尔巴哈哲学批判的矛头指向,从而只是将其狭隘化地理解为一般唯物主义,遮蔽了其更广阔的理论深度。那么,究竟费尔巴哈在对哲学—神学的批判中发现了什么,导致他意图探索出一条与形而上学完全不同的道路呢?厘清这些问题关乎马克思哲学与费尔巴哈的本质关联与承续。

马克思在《1844年经济学哲学手稿》中指出:费尔巴哈的第一项伟大功绩在于证明了近代思辨哲学不过是"变成思想的并且通过思维加以阐明的宗教,不过是人的本质的异化的另一种形式和存在方式"①,即绝对者——上帝的真正重要性在于,作为绝对实体,它是唯一使作为意识或思维的主体得以触动并通达外部世界的本体论根据。近代思辨哲学一方面否定上帝实体,另一方面又以思维和思辨理性的方式复辟上帝实体。也就是说,近代思辨哲学是在思维和思辨理性之中,达到了对神学的扬弃和实现。因此,不论人们如何定性哲学上的本体,只要它仍旧停留在思维和思辨理性之中,就依然无法逃离"上帝实体"的桎梏。整个近代哲学真正能够认可的只有思维或思辨理性,相应地,它所承认的本体也只能是抽象思维的形式或纯粹理性的形式,即思辨理性本体。而在费尔巴哈看来,在思辨理性本体论中物质实体脱离了感性的对象,作为思维实体而存在,只不过是感性的异化存在形式而已。

费尔巴哈认为:"只有具有丰富的惨痛经验的实体才是神圣的实体。"②而"痛苦"的感受是不可能出现在近代哲学范围内的,因为思辨理性等其他神学的方式早已褫夺了感性的丰富内容。但是对费尔巴哈来说,这种没有"痛苦"的实体只不过是"没有实体的实体",是抽象理性所幻想出的实体。因此,当费尔巴哈意识到近代哲学的本体论所把握到的不是感性物、"感性客体",而是物的思维形式、"思想客体"时,他与近代哲学的矛盾便不可避免地产生了。当他明确地指出近代哲学的对象乃是"作为纯粹理智实体的实体",即其本质是"绝对实体"—上帝时,他的批判意识便得到了更加清晰完整的表达。

费尔巴哈准确揭露了近代思辨哲学的内在矛盾,即在本体论层面以思维形式褫夺了异己者的特性,实现了对物质、自然本质的揭示。即便如此,

---

① 《马克思恩格斯文集》(第1卷),人民出版社2009年版,第200页。
② 费尔巴哈:《费尔巴哈哲学著作选集》上卷(荣震华等译),商务印书馆1984年版,第110页。

形而上学也不可能真正地消灭异己者,因为抽象的思辨理性已先行地褫夺了使物质成为物质的东西,这使得抽象的思辨理性所呈现的仅仅是"思维的客体",而永远不可能是真正"感性的客体"。即便黑格尔哲学也无法对这一矛盾进行瓦解,只是进行了调和与掩饰罢了。

因此,费尔巴哈在本体论层面重新提出原先被"思维客体"所淹没的"感性客体",就意味着将瓦解近代哲学自身的东西阐发出来了,从而使得整个近代哲学本体论陷入了总体性的危机之中。不同于以往哲学思想家对宗教神学的批判,费尔巴哈不仅站在感性立场上对宗教神学的欺骗性与虚伪本质进行了深刻揭露,并且从"情感依赖"的角度深入剖析了这种欺骗何以可能以及宗教迷信何以产生的根源问题,将作为实体性存在的"感性客体"从思辨思维的阴霾中重现出来而脱离抽象精神的掩盖。虽然费尔巴哈未能在此原则上驻足很久,但是他已然预言了近代哲学思辨理性本体论的必然衰落,马克思也是在费尔巴哈的立场上继续展开了对一般哲学——形而上学的本体论批判。

(四)批判抽象的思辨理性本体论路向

费尔巴哈进而指出,这个实体是以概念的、逻辑的、反思的方式构成的,这种构成方式则被称为范畴路向或者是知识论路向。其核心之处在于:感觉和理智分离,理智对感觉具有无限优越性,相应地,感觉对理智则仅具无限的卑微性。也就是说,理智才是真实的,感觉是阴影般的存在。可见,整个近代哲学的本体论在感觉被抽象的思辨理性剥离的道路上不断前进。

这实则是神学本质在近代哲学本体论中的再度体现。何谓神学本质?从宗教异化的批判中就可以知晓,神学本质是超越的、被排除于人之外的人的本质。"人之外的人的本质",即表现为"超越性",或者表达为超感性领域对感性领域的规定和掌握。在近代思辨哲学中也同样如此地发生了,即力图让一切感性事物都在"逻辑学的天国"中显现,从而使得整个世界收归于概念的、逻辑的和反思的世界。

但费尔巴哈认为逻辑中的事物完全不同于现实的事物,在他看来,事物是前概念、前反思、前逻辑的,而在范畴路向上,却把被思维"翻译"过来的事物当作事物的本体。费尔巴哈指出,整个近代哲学的本体论感兴趣的无非是"形式的思维",而非实际的内容;它一开始就以抽象思维的形式来规定事物的感性内容,从而使事物本身被戕害了。黑格尔也对单纯的思维形式进行了猛烈的抨击,认为这种外在的思维只能提供给事物形式上的统一,而不能深入特定的内容。因此,黑格尔将自己的本体论奠定在"绝对精神"之上,不仅要实现绝对的形式,而且要实现绝对的内容,即建立起思维的概念形式与感性的经验内容之间的统一。但是费尔巴哈批判黑格尔的本体论局限在了思维范畴中,所以感性内容仍旧被思维形式所吞噬,最终,黑格尔只是将内容的差别变成了形式的差别,而并没有深入到现实的、具体的内容之中。

那么,我们需要进一步追问的是,为何近代思辨哲学的思辨理性本体论把握不住"感性客体"?因为整个近代哲学都只是"内部的思维活动",具体表现为从思维内部出发的活动,这导致它所虏获的对象也只能是对象的思维形式,而不是对象本身。就像黑格尔哲学那样,以绝对精神为逻辑而展开,把绝对精神与历史思想相结合,构成了庞大的思辨哲学体系。黑格尔把活生生的现实的历史归结为高度思辨的逻辑,在他看来,人类社会的历史的实践也只不过是绝对精神自我认识的一个环节,因此现实中发生的一切都是无足轻重的;人的自由的实现是绝对精神在自我展开过程中自然而然的事情。所以马克思说,黑格尔的绝对精神"是先于世界的存在,在世界之前就有的'逻辑范畴的预先存在',不外是对世界之外的造物主信仰的虚幻残余"[①]。换言之,黑格尔立足于自我的主体性立场设定自身,预设了绝对精神先于世界而存在,事实上与作为外部世界的客体处于实体性的分隔和对立中。

从思维自身出发,经过异在又返回它自身,虽然表面上很合理,但实际上只不过是思维在自身内部兜圈子,并没有出离自身,所以,黑格尔的哲学体系自始至终都未能接触外在的感性事物,所显示的内容仅仅囿于自我意识之中,使外部对象的感性内容与经验都消耗殆尽了。在费尔巴哈看来,这种看似将感性的客观实体纳入理性认识之中的思维形式,实质是"伪装的"思维主体与客观对象的关联过程,其内在理路是具有理性哲学色彩的纯粹思辨路向。

此时费尔巴哈已经做出这样的区分:一方面是"间接的、形式的思维",另一方面是"直接的、原始的、物质的思维"。前者体现为"表达的、有系统的哲学",后者则是"转向自身的物质思维的抒情诗"[②]。在哲学—神学的批判中,费尔巴哈清醒地意识到,若要实现对现实感性的把握,就要探索与以往思辨理性不同的本体论路向。所以,费尔巴哈的感性直观本体论便开

---

① 《马克思恩格斯文集》(第4卷),人民出版社2009年版,第281页.
② 费尔巴哈:《费尔巴哈哲学著作选集》上卷(荣震华等译),商务印书馆1984年版,第58页.

始与我们照面,马克思也在对形而上学的批判中,与之发生本质性的联系,因而对这一本质联系的认识则关乎我们对马克思本体论革命理解的恰当与否。

二、费尔巴哈揭示了近代哲学的意识内在性

在《莱茵报》时期,马克思遇到了前所未有的危机,即令人困惑的物质利益问题。而这些危机确实让马克思看到了物质利益的巨大力量,使原有的理性世界变得晦涩不明,甚至产生崩塌。与此同时,力图摧毁一切形而上学的费尔巴哈达到了思想的巅峰状态,极大地影响了当时的马克思,促成了马克思转向费尔巴哈哲学,使马克思从自己的哲学危机中脱离出来。然而,马克思很快就发现,费尔巴哈的感性直观无法超出意识的内在性,更无法深入现实的生活世界。

费尔巴哈清楚地知道,一般哲学从"我思"或"自我意识"出发,所认识到的只是"思维客体"而不是"感性客体",所确认的也只是"纯粹自我"而不是"感性实存"。费尔巴哈想要通过以感性直观为根据的"现实的人"摒弃"自我意识"的基本前提,实现从意识的内在性中解救出对象、现实和感性。但问题在于,费尔巴哈把人和对象从意识领域转移到感性直观领域,就能走出意识的内在性吗?答案显然是否定的。因为其感性直观并没有瓦解、销蚀意识内在性的基本建制所预设的现成之物,只是把现成之物进行了来回移动,而没有实现事物的历史性生成,因此这就表明,对事物现成性的去除才是洞穿意识内在性的关键所在。马克思一语道破:"当费尔巴哈是一个唯物主义者的时候,历史在他的视野之外;当他去探讨历史的时候,他不是一个唯物主义者。在他那里,唯物主义和历史是彼此完全脱离的。"[1]

在费尔巴哈看来,"某物或某人的存在同时也就是某物或某人的本质"[2]。这里体现出费尔巴哈从哲学"自我"的反题开始,从自己的"他我"开始。根据马克思的感性对象性原则,对感性世界的理解同时也就是对感性主体即现实的人的理解。但问题是费尔巴哈通过"单纯的直观"和"单纯的感觉"所理解的感性世界是现成的、一成不变的、非历史的。与之相应,费尔巴哈的人也是"感性对象性"的、非现实的主体,即"一般人""类"。若对象性原则继续使用的话,就会发现费尔巴哈的"一般人"所设定的也不可能是现实的世界,而是非感性、抽象的世界。这就揭露出费尔巴哈哲学自

---

[1] 《马克思恩格斯文集》(第1卷),人民出版社2009年版,第530页。
[2] 《马克思恩格斯文集》(第1卷),人民出版社2009年版,第549页。

身所无法克服的理论矛盾,他力图实现现实的人与自然界的真正理解,最终却没能走出意识的内在性而沦落为抽象的东西。这一系列矛盾暗示了费尔巴哈哲学不可抗拒的历史命运——重新落入形而上学的窠臼。所以,费尔巴哈的感性直观只是表面上做出一个"跃进"的姿态便立即折返自身[1],因而还是停留于意识自身内部,只能达到对现实世界表面的"观看",并没有真正深入社会历史过程。

毋庸讳言,费尔巴哈经由感性直观获得的仅仅是现成的、当下的对象世界,而无力解决现实世界与人的感觉、意识设定的世界的冲突和不和谐,因此,为了排除这种冲突和不和谐,费尔巴哈不得不借助介于"普通直观"(仅仅看到眼前的东西)和"高级的哲学直观"(看到事物的真正本质)之间的二重性直观。就像当费尔巴哈看到大批患瘰疬病的、积劳成疾的和患肺病的穷苦人而不是健康人的时候,只能求助于"最高直观"和观念上的"类的平等化",也就是说,他还是"和其他的理论家一样,只是希望确立对存在事实的正确理解,然而一个真正的共产主义者的任务却在于推翻这种现存的东西"[2]。这就清晰地表明了费尔巴哈终究仅仅是借助哲学家的"眼镜"直观整个感性世界,而并不能真正解决这种冲突。马克思主张的则是,通过人的实践活动改变与人相对立的现存世界,从而推动人道主义化世界的前进。

尽管费尔巴哈将感性重新纳入人们的视野,但是,他通过感性直观所获得的只是现成之物,而不能彻底理解事物的历史发展过程。这就意味着费尔巴哈并没有实现对感性、对象、现实的解蔽,而是在意识领域的反面,重新巩固和加强了意识内在性的统治和支配,这实质是对知识论的彻底完成。那么,如何才能走出意识内在性,实现对事物历史性发展的理解呢?马克思将视线转向了黑格尔辩证法的"活动原则",以期通过活动原则达到对感性事物生成性的理解。在马克思看来,费尔巴哈"缺少了黑格尔的某一因素",于是,在《1844年经济学哲学手稿》中,马克思便开始了对黑格尔辩证法的深度批判。马克思虽然高度肯定了费尔巴哈以感性原则批判黑格尔辩证法的抽象性,但并不满足于费尔巴哈将辩证法的"否定之否定"仅仅理解为"哲学同自身的矛盾""对自身怀疑因而需要证明的肯定",这种纯粹的悖论只会将辩证法理解为"无"。马克思认为需要进一步地拓展和深化对辩证法的理解,重新占有黑格尔辩证法的积极成果。正因为如此,马

---

[1] 吴晓明:《马克思的存在论革命与超感性世界神话学的破产》,载《哲学研究》2009年第4期。
[2] 《马克思恩格斯文集》(第1卷),人民出版社2009年版,第549页。

克思成功地超越了费尔巴哈。

黑格尔的辩证法展现的是绝对精神从自身出发,经过异在的存在之后,又返回自身的过程。在外化和返回的过程中,绝对精神尝试突破"内在性"的怪圈实现自我的活动,即表现为主体对对象的占有,对象是主体本质的表现,这样将原先的自在之物变成"为我"之物,并在"外化和这种外化的扬弃"中,实现了主体的自我生成的过程,在纯粹活动的自我展开过程中"为历史的运动找到抽象的、逻辑的、思辨的表达"①。因此,辩证法的活动原则就打破了内在的局限性,实现了自身历史性的发展。马克思断言费尔巴哈哲学由于缺乏活动的原则,只能看到永恒不变的存在,而无法理解运动发展的过程。

黑格尔的活动原则使得"绝对精神"尽管看上去走出了"意识内在性"的怪圈,但实际上依然停留在了意识自身内部,做着纯粹的旋转运动。因为黑格尔的自我意识本身是无关外部对象的纯粹内在的实体,这就决定了他所理解的外在事物只不过是事物的思维形式,而不是事物本身。因此,自我意识的活动只是实现了对象不断地"产生"和被"吸收"的过程,而在这一过程中,外在的对象终究是要被消灭掉的东西,最终得到确证的无非就是自我意识。所以,黑格尔终究还在局限于自身的内部,无法接触到现实的外部对象。

马克思的天才之处在于他揭示出了思辨哲学的活动原则不过是对现实活动的抽象表达,主张现实的活动应当被理解为感性活动、对象性活动、实践。相对于非对象性、作为绝对主体的"自我意识",马克思则站在费尔巴哈的哲学立场上,将人理解为对象性的存在物,这就意味着人作为自然存在物,就必然受制于外在自然物并被其所设定,这样就为自己生命表现提供了感性、现实的对象。由此,对马克思而言,唯有通过实践才能彻底摆脱围绕自身的圆圈式运动来建构或设定对象,使人的活动先行寓居于对象领域中,对象本身的存在亦先行地蕴含于人的活动领域中,实现现实的人"出离"自身,因而才具有贯穿意识内在性的可能性。

三、费尔巴哈消解近代思辨哲学意识内在性的尝试

近代思辨哲学的出发点是古代哲学最后所达到的原则,即现实自我意识的立场;总之,它是以呈现在自己面前的精神为原则的②。在这里,黑格

---

① 《马克思恩格斯文集》(第1卷),人民出版社2009年版,第201页。
② 黑格尔:《哲学史讲演录》第4卷(贺麟、王太庆译),商务印书馆1978年版,第5页。

尔精确地归纳出：近代哲学建立在"自我意识"的基础之上，而这一立场的确立肇始于笛卡尔"我思故我在"命题的提出。在笛卡尔之前，人们在对真理与现实的理解中放逐了人本身，使得真理和现实成了与人无关的现成存在。笛卡尔以"我思"作为出发点，以怀疑一切既有的定论为基点，将外在拉回到人的内在理性中，从而为近代哲学确定了主体性原则。而这"主体性"或是"自我意识"原则实为意识的内在性，也就是说，意识的存在特性是通过主体性这一"标识"被规定的。随之而来的问题是，当人们充分发挥意识的能动性认识世界时，所有意识作为"自身使当前化"，将整个世界都转变为内在意识的世界；显然，笛卡尔所开启的近代哲学"意识内在性"的基本建制为其后的哲学家带来了难以解答的问题——内在的思想和外在的事物如何达到统一，或者说处于自身内部的"我"如何才能贯穿外部对象。

康德发动的"哥白尼革命"改变了传统"知识符合对象"的观念，使人重新回到了中心地位，同时通过对人的认识能力的限制为自由开辟道路。但是康德在高扬自我意识能动性的同时也表达了对"物自体"的无奈，康德获得的仅仅是物自体刺激了感官之后的感觉，而无法真正贯穿外在的对象。费希特在康德哲学的基础上，对自我意识的能动性做出了进一步的阐释和发挥，提出从主体自身的活动出发，生产出超出自身的他物，这就将原先康德主体的自发性原则发展为创造性和生产性的原则。但是费希特的"自我"依然停留在自我意识内部，这就导致此时的我们始终要面对我与他物两种独立的存在，这种无限的活动依旧无法到达事物的彼岸。谢林则在一开始就设定了主体与客体无差别的同一，但是缺乏逻辑形式的证明，所以只是抽象空洞的统一。最终，黑格尔提出"实体即主体"的原则，以思维经过活动原则包含一切感性实存，似乎超出了"自我"走向"他者"，但是其活动仍然没有跳出内在的思维活动范畴。

虽然近代哲学家想要解决的是意识与对象的统一问题，但是，只要他们立足于笛卡尔，实现的就只能是对意识的内在性原则进一步深化，而无法实现通达外部世界。究其原因，他们未对作为本质之基础的出发点进行检审，亦即要求彻底地检审"意识的存在特性"。对此，海德格尔深刻地指出在笛卡尔那里，"我思"就意味着"我在"，即在"思维"中实现着"我在"，这是直接从"思维"内部出发，未曾对"意识的存在特性"的由来进行深入探究，只是将其置于主体性的理解之下，成了不允许被问询的"禁地"、不需要证明的绝对自由。但是根据"我思"的基本建制，它根本没有某物得以进出的窗户。就此而言，"我思"是一个封闭的区域。从该封闭的区域"出来"这一想法是自相矛盾的。① 也就是说,封闭在自身之内的"我思"无法真正认识外在之物,获得的只是"我思"的衍生物。在这个意义上,就很容易明白为什么笛卡尔会将"思维"与"存在"看作两个不同的实体,这是因为"我思"无法"出离"自身,也无法实现对外在事物的贯穿。这种理路带来的结果是:曾经推动近代哲学发展的主体性已然成为主体意识的内心独白,变成了阻碍人们认识"他我"和"他我意识"的障碍。因此,意识的内在性问题不能不引起关注,它注定是要受到质询和追究的。

费尔巴哈的哲学贡献是率先揭示了意识对感性事物的遮蔽,表现在对宗教神学的批判上。在费尔巴哈看来,宗教是人的本质对象化的产物,是人与自身本质的关系,人可以通过直观这一外在的实体(上帝)来获得自身的本质;宗教是属人的产物,但现在却反过来成为统治人的主体,具体表现是,在宗教中,人将自己最好的部分转移到自身之外并作为"另外的本质"。人为了重新获得他所丧失的部分,就期待着从上帝身上找到自身的本质,并且为了论证这种方式的合理性,宗教就要尽可能地贬低人,贬低为堕落、谬误的东西;如此一来,上帝和人成为两种对立的存在,上帝是完全的积极者,人则是完全的消极者。在宗教中,人不仅否定自己的感性,同时也否定了自己的理性,放弃了自己的人格。于是,属天的生活成为真理,属地的生活成为谎言②,使人们沉迷于宗教幻想之中,从而将属于自身的现实生活归于无。

费尔巴哈对宗教神学的批判还扩展到了一般哲学,因为在他看来,宗教和哲学从根本上说是同一的。哲学是先把属神的东西瓦解之后重新又拾起了属神的东西,只不过是以非神的名义重新占据了神的位置。本质上二者都是对感性生命的剥夺。费尔巴哈指出,整个近代哲学真正认可的只有思维或理性,相应地,它所承认的实体也只能是抽象思维的形式或理性的形式。但是在他看来,真正的物质是能感受到痛苦的感性的具体存在,而形而上学所设定的抽象物质是既不存在"痛苦"也无法感受"痛苦",因而只不过是感性的异化存在形式而已。

那么,为什么近代思辨哲学无法把握"感性客体"? 因为近代思辨哲学属于"内部的思维活动",无法实现超越性的认识;从思维内部出发,这就导致它所虏获的对象也只能是对象的思维形式,而不是对象本身。就像黑格尔哲学那样,从思维自身出发,经过异在又返回它自身。虽然表面上很合

---

① 海德格尔:《晚期海德格尔的三天讨论班纪要》(丁耘译),载《哲学译丛》2001 年第 3 期。
② 费尔巴哈:《费尔巴哈哲学著作选集》下卷(荣震华等译),商务印书馆 1984 年版,第 103 页。

理,但实际上只不过是思维在自身内部的循环,并没有出离自身;自始至终都未能接触外在的感性事物,所显示的内容只与自身相关联,其实将外部对象的感性内容都遮蔽了。费尔巴哈指出,近代哲学全部都是从自己(思维的内部自身展开的思维形式)开始的,而不是从自己的对方(与思维客体确实不同的感性客体)开始的①。换言之,整个近代哲学实质上是"形式的思维",即用思维范畴的形式构建出的"概念的、逻辑的和反思的世界"冒充了本源的世界。因此,费尔巴哈明确地认识到:要实现对现实感性的把握需要探索与以往思维范畴不同的理路。

在费尔巴哈而言,以往的旧哲学从自身内部、从抽象思维开始,这就决定了它是对感性的间接认识,以感性的概念形式代替了真正实在的感性。于是,费尔巴哈从它的对立面,即从"感性存在""现实存在"开始,以"基于自身并且积极地以自身为根据的肯定的东西"②来领会感性。在这个意义上,费尔巴哈恢复了当下的和直接的、本源的和初始的感性具体性,而以往的哲学则是以抽象思维的形式对感性存在进行了无情地褫夺和霸占。无疑,费尔巴哈对感性的恢复是一种颠倒,要求把窃取的东西重新归还回来,即"思维是从存在而来的,然而存在并不来自思维"③。费尔巴哈确立了感性是理念的真理,这种颠倒并非发生在形而上学内部,而是对整个哲学与外部感性世界关系发生的颠倒。可以说,"感性"原则是费尔巴哈的"新哲学"的拱心石,"感性直观"则是费尔巴哈的基本哲学方法。

第二节 费尔巴哈为马克思的本体论革命提供了理论前提

费尔巴哈在马克思之前就已经意识到,从抽象的思辨理性自身内部出发的旧哲学无法深入"生活世界"本身。于是,为了与抽象的思辨理性思维相区别,费尔巴哈提出了自己的本体论——感性直观本体论,意图通过感性直观使人们重新回到感性世界中。在费尔巴哈那里,感性直观是他阐释感性世界的本体论原则,现实的人、感性对象性的核心依据就是感性直观;相应地,对于感性直观本体论的阐发,也就带来了对现实的人、感性对象性

---

① 费尔巴哈:《费尔巴哈哲学著作选集》上卷(荣震华等译),商务印书馆1984年版,第61—64页。
② 《马克思恩格斯文集》(第1卷),人民出版社2009年版,第200页。
③ 费尔巴哈:《费尔巴哈哲学著作选集》上卷(荣震华等译),商务印书馆1984年版,第118页。

的解读。对于费尔巴哈来说,感性直观、现实的人、感性对象性这三者是相互依存、彼此共通的。因为感性直观是"具有发展能力的萌芽",在青年时期的马克思的本体论遇到前所未有的危机时,感性直观本体论确实促成了马克思哲学的转变,从而与原先抽象的思辨理性本体论彻底决裂。显然,关于费尔巴哈感性直观本体论的解读能为我们提供理解马克思本体论革命的哲学史前提。

尽管马克思在很大程度上受到了费尔巴哈感性直观本体论的影响,但也意识到了费尔巴哈哲学中的种种矛盾,费尔巴哈想要抓住现实的人和自然,最终还是沦落为完全抽象的东西。这就意味着,费尔巴哈始终处于形而上学的边缘地位,并不断地向抽象化的方向延伸。那么,如何才能使感性摆脱形而上学的俘虏,实现自身彻底的"解放"?马克思在黑格尔辩证法的"活动原则"中,发现了辩证法积极的一面。于是,马克思正是在对两者批判性地吸纳与改造中形成了"实践"原则,这就让"感性"把握住了"历史性",使得原先在感性直观本体论中死气沉沉的感性"活"了起来。费尔巴哈的感性直观本体只是提供给我们僵化的感性世界,而马克思的实践本体则推动着历史的车轮,使得现实的生活世界与我们照面。可以说,只有在实践本体中才能实现对现实世界的真正把握。

一、由"感性对象性"到"对象性活动"

前已述及,费尔巴哈批判了以往哲学的思辨理性本体论的出发点,在他看来,思辨理性本体论决定了以往哲学在抽象的思辨理性理解框架下,感性注定要被抽象化和形式化,这就导致了"从无限的东西引申出有限的东西,是永远不能达到对有限的东西和确定的东西做出一个真正的肯定的"[1]。因此,费尔巴哈意图重新恢复感性原则,将原先被颠倒的东西再重新颠倒回来,即从感性的实存中引出思维的规定。从中我们可以看出费尔巴哈在本体论领域试图将真理从理念世界拉回到感性世界中所做的努力。

对费尔巴哈而言,所谓的"感性"意味着对象在感觉之外、在语言和思维之外的实在的存在。因为它实在,所以才能被感觉所感知。费尔巴哈恢复了感觉经验论,即"直接通过自身而确证",不再依赖于思辨理性的间接性规定。"感性的、个别的、存在的实在性,对于我们来说,是一个用我们鲜血盖图章担保的真理。"[2]因而费尔巴哈确认了感性本身的直接性和初始

---

[1] 费尔巴哈:《费尔巴哈哲学著作选集》上卷(荣震华等译),商务印书馆1984年版,第114页。
[2] 费尔巴哈:《费尔巴哈哲学著作选集》上卷(荣震华等译),商务印书馆1984年版,第68页。

性,与思辨理性的间接性相对立。其实,这种对立仅仅是感性直观本体论与思辨理性本体论的对立。

随即而来的问题是,既然感性是"外在于我们的存在",那么,如何确立我们(感觉主体)和感觉对象之间的关系呢?这里就关系到费尔巴哈的对象性原则。费尔巴哈是通过两个命题对自己的对象性原则进行了初步的概述:(1)如果没有对象,主体则是无;(2)主体必然与其发生本质关系的那个对象,不外是这个主体固有而又客观的本质。① 这两个命题体现出了"对象性"和"绝对主体"的对立。首先,对象性原则强调主体的对象性存在——如果没有对象,主体就是非存在的,也就是"无"。而在黑格尔的《精神现象学》中,将实体同时理解为主体,这里的实体就是绝对者、上帝,这种情况下的主体是绝对的主体,是脱离"主观性的理性限制"的主体,并且绝对主体本身的"绝对"就意味着在其自身之外不可能有对象存在。而费尔巴哈认为,现实的主体首先必须有对象,否则就是不存在的;其次,"对象性"表现出了主体与对象之间的相互关系,主体向来就与对象打交道、活跃在对象之中,这就使得主体的本质体现在与它相关的对象性存在物中。在此基础上,费尔巴哈提出感觉主体主要有三个对象:自然界、人(你)以及上帝,这意味着人的本质也相应地体现在这三个对象之中。由此,费尔巴哈通过感性对象性的本体论原则确立起主客之间的原初关联,避免形而上学的二元分裂,从而使感性世界的具体内容呈现了出来。

对于感性存在,马克思在本体论层面对费尔巴哈的"感性对象性"进一步做了批判性的扩展和充实,提出了"对象性活动"的原则。马克思认为,在费尔巴哈感性直观本体论原则下的感性是消极的存在,其"感性对象"也只停留在与"纯粹活动"或"自我活动"的外部对立之中,未能将对方的力量占为己有,这就使得感性存在处于与我无关的地位;对我而言,感性其实是一种抽象、消极的存在。正如马克思所批判的那样,"费尔巴哈想要研究跟思想客体确实不同的感性客体,但是他没有把人的活动本身理解为对象性的(gegenständliche)活动。因此,他在《基督教的本质》中仅仅把理论的活动看做是真正人的活动,而对于实践则只是从它的卑污的犹太人的表现形式去理解和确定"②。因此,当费尔巴哈将人关于对象的认识视为受动式的反应时,人就丧失了自身的能动性而沦为机械、抽象的人,成为市民社会中抽象的个人,而不是社会中的现实的人。这样的思维方式导致费尔巴哈

---

① 费尔巴哈:《费尔巴哈哲学著作选集》下卷(荣震华等译),商务印书馆1984年版,第29页。
② 《马克思恩格斯文集》(第1卷),人民出版社2009年版,第503页。

未能领会到人的对象性活动的实践本性。

在马克思那里,对象性活动构成了感性世界的基础,"它哪怕只中断一年,费尔巴哈就会看到,不仅自然界将发生巨大的变化,而且整个人类世界以及他自己的直观能力,甚至他本身的存在也会很快就没有了"①。也就是说,费尔巴哈通过感性直观本体无法对现存感性世界的历史性过程做出真实的批判,因为他的感性存在是与人无关的、静止的。在马克思而言,周遭世界都已经被对象性活动所浸染,是对象性活动所中介了的存在,即使自然物质也是由人类主体所支配的存在。我们可以举例加以说明。同样一块石头,在费尔巴哈看来,它只是并且只能是一块石头;而马克思则认为它在人的感性活动中被人赋予了意义,如建筑材料、化工原料、装饰品、玩具等等,因此是对象性活动建构了它。"所以我们看到,马克思旨在唯物主义地确证对象存在的客观性,而人本身也是自然对象,这是人能够客观化地创造对象的基础。"②因此,只有在马克思的对象性活动本体论的视域中,自然界才不断地融入人的历史中,从而实现了历史与自然的统一。

以往的思辨哲学家们认为,自然是源于理念的外化、异化,究其本体论依据则是观念的存在。而费尔巴哈则通过感性直观本体论明确地指出自然是"形体的、物质的、感性的"③,直接承认了自然的客观性和感性,强调了人的感官感知在认识事物时所起的作用。"自然是精神的基础",这意味着先有自然,然后才会有与自然不同的其他东西;若没有了自然,人格性、"自我性"、意识就是无,换句话说,就成了空洞的、无本质的抽象物④。因此,费尔巴哈通过感性直观本体所理解的自然已先行秉承了唯物主义思想,即确认自然通过自身来证明自身,是精神活动的基础,以此消解了自然依赖人、以"人的理解和心情为基础"的观点。

但是,费尔巴哈的感性直观本体论只是从纯粹客体、抽象的方面去解读自然,而不是以人的实践活动方式去理解自然,就形成了这样的看法:自然是与人无关的、外在的自在自然,人在自然界中也丧失了其主体性的地位,成为只具备自然属性的类本质的人。所以,此时人和自然的统一只是通过感性对象的方式加以连接,这看上去似乎实现了思维与存在、主体与客体的统一,完成了对感性自然的认知。在实际上,费尔巴哈直观到的仍

---

① 《马克思恩格斯文集》(第1卷),人民出版社2009年版,第529页。
② 张一兵:《回到马克思》,江苏人民出版社2014年版,第294页。
③ 费尔巴哈:《费尔巴哈哲学著作选集》下卷(荣震华等译),商务印书馆1984年版,第659页。
④ 费尔巴哈:《费尔巴哈哲学著作选集》下卷(荣震华等译),商务印书馆1984年版,第122页。

然是幻想的、理论的自然,而不是现实的、属人的自然。

依循马克思的实践本体论,自然和人两者是相互作用的。一方面,自然是人的生存和生活的基础,是人们直接的生活资料;另一方面,人们为了自身的生存和生活,就必须依靠自然并与其不断地进行物质能量的交换(也就是人对自然的改造作用),从而造成了"地球的表面、气候、植物界、动物界以及人本身都发生了无限的变化,并且这一切都是由于人的活动"①。换言之,此时的自然不再是自在的存在,而是被打上了人的活动的烙印,成为实践活动中介了的自然,也是实践活动的对象,即"人化自然"。"人化自然"意味着人的对象性本质力量作用于自然,揭示出人们"周围的感性世界决不是某种开天辟地以来就直接存在的、始终如一的东西,而是工业和社会状况的产物,是历史的产物,是世世代代活动的结果"②。

因此,离开了人的实践活动的自然界不是现实、感性的自然界,而是存在于人想象之中的自然界。人们所谓的自然界其实是在人类的实践活动中不断生成的,在奴隶社会中是奴隶放牧采摘的自然界,在封建社会中是农民耕作于其中的自然界,而在资本主义社会是无产阶级展开工业生产的自然界。尽管费尔巴哈也曾强调差别性的存在,但最终还是沦为一句空话。费尔巴哈把人视作自然界之产物,虽然强调了人的感性存在,却把自然界放置于优先于人的地位,认为人作为"灵魂与肉体的统一"来源于自然并受制于自然。虽然费尔巴哈说明了人的主体性,但是却将自然"神化"和"抽象化"了,认为自然可以脱离人、脱离人的实践范围而存在发展,这种强调人与自然的分离成为费尔巴哈自然观的前提。费尔巴哈对自然的理解,也仅仅局限于"感觉确定性"所感知的范围内,显然,缺乏了历史性。例如对于一棵樱桃树,费尔巴哈直观到的只是纯粹的、与人无关的自然物;而马克思认为这是由于人们的社会活动、商业需要而移植过来的,是人们实践的结果。

二、从"现实的人"转变为"现实的个人"

费尔巴哈以"现实的人"为出发点和立脚点,冲击了"思辨理性"的本体论地位。他通过直接的感性体验,力图将事物丰富的、具体的、感性的内容表现出来,而并没有接受以往哲学赋予我们的"翻译成为思想的事物",因为那只不过是"抽象的产物"或"空想",而不是事物的本来面目。那么,如

---

① 《马克思恩格斯文集》(第 9 卷),人民出版社 2009 年版,第 484 页。
② 《马克思恩格斯文集》(第 1 卷),人民出版社 2009 年版,第 528 页。

何才能实现回到"事物本身"呢？首先，我们不得不追问"抽象物质"从何处而来。费尔巴哈指出，近代思辨哲学所谓的"抽象物质"是来源于抽象的思辨理性本体，或者说，在思辨理性的对象化作用下，才会有抽象物质的出现；这具体地表现为思维范畴与具体对象相结合，它所形成的关于事物的表象代替了原有的事物。进而，费尔巴哈对哲学创世说与神学创世说提出批判，两者都立足于"在自身之中而隔绝的主观性"，表现为"仅为自己存在"，从而就将整个自然都虚无化了。因此，这种抽象的思辨理性本体的"创造"与凭空遐想实质无二。

在费尔巴哈的感性直观本体论里，"现实的人"是具有感性对象性的，感性对象性意味着现实的、完整的存在。因为人是感性对象的，所以才会与自然形成前概念、前逻辑和前反思的原初关联，现实的自然界才会向人的一切感官无限地、全面地开放，从而将人与自然的感性内容充分地展现出来。也就是说，正是因为有感性对象的人的存在，才会有多姿多彩的感性自然界的存在，因此，现实的事物得以真正呈现的关键在于要成为"现实而完整的人的对象"。不仅如此，费尔巴哈还以"现实的人"为出发点，对整个近代思辨哲学进行了否定，因为他认为以往的哲学"是一切由于沉迷于超乎人的、反人的和反自然的宗教和思辨之中而执迷不悟的人"[1]，这样的"人"压根就不可能脱离自身把握外部的实存，只能将思维与存在虚假地统一起来。所以，费尔巴哈主张只有"现实的人"才能感受实在的存在，才是思维与存在统一的"基础和主体"，也才能恢复感性事物的丰富性和具体性。

令费尔巴哈颇感意外的是，马克思认为费尔巴哈的感性直观本体依然是抽象的，虽然提出了"现实的人"的概念，但实际上却是一种疏离。马克思提出了"现实的个人"来反驳费尔巴哈的抽象本体，"有生命的个人的存在"是"全部人类历史"的第一个前提："全部人类历史的第一个前提无疑是有生命的个人的存在。因此，第一个需要确认的事实就是这些个人的肉体组织以及由此产生的个人对其他自然的关系……一当人开始生产自己的生活资料，即迈出由他们的肉体组织所决定的这一步的时候，人本身就开始把自己和动物区别开来。人们生产自己的生活资料，同时间接地生产着自己的物质生活本身。"[2]在此清晰可见的是，马克思的"个人"意味着清洗以往加之在其身上的全部范畴规定，使其能够以自身的身份出场，这就批

---

[1] 费尔巴哈:《费尔巴哈哲学著作选集》下卷(荣震华等译)，商务印书馆 1984 年版，第 13 页。
[2] 《马克思恩格斯文集》(第 1 卷)，人民出版社 2009 年版，第 519 页。

判了以往的哲学家在脱离社会历史的前提下对人的本质进行的先验预设①。即使是费尔巴哈的"现实的人",即"类本质",也只是承诺了单一性的实体,而"现实的个人"则充分体现了现实性的规定。在马克思看来,"现实的个人"首先要面对吃喝穿住等生命活动的基本需要,这就意味着他不能是"内在的",而不得不是面向"外在的"。人的基本的生存需要也并不仅仅停留在生物学意义上,毕竟人可以吃中餐、西餐,而动物只能茹毛饮血。也就是说,此时的主体不是"现成的主体",而是"在自然界中的在",并且这种"在"表达的是由自己所达到的"感性存在"②。人也是一种自然存在,必然受制于对象性关系,人要想实现自己就不得不进行"对象性"的活动,因而"感性存在"意味着在实践活动中对于对象性关系的不断领会,这样也就否定了人天然的既成性这种先验预设,同时也就消解了费尔巴哈感性直观本体的抽象性。

费尔巴哈的理论贡献是认为"现实的人"是有血有肉的活生生的人,而非逻辑思维所把握到的抽象的、概念化的人。由费尔巴哈感性直观本体论出发,人是自然的存在物,有着自然的需要和机能;人和其他生物一样,都在自然中获得自己生存和发展的条件,因而人"导源于自然界,人必须从自然界中开始他的生活和思维"③。在这个意义上,费尔巴哈就将人的生活和思维都归结于自然界,如此来尝试克服抽象思维对人的本质的遮蔽。但是问题在于:费尔巴哈的感性直观本体论所理解的自然是开天辟地以来就已然存在的,是缺乏社会历史性的,这意味着费尔巴哈有意忽略了人的实践活动对自然的改造能力,从而使得费尔巴哈的"人"仅仅表现为"感性对象",是被外部自然决定了的一种现成的存在。因此,费尔巴哈虽然主张人是具体、感性的人,但是他的感性直观不能不将人抽象化。费尔巴哈告诉我们的无非是:人的本质体现在对象物上,并且是通过感性直观来获得其实体化的终极本质,除此之外,就没有别的东西了。

不仅如此,费尔巴哈在感性直观的自然主义的立场上,只看到了人和自然的原初关联,人的社会性的一面被遮蔽。虽然费尔巴哈强调,"直接从自然界产生的人,只是纯粹自然的本质,而不是人。人是人的作品,是文

---

① 王晓朝、刘伟:《从"对象性活动"到"现实的个人"——马克思关于人的本质认识过程的文本学探析》,载《河北学刊》2017年第5期。
② 王德峰:《让历史唯物主义真正出场——对"现实个人"概念的存在论探讨》,载《哲学与文化》2002年第1期。
③ 费尔巴哈:《费尔巴哈哲学著作选集》下卷(荣震华等译),商务印书馆1984年版,第677页。

化、历史的产物"①,但是他所认为的人与人之间的关系只是一种纯粹自然的统一,并没有做到从人的生成过程理解人的本质。费尔巴哈还是和以往哲学家一样,把人理解为抽象的人、一般的人,是"一种内在的、无声的、把许多个人纯粹自然地联系起来的普遍性"②。

与费尔巴哈不同,马克思认为"正是在改造对象世界的过程中,人才真正地证明自己是类存在物。这种生产是人的能动的类生活。通过这种生产,自然界才表现为他的作品和他的现实"③。也就是说,人作为类存在物不是被抽象地规定出来的,而是在自己的实践活动中,真实地感受到自己是类存在物。而在费尔巴哈那里,类的概念更多地表现为抽象的统一。在马克思看来,类则表现出"社会"的含义。人在改造自然的实践活动过程中,不仅建构了超越自然的存在,也建构了人的社会关系,"无论是通过劳动而生产自己的生命,还是通过生育而生产他人的生命,就立即表现为双重关系:一方面是自然关系,另一方面是社会关系"④。马克思与费尔巴哈一致的地方是,都把人首先看作一种自然的存在,要在自然界中获得自己的生存生活资料。马克思高于费尔巴哈之处在于,马克思看到了人和动物的不同,动物从自然界中直接获得生存资料,而人是在改造自然的过程中获得生活资料的。于是,人在实践活动中,便开始独立于自然并区别于自然,此时的人并不是离群索居的、抽象孤立的单个人,而是生活在由实践活动所建构的社会关系中;在各自特定的社会环境中,人必然具有具体性和现实性。

因此,马克思提出,"人的本质在其现实性上是一切社会关系的总和"⑤。这就是把人从抽象的内在规定中放到现实生活中、把人的本质放到具体的社会关系中去理解。这就意味着,随着社会关系在实践中的不断生成和创造,人的本质也就得到了相应的历史性建构。正如马克思所说,人的本性的规定都是由后天的社会关系决定的,人并不是天然就具有某种特定阶级属性的人:"黑人就是黑人。只有在一定关系下,他才成为奴隶。"⑥由此,我们可以发现,马克思将费尔巴哈所依赖的"人"彻底现实化了——在特定的社会关系下,才会有特定的人的本质。这就要求我们要将

---

① 费尔巴哈:《费尔巴哈哲学著作选集》上卷(荣震华等译),商务印书馆1984年版,第274页。
② 《马克思恩格斯文集》(第1卷),人民出版社2009年版,第505页。
③ 《马克思恩格斯文集》(第1卷),人民出版社2009年版,第163页。
④ 《马克思恩格斯文集》(第1卷),人民出版社2009年版,第532页。
⑤ 《马克思恩格斯文集》(第1卷),人民出版社2009年版,第505页。
⑥ 《马克思恩格斯文集》(第1卷),人民出版社2009年版,第723页。

人放在特定的、具体的历史语境下加以分析。马克思认为历史是人类世代相继的实践活动过程,人的历史和文化都是人自身活动的产物,因此,只有立足于人的实践本体论中,立足于人的历史进程和社会发展当中,才能真正地理解人的本质。

三、从"感性直观"到"感性活动"

这里涉及的是对意识内在性基本建制的彻底翻转。"意识内在性"是指从"我思""自我意识"的思辨理性本体论出发形成的理论体系,而这一封闭的区域就决定了它根本没有外部对象得以进出的"窗户",思维只是停留在自身内部打转,而无法真正贯穿外部事物。费尔巴哈也曾经指出,从思维内部所认识到的只是"想象中的东西"而不是现实的"客观事物",因而只有打破思维内部自身的自我旋转运动,只有打破抽象的思辨理性本体,才能真正地理解感性客体。于是,费尔巴哈便将这一重任寄托在感性直观上,认为只有通过感性直观才能通达对感性客体的理解,才能打破思维的封闭性。

费尔巴哈将感性直观理解为接近"事物的本来面目",具体表现为"在事物中看见事物本身",这不同于以往的"人们最初所见的事物"。"在事物中看见事物本身"则是在生活世界中,事物是"由自身而来的在场者",即表现为现实的、感性的,不依赖于抽象思维而存在。主体通过与对象的实践活动才得以认识事物自身,这远远超出近代哲学将主体局限于自身内部,通过抽象的思辨理性本体的设定达到对外部事物的认识。因此,在费尔巴哈看来,"直观是在最广泛的意义下了解事物,思维则是在最狭隘的意义下了解事物"[1]。思维只能将事物限定在"自我意识"这一可以怀疑的实体中,而直观一开始就意味着"生活""实践",是对事物无限的自由。由此可见,费尔巴哈从原先哲学的"自我"的反题——自我的"他我",即从感觉出发为感性辩护,摒弃了原先由概念立场而带来的理论态度,在此情况下,将"天上的、神圣的事物"和"世上的、人间的事物"本质地区分开来了。在意识内在性的基本建制中,人们事先将自己与世界区分开来从而把自己理解为跟世界区别开来的存在者时,人同样也在自己之外把世界设定为另一个存在者[2],因而也就形成了意识和对象两个相互分离的世界。但是在感性

---

[1] 费尔巴哈:《费尔巴哈哲学著作选集》下卷(荣震华等译),商务印书馆1984年版,第34页。
[2] 吴晓明:《形而上学的没落:马克思与费尔巴哈关系的当代解读》,北京师范大学出版社2017年版,第349页。

直观中，主客体之间并不存在二元分离的界限，因为主体向来已经活跃在对象的世界中，并不存在封闭的主体，它是对世界敞开的；它的本质恰恰在它自身之外，或者直接说主体的本质就是它的对象，主体和对象性存在物初始就是相互影响、相互需要的，并表现为原初的关联。

此时，也许会有人把费尔巴哈误认为非理性主义者，而忘记了费尔巴哈的本体论"颠倒""对立"只是要将感性世界重新显现出来，并且费尔巴哈本人也并没有废止思维，他清楚地知道，与抽象的一端相对、相反的另一端也同样是抽象的，所以他总是在避免各种形式的抽象对立，认为"不将理智与感性分开，便能在感性世界中寻得超感性的东西，亦即精神和理性"①。由此，我们就可以理解费尔巴哈提出的各种联盟，比如"高卢原则"（感性）—"日耳曼原则"（理性）联盟、男性原则和女性原则联盟，这些联盟的重要意义在于使"生活与真理"与我们照面。遗憾的是，费尔巴哈仅仅局限在单纯直观的唯物主义上，"不理解最初创造人的世界的那种'革命性的'、即实践的—批判的活动"②。费尔巴哈所建立的联盟、统一只是停留在他精彩的格言式的警句中，稍一展开就会土崩瓦解并迅速返回到形而上学的领域内，因此，费尔巴哈的感性直观本体论也只是具有某种"宣言"的性质。

对于费尔巴哈依旧局限于意识内部的认识活动，马克思做出了本体论层面的批判："意识［das Bewußtsein］在任何时候都只能是被意识到了的存在［das bewußte Sein］，而人们的存在就是他们的现实生活过程。"③这里需要进行分层探讨。首先，表明意识的非基础性和非本源性，表面上具有独立的外观，实际上只是对生活世界的抽象的思辨表达。其次，马克思所涉及的"存在"并不是直接的感性实在，而应该被理解为以"感性活动"为本体的存在，即表现为"感性活动"对"存在"的不断生成与创造，这样就彻底地摆脱了"意识内在性"的幻想，开始直指生活世界本身。在这两者的基础上，马克思证明一切意识、思维都与感性活动密切相关，不论它看上去多么神圣和不可思议，人们都可以通过对感性活动的本体论考察来揭示其本质和内涵。

此时，我们需要进一步地讨论"人的解放"问题，费尔巴哈看到了宗教对人的奴役以及人的理想本质与现实的矛盾与分离，试图通过感性直观的

---

① 费尔巴哈：《费尔巴哈哲学著作选集》上卷（荣震华等译），商务印书馆1984年版，第174页。
② 卡尔·洛维特：《从黑格尔到尼采》（李秋零译），生活·读书·新知三联书店2019年版，第127页。
③ 《马克思恩格斯文集》（第1卷），人民出版社2009年版，第525页。

人本主义对宗教神学进行批判,以期达到人类解放的目的。费尔巴哈认为,宗教神学的本质其实就是人的本质的异化,那么,对于宗教异化现象的克服就是要将神学中原本属人的东西重新归还给人。因此,费尔巴哈提出,只要建立没有上帝的、以人和人之间感情关系为基础的"爱"的宗教,就能实现人的本性的复归,实现人类的解放。但问题是,费尔巴哈以感性直观本体论为出发点的人本主义批判只是对宗教异化进行了理论上的批判,现实矛盾仍然存在,人的解放并未能真正前进一步。

马克思充分肯定了费尔巴哈的宗教批判——使人摆脱了宗教幻想,能够使人成为"现实的人"而展开的思考与行动。同时,马克思又指出,费尔巴哈仅仅是用某种"属人"的宗教去驳斥"属神"的宗教,并没有真正地从本体论去阐述宗教的存在基础与灭亡方式;只是实现了用一种良好的规则去取代神的规则,因而也就没有做到对现实世界异化的改变。马克思认为,宗教等其他意识形态表面上具有相对独立性,实际上它们是由社会存在所决定的。因此,宗教世界存在的根源是人们的实践活动,宗教世界的出现是来自人们的现实生活过程"在意识形态上的反射和回声"。马克思进一步在《德意志意识形态》中断言:"道德、宗教、形而上学和其他意识形态,以及与它们相适应的意识形态便不再保留独立性的外观了。它们没有历史,没有发展,而发展着自己的物质生产和物质交往的人们,在改变自己的这个现实的同时也改变着自己的思维和思维的产物。"[1]可见,如果没有对宗教的本体论基础进行革命性批判,即便能在理论上正确地提出问题,关于这一问题的解答最终仍不得不再次陷入虚妄之中。

于是,马克思便开始立足于人们生存世界中的矛盾来揭示宗教异化产生的原因,这就意味着,关于"人的解放"的问题从感性直观本体论的理论批判进入了"革命化"的实践本体论批判中。马克思首先是将目光转向了政治领域,他发现,政治异化和宗教异化有很多方面是相同的。宗教制度和政治制度都是由人建立起来的,但是在社会生活中,它们彼此一致并且相互联结,共同奴役广大的底层劳动人民。马克思并未沉浸在这种虚幻的民族情怀中,而是通过对法的关系的分析,在物质生活中揭示其本来面目。在资本主义社会,马克思断定劳动异化是很常见的社会现象,它使得劳动活动和劳动产品成为同人自身相对立的异在物,这就造成了人越劳动,也就越能制造出剥削和支配自己的力量。由此可以推断,人的本质异化的最根本原因在于劳动异化。

---

[1] 《马克思恩格斯文集》(第1卷),人民出版社2009年版,第525页。

在此基础上,马克思进一步将异化产生的原因归结于生产资料所有制——劳动异化产生于私有财产和私有制。此时,我们可以说,生产资料的私有制使得人与人的本质分裂了,因为没有认识到这一点,所以当时的人们只能将希望寄托于上帝,以期通过幻想虚假的快乐来慰藉现实的压抑和不自由的困境。在对资本主义社会的考察中,马克思在资产阶级与无产阶级的对抗中认识到了非人道的资本主义带来的压迫,敏锐地发现了这种压迫背后的私有制关系。由此马克思找到了宗教异化的现实根源——资本主义私有制。对于这一生产资料私有制的批判,马克思就不再将其仅仅理解为认知领域的变革,而是要通过革命的、实践的手段加以消灭。正如马克思在《〈黑格尔法哲学批判〉导言》中就已经指出的,在人被异化的资本主义社会,"人的本质不具有真正的现实性"[1],人的现实本质在异化的表象中被湮灭。在马克思看来,"只有当现实的个人把抽象的公民复归于自身,并且作为个人,在自己的经验生活、自己的个体劳动、自己的个体关系中间,成为类存在物的时候"[2],当人们将各自社会力量组织起来推翻违背人的本质的社会制度的时候,才能实现人的自由解放目标。所以,只有推翻现有的不公平的社会制度,也只有实现了用实践本体论替代感性直观本体论的本体论革命之后,人们的自由而全面的发展才成为可能。无疑,马克思的实践本体论为其后的无产阶级革命理论奠定了扎实的哲学本体论基础。

第三节 实践本体论对感性直观本体论的超越

为了颠覆思辨哲学超感性世界与感性世界二分的形而上学本体论体系,费尔巴哈试图通过感性直观本体论建立起与之相对立的感性世界。马克思也正是在费尔巴哈的强大推动力之下,实现了突破黑格尔思辨理性的本体论藩篱,达到了粉碎一切形而上学本体论幻想的目的,从而开启了新的本体论境域。与此同时,马克思也意识到,费尔巴哈的感性直观本体论对形而上学只是实施了单纯的"反动",未能真正瓦解形而上学体系意识内在性的本体论建制,这就导致他最终还是会返回到其形而上学的本质中。当然,这并不能抹杀费尔巴哈对思辨哲学理性本体论批判所作出的理论贡献。

---

[1] 《马克思恩格斯文集》(第1卷),人民出版社2009年版,第3页。
[2] 《马克思恩格斯文集》(第1卷),人民出版社2009年版,第46页。

一、马克思借助费尔巴哈清算以往的本体论

在《莱茵报》时期,马克思接触到普鲁士国家的社会问题时,发现原先他所依赖的抽象的思辨理性本体论无法合理解释理想与现实之间的矛盾。于是,马克思便开始对原先的理性立场产生了怀疑,并动摇了对黑格尔哲学的信仰。而在此时,费尔巴哈批判黑格尔的本体论达到了高潮,这个批判引起了马克思的高度关注,也带来了马克思的思想进程与费尔巴哈哲学的本质联系——借助和吸收费尔巴哈感性直观本体论中的感性内容,对一般哲学—形而上学及其本体论进行批判。也就是说,马克思对黑格尔绝对精神的批判性脱离首先借助于费尔巴哈:"费尔巴哈把形而上学的绝对精神归结为'以自然为基础的现实的人',从而完成了对宗教的批判。同时也巧妙地拟定了对黑格尔的思辨以及一切形而上学的批判的基本点。"①不难看出,马克思对绝对精神的批判一度笼罩在费尔巴哈之下,因此,马克思把绝对精神的基础进一步解读为"现实的人和现实的人类"。但是,费尔巴哈借助的感性直观最后依然不能通达真正的自由的思想,更不能进入社会现实,因为费尔巴哈以感性的直观原则重新解释了现存的世界,这种重新解释不过是对现实世界的重新承认。如果理论上的不断变革没有引发现实世界的变革,那么,这种理论只是换了一种方法重新承认现存的东西。如果一种理论被另一种理论取代,从表面上看好像是理论的进步,实际上依然没有越出理论的范围,不同的理论彼此之间进行着仿佛是伟大的斗争,其实这只是不断地用新的方式承认现存的世界,是毫无意义的。费尔巴哈正是如此。他立足于正确地理解当时的社会,只是对单个的人和市民社会即资产阶级世界进行了直观,并没有从中看出自我变革的力量、自我否定的东西,换言之,只是从直观获得的客体的形式去理解,而没有理解为人的实践活动。虽然费尔巴哈启动了本体论革命,但是他最终无法完成,因为他退回到了知识论范畴中。这个本体论革命的最终完成者是马克思。对于马克思而言,实践即感性的活动或对象性的(gegenständliche)活动,这是人的现实的存在或现实的人的存在。实践活动规定出事物来,因此世界如此这般地向你呈现。因此,马克思实际地完成了对费尔巴哈的批判性超越和本体论革命。也正是由于马克思的本体论革命,现存的生活世界自身的自我批判和自我变革就会被这一理论所把握,而此前的哲学无论是思辨的还是直观的,都不可能把握这一点——现实世界自身的辩证法。

---

① 《马克思恩格斯全集》(第 44 卷),人民出版社 2001 年版,第 22 页。

(一)"物质利益"问题引发马克思的本体论革命

马克思在《莱茵报》时期遇到了令他困惑的物质利益问题，正是这一问题在哲学上的无出路状态，才将费尔巴哈带到马克思面前，导致马克思的思想历程与费尔巴哈哲学发生了本质性联系。物质利益的"困惑"并不意味着原先单纯的理性世界观没有考虑到物质利益问题，而是说，物质利益问题的介入方式已经超出了这种理性世界观的体系，从而破坏了原先所要求的理性思维与现实世界的一致性。这才引发了马克思反思这一时期他自己所持有的本体论，使马克思后来以完全不同的本体论来把握物质利益问题。

关于物质利益介入的问题，在林木盗窃法论文中，马克思表现得最为不安和激烈。在当时的德国出现了一个严峻的社会问题，即资本原始积累时期的掠夺使农村居民以及城市无业居民更加贫困。居民为了谋生不得已去树林去捡树枝，当时的普鲁士法律却以保护贵族利益为由，判定捡树枝者犯有"盗窃罪"。马克思将这一社会现象表达为"理性的法"和"私人利益"之间的极端对立。在马克思看来，"法"意味着理性和正义，是事物的客观本质；而"利益"与"法"的本质相违背，即"不法"，具有主观性和外在性。当时马克思站在抽象的思辨理性本体论的立场上，认为最终代表正义的"法"会战胜代表私人的"物质利益"，所以整篇论文仿佛是在以法的名义、以理性的名义来声讨利益之不法本能的檄文。

虽然此时的马克思关于"物质利益"的提法立足于思辨理性本体论的立场，但是他将"理性的法"与"私人利益"理解为无限的对立，是具有批判性和革命性的。这是因为他割断了将物质利益问题上升转化为理念的通路，使得"物质利益"落回到现实中，从而将"物质利益"作为真实的现实事物矗立在理性原则的对立面，并对其不断发难。思辨理性再也无法像以往那样将"物质利益"归于"理念的自身的同一"，对其无限地吞没和消化，而是不得不直面它并迎接它的挑战。换言之，如何处理"物质利益"与"理性"的相互对立，其本身就蕴含着对抽象的思辨理性本体论颠覆性的重要力量。

这场斗争的结果是，"利益所得票数超过了法的票数"而获得了最终的胜利，这确实让马克思看到了"物质利益"的巨大力量并开始直接面对它。为什么如此不公平的利益实际地以法律的方式得到了维护？在理论上，"物质利益"是因为什么成为可能？它的力量来源在哪里？这些问题会使理性世界变得晦涩不明，甚至产生崩塌。因此"物质利益"的出现，使得当时马克思的思辨理性本体论立场呈现出明显的动摇和瓦解的迹象。

此时,费尔巴哈的新世界观对于马克思本体论革命的重大的启发意义凸显出来。费尔巴哈批判了思辨哲学家对思维与存在关系的颠倒,要求重新确立唯物主义的权威。马克思也在"物质利益"问题中意识到思辨哲学及其自我意识本体论的弊端,因而也就开始转向费尔巴哈的直观唯物主义,明确了只有唯物主义才能使人们理解现实生活。最终,在"物质利益"的影响下,马克思开始转向费尔巴哈——"成为费尔巴哈派",进入"费尔巴哈的总问题",并且在本体论层面从抽象的思辨理性本体论经过物质本体论,最终转向了实践本体论。

(二)以"现实的人"批判"自我意识"的立场

虽然马克思对"自我意识"本体论立场的批判远比费尔巴哈深刻,但其实在这批判之初,马克思是借鉴、采纳费尔巴哈的"现实的人"来展开这场本体论批判的。需要明确的是,马克思本体论立场的改变是对以"自我意识"为前提的整个形而上学进行的批判。在《神圣家族》这部论战性的著作中,马克思就站在费尔巴哈"现实的人"的哲学立场上,有力地批驳了关于"自我意识"本体论的各种幻想。

在"思辨结构的秘密"一节中,马克思以"果实"为例,阐释了思辨理性如何把认识事物的过程变成了抽象思维创造"现实、自然实物"的过程,这就揭露了思辨哲学方法总的基本特征:"把实体了解为主体,了解为内在的过程,了解为绝对的人格。"①马克思批评思辨哲学家以"自我意识"即思辨理性为本体的活动来实现对纷繁复杂的具体事物的认识,"当思辨在其他一切场合谈到人的时候,它指的都不是具体的东西,而是抽象的东西,即观念、精神等等",②思辨哲学家如此这般地将外部世界嵌入了意识的内在性之中。

马克思进而剖析黑格尔哲学本体论体系中的三大要素:"斯宾诺莎的实体,费希特的自我意识以及前两个因素在黑格尔那里的必然充满矛盾的统一,即绝对精神。第一个要素是形而上学地改了装的、同人分离的自然。第二个要素是形而上学地改了装的、脱离自然的精神。第三个要素是形而上学地改了装的以上两个要素的统一,即现实的人和现实的人类。"③马克思认为,鲍威尔和施特劳斯只是抓住了黑格尔本体论体系中某一因素,这

---

① 《马克思恩格斯文集》(第1卷),人民出版社2009年版,第280页。
② 《马克思恩格斯文集》(第1卷),人民出版社2009年版,第265页。
③ 《马克思恩格斯文集》(第1卷),人民出版社2009年版,第341—342页。

样是无法实现对这一体系的突破的,而费尔巴哈则巧妙地找到了批判黑格尔思辨哲学以及一切形而上学本体论的基点——"现实的人",因为黑格尔本体论体系的奥秘无非就是在绝对精神中实现了自然与精神的统一:"黑格尔是在经验的、公开的历史内部让思辨的、隐秘的历史发生的。人类的历史变成了抽象精神的历史,因而也就变成了同现实的人相脱离的人类彼岸精神的历史。"[①]在马克思而言,如果消解掉思辨哲学的形而上学伪装,那么,显现出来的就是"现实的人"或"现实的人类"。因此,费尔巴哈的"现实的人"无疑就成了撬动整个思辨理性本体论体系的"阿基米德点"。马克思将费尔巴哈视为从黑格尔的观点出发,又真正终结了黑格尔思辨理性本体论的哲学家。

马克思采纳了费尔巴哈"现实的人"的本体论立场,与先前的思辨理性本体论决裂,并对思辨理性本体论展开了全面批判。马克思批判的对象主要是鲍威尔,因为鲍威尔的"自我意识"本体论代表着德国思辨哲学的一个高峰。马克思认为鲍威尔只不过将具有人的属性的自我意识上升为独立的实体,所以,这种自我意识脱离了现实的人,成为理念的现实存在的本体论。因为理念和人一样具有无限性,这样就很容易将人的一切属性转变为自我意识的属性,从而也就形成了理念对一切事物构造的可能,即自我意识成为"世界、天空和大地的万能的创造者"。马克思将这种抽象的自我意识理解为"思辨的创世说"。总的来说,鲍威尔只是以一种极度夸张的方式再现了黑格尔哲学体系中的费希特的"自我意识"的本体论要素,自然就无法真正地触碰到黑格尔本体论的思辨基地。

那么,应当如何理解"现实的人"的哲学立场呢?当时马克思站在了费尔巴哈"现实的人"的本体论立场上,这就与"自我意识"的概念立场形成了截然对立。在马克思看来,自我意识先行地封闭在自身内部,不可能接触到外在的客观事物,接触到的只是"翻译成为思想的事物",因而自我意识并不能建立思维与存在的真正统一,它只会破坏这种统一。而现实的人是某种不同于"我思"建制的东西,它承认"人的感性对象",从而人与外部世界建立起对象性关系。这就意味着,人是思维与存在的基础和主体,是能动与受动的统一,只有以现实的人为基础,才能避免形而上学的各种抽象的对立,并将全部丰富感性的世界呈现出来。之后,马克思断定在费尔巴哈的感性直观本体论中的"人"仍是抽象的,这就导致它所建立起来的统一也很快就停滞了。费尔巴哈虽然强调了人的感性存在,却以抽象的方式仅

[①] 《马克思恩格斯文集》(第1卷),人民出版社2009年版,第292页。

仅把客观事物视为认识与反映对象,忽视了人的"感性活动"的创造性与能动性。不可否认的是,费尔巴哈"现实的人"的本体论立场满足了马克思当时消解"自我意识"即思辨理性本体论的思辨幻想的内在要求。

(三)以往的唯物主义对形而上学批判的本体论意图

费尔巴哈的"现实的人"从哲学根基处,引导着马克思找到了一条走出思辨哲学形而上学体系迷宫的真正出路。这里的"现实的人"绝不仅仅是方法论上的更改,而是以人作为本体论推论的出发点,力图避免整个形而上学的概念本体论立场,从而建立起思维与存在的真正统一。这里要明确"形而上学"和"思维与存在的分裂"意味着什么,因为对这个问题的回答有助于我们理解本次分析的核心之处。形而上学本体论首先预设出主体与客体、思维与存在等各种形式的分裂和对立,然后通过思辨理性来探寻感性有限事物背后的终极实在性,这样就造成了思维对感性有限性的褫夺,而这所有的有限性和矛盾都归结于物质,所以,在这个预设中就已经潜伏着形而上学永世的对手——唯物主义,"因而全部唯物主义的本质,就其本来的意图和立场而言,乃是对一切形而上学的反驳"[1]。

然而,以往的唯物主义最终还是成了它自己最初所反对的东西,即形而上学化或抽象化,这使得他们所依赖的"物"失去了它的鲜明特征而成为抽象的"物"。究其原因在于,"为了能够在漠视人的、毫无血肉的精神的领域制服这种精神,唯物主义本身就不得不扼杀自己的肉欲,成为禁欲主义者。它以理智之物的面目出现,同时又发展了理智的无所顾忌的彻底性"[2]。也就是说,以往思辨哲学家以"自我意识"即思辨理性为本体论出发点,从而将感性存在抽象化了;旧唯物主义则是完全地、直接地将人的类本质还原为抽象物质,抽象物质表面上是与"自我意识"本体相对立,但实际上它仍然是"思维客体"。由此可见,旧唯物主义本体论对主体的遗忘和人的抽象还原,导致了感性事物的抽象化。

费尔巴哈反对这种"漠视人的、毫无血肉"的唯物主义本体论立场,提出"现实的人"是理解唯物主义的本体论根基。这里"现实的人"并非纯粹地来源于自然界,而是表现为"感性对象性"的存在。"感性"意味着人与自然的感性实存,从而斥责了形而上学的抽象性;"对象性"意味着重新建立人和自然之间的原初关联,从而就避免了人和自然的"同一性"。当然,在

---

[1] 吴晓明:《形而上学的没落:马克思与费尔巴哈关系的当代解读》,北京师范大学出版社2017年版,第460页。
[2] 《马克思恩格斯文集》(第1卷),人民出版社2009年版,第331—332页。

费尔巴哈那里,人的对象不仅有自然,而且还涉及上帝和他人。人在自然界中证明了自己的感性存在,同样也在上帝和他人那里证明了自己的类意识的存在、社会存在。因此,费尔巴哈在"现实的人"的感性对象性中,开启了粉碎形而上学幻想的唯物主义转向。

马克思也在费尔巴哈的人本唯物主义中感受到,除非能将思维从整个形而上学本体论中解放出来,否则,唯物主义就根本不可能做到对全部形而上学的清算和终止。在《神圣家族》中,马克思就用了比较大的篇幅来梳理唯物主义史,建构起了与现实的人的思维和感觉联系在一起、以物质本体为出发点的"新唯物主义",即"与人道主义相吻合的""现实人道主义"①。虽然此时马克思还没有确切地把握到费尔巴哈的直观唯物主义的"物"仍然是"纯粹的物质",但是在马克思哲学的演进进程中,马克思将唯物主义的含义进一步深化了,即将唯物主义理解为对一切形而上学的克服,由此将本体论推向了另一个高度。

二、揭示感性直观本体论的局限——历史性的缺失

费尔巴哈已然准确地把握到:一般哲学从"我思"或"自我意识"的本体出发,所认识到的只是"思维客体"而不是"感性客体",所确认的只是"纯粹自我"而不是"感性实存"。因而,费尔巴哈的直观唯物主义想要通过以感性直观为本体论前提的"现实的人"摒弃"自我意识"的本体论,实现从意识的内在性中解救出对象、现实和感性。但是,随之而来的问题是:费尔巴哈把人和对象从意识本体论领域转移到感性直观本体论领域内,就能摆脱意识的内在性了吗?答案显然是否定的。因为费尔巴哈并没有消解掉意识内在性的本体论建制所预设的现成之物,只是把现成之物进行了来回移动,而没有实现事物的自身历史性生成。这表明,对现成事物现成性的本体论去除才是洞穿意识内在性的关键所在。虽然费尔巴哈在对人与自然关系的思考中肯定了人,然而一旦踏入社会历史领域,当费尔巴哈以"感性"来确证社会历史当中物质的实在性,以脱离变革的实践来理解人的生存与活动时,费尔巴哈最终将人的本质归结为类的"感性精神",实则是"费尔巴哈把宗教的本质归结于人的本质。但是,人的本质并不是单个人所固有的抽象物,在其现实性上,它是一切社会关系的总和"②。总之,当费尔

---

① 刘秀萍:《马克思主义哲学在何种意义上是一种唯物主义——重新理解〈神圣家族〉对唯物主义史的梳理》,载《马克思主义与现实》2007年版第2期。
② 《马克思恩格斯文集》(第1卷),人民出版社2009年版,第501页。

巴哈将人的本质归结为超历史的、超现实的抽象规定时,虽然表面上在批判黑格尔思辨哲学,实际上又跌入了他试图超越的思辨哲学的意识内在性立场。

就此而言,马克思一语道破:"当费尔巴哈是一个唯物主义者的时候,历史在他的视野之外;当他去探讨历史的时候,他不是一个唯物主义者。在他那里,唯物主义和历史是彼此完全脱离的。"①马克思已然发现在费尔巴哈那里,"某物或某人的存在同时也就是某物或某人的本质"②。费尔巴哈从哲学"自我"的反题开始,即从自己的"他我"开始,根据感性对象性原理,对感性世界的理解同时也就是对于感性主体即现实的人的理解。但问题在于费尔巴哈通过"单纯的直观"和"单纯的感觉"所理解的感性世界是现成的、一成不变的、非历史的,相应地,费尔巴哈哲学的人也是"感性对象性"的、抽象的、非现实的主体,即"一般人""类"。若对象性原则继续使用的话,就会发现由费尔巴哈的"一般人"出发所设定的也不可能是现实的世界,而是非感性、非对象性的抽象世界。这就暴露出了费尔巴哈感性直观本体论自身所无法克服的矛盾,即他想要实现现实的人与自然界,但最终还是沦落为抽象的东西,而这一系列矛盾则暗示了费尔巴哈哲学不可抗拒的历史命运——重新落入形而上学的窠臼中。所以,费尔巴哈的感性直观只是表面上做出一个"跃进"的姿态便立即折返自身,因而还是停留于自身内部,只能达到对现实世界的"观看",并未真正走入社会现实。

费尔巴哈的感性直观本体论获得的仅仅是现成的、当下的对象世界,无力解决现实世界与人的感觉、意识设定的世界的冲突与不和谐。费尔巴哈为了排除这种冲突与不和谐,不得不借助介于"普通直观"(仅仅看到眼前的东西)和"高级的哲学直观"(看到事物的真正本质)之间的二重性直观。就像当费尔巴哈看到大批患瘰疬病的、积劳成疾的和患肺病的穷苦人而不是健康人的时候,只能求助于"最高直观"和观念上的"类的平等化"。马克思评价道,费尔巴哈依然"和其他的理论家一样,他只是希望确立对现存的事实的正确理解,然而一个真正的共产主义者的任务却在于推翻这种现存的东西"③。这就直接表明费尔巴哈终究要借助哲学家的"眼镜"来观看整个感性世界,而这并不能真正解决实际的对立和冲突。而马克思主张应该通过人的实践活动,改变与人相异化的现存世界,从而推动人道主义

---

① 《马克思恩格斯文集》(第1卷),人民出版社2009年版,第530页。
② 《马克思恩格斯文集》(第1卷),人民出版社2009年版,第549页。
③ 《马克思恩格斯文集》(第1卷),人民出版社2009年版,第549页。

化世界的前进。

概而言之,费尔巴哈虽然将感性重新纳入人们的视野,然而,其感性直观本体论所获得的只是现成之物,而不能彻底理解整个事物的历史发展过程,这就意味着费尔巴哈并没有实现在本体论领域对感性、对象、现实的解蔽,而是在意识领域的反面,重新巩固和加强了意识内在性的统治和支配,实质上是对抽象的思辨理性本体论的彻底完成。那么,如何才能走出意识内在性,实现对事物历史性发展的理解呢?马克思则将视线转向了黑格尔辩证法的"活动原则",以期通过活动原则达到对感性事物生成性的理解。

(一)历史向度的缺失

费尔巴哈借助感性直观本体论得到的只是直接当下的外在事物,自然无法理解感性世界的自我批判和自我发展,从而也就不能理解整个社会运动发展的轨迹,导致"在他那里,唯物主义和历史是彼此完全脱离的"[1]。这里的"历史"并非在我们之外的存在,而是由我们自身活动所产生的结果。马克思的"历史"与"唯物主义"的结合并不是两者的简单叠加,而是植根于唯物主义基础本身的历史原则。在这里,有必要重申一下,现实并不是外在的、仿佛在我们之外就有的自在之物,而是由人们的实践活动所建构起来的。但因为费尔巴哈的感性直观本体论的非历史性,他只能从现实基础之外来审视社会历史,这就导致他对人们的社会生活过程的理解再次被纯粹精神所支配和主导,亦即重新回归到唯心史观的领域内了。

我们不得不遗憾地说,费尔巴哈试图颠覆整个超验的理念世界,希望使超验的理念世界重新回到现实的感性世界中,但是他并没有实现自己的目的。究其原因在于,费尔巴哈感性直观本体论所建立的感性世界只是与超感性世界处于极端的外部对立,并没有实质地冲破意识的内在性,没有突破抽象的思辨理性本体论,因而也就无法深入社会现实领域。

何谓社会现实?这里我们需要区分"现实"与"偶然的实存"这两个概念。"偶然的实存"是转瞬即逝的,是在历史进程中已经丧失必然性但依然现存着的;而"现实"则是展开过程中的必然性,也就是说,现实并不是固定不变的东西,它是一个整体,是过程性的体现,被历史性贯彻始终。"凡是合乎理性的东西都是现实的;凡是现实的东西都是合乎理性的"[2]最鲜明地提出了现实的历史性原则。但在黑格尔那里,现实被理解为本质与实存的统一,即只有通过理性实体的自我活动,才能把握历史的进程,这样就将

---

[1]《马克思恩格斯文集》(第1卷),人民出版社2009年版,第530页。
[2] 黑格尔:《法哲学原理》(范扬、张企泰译),商务印书馆2013年版,第11页。

现实社会的历史置于思辨神学的阴影之下了,最终黑格尔也只是达到了形而上学伪装下的现实。马克思的实践本体则瓦解了现实与理念的联盟,在物质资料的生产方式及其变动结构下,让社会现实真正出场。

在费尔巴哈直观唯物主义中,物质成了与人的现实存在无关的抽象规定。费尔巴哈虽然以感性直观原则说明和建立起人与自然界的关系,但是没有将包含人的现实性—历史性的一面纳入物质规定。虽然,费尔巴哈对黑格尔思辨哲学体系进行了批判与否定,但是他却连同黑格尔那个"否定之否定"的历史原则也一同丢弃掉了。费尔巴哈尝试"把基于自身并且积极地以自身为根据的肯定的东西同自称是绝对肯定的东西的那个否定之否定对立起来"①,尽管避免了抽象的思辨理性对现实感性的褫夺,但是他用感性直观这一十分有限的方式获得的感性是缺乏历史向度的。对于自然,费尔巴哈直观到的是脱离人之外、不可更改的实体,甚至认为人所拥有的五官及其相应感觉能力都来源于自然;对于人与人之间的社会关系,费尔巴哈的理解更加显得空疏贫乏,除了"我"和"你"的对象性联系以及男人、女人还有后面的孩子被当作属神的三位一体的秘密,就再也没有别的什么了。费尔巴哈不知道"感性确定性"是由人们现实的生产实践所带来的,社会关系也是在实践活动中不断生成和发展的,并非自古就有、永恒不变。马克思指出:"费尔巴哈在曼彻斯特只看见一些工厂和机器,而100年以前在那里只能看见脚踏纺车和织布机;或者,他在罗马的坎帕尼亚只发现一些牧场和沼泽,而在奥古斯都时代在那里只能发现罗马富豪的葡萄园和别墅。"②这就表明马克思判定费尔巴哈的感性直观只能直观到当下的、直接的实存,即便就算体现了现实世界的感性原则,他也没有发现现实世界是感性活动的结果和产物,是由人的活动不断建构的,世界的改变来源于人活动的历史性。因此,在深入剖析费尔巴哈哲学的基础上,马克思判断:现实社会是费尔巴哈无法通达的领域,正如费尔巴哈的感性直观本体论无法洞穿意识的内在性一样。

对此,马克思批评道:"他没有看到,他周围的感性世界决不是某种开天辟地以来就直接存在的、始终如一的东西,而是工业和社会状况的产物,是历史的产物,是世世代代活动的结果……甚至连最简单的'感性确定性'的对象也只是由于社会发展、由于工业和商业交往才提供给他的。"③而社

---

① 《马克思恩格斯文集》(第1卷),人民出版社2009年版,第200页。
② 《马克思恩格斯文集》(第1卷),人民出版社2009年版,第529页。
③ 《马克思恩格斯文集》(第1卷),人民出版社2009年版,第528页。

会发展、工业与商业的形成与发展,不能归功于自然界的自我运行,而是人的感性活动、实践活动的结果。正是在人类实践活动的推动下,社会历史才得以运行与发展。马克思以"实践"洞察与扬弃了意识内在性"抽象规定"的缺陷,从"抽象规定"发展过渡到"感性实践",在以现实的人以及实践为表征的社会历史领域实现了对形而上学意识形态的本体论批判。

(二)再次跌入唯心史观

费尔巴哈试图通过感性直观本体论摆脱形而上学的窠臼,重新回到感性世界中去,但他最终还是在历史领域背离了他自己的最初目的,将原先所提供的动力都化为乌有了。那么,为什么一向坚持唯物主义立场的费尔巴哈会在历史领域投向敌人的怀抱?是因为费尔巴哈一时疏忽或者任性没将这唯物主义"推广"到历史领域去吗?这当然是荒谬的。根本原因在于费尔巴哈的感性直观本体论无法理解社会的历史原则,无法把握现实社会发展的命脉,这必然导致他不得不戴上哲学家的"眼镜"来看待世俗基础,否则压根无法谈论和处理这一基础本身。在这个意义上,我们才能领会到费尔巴哈在历史领域跌入唯心史观的真正缘由。

对于宗教异化的批判,费尔巴哈站在了感性直观本体论的立场上,否认上帝的存在,并揭露出宗教的本质,但是当他将宗教世界的基础归结于世俗世界之后,就再也不能前进一步了。这是因为费尔巴哈无力解决"世俗基础的自我分裂和自我矛盾"①,更谈不上以实践的方式使其革命化。当费尔巴哈无力改变这一社会现状,又不得不面对这一社会矛盾的时候,便不能不复归到意识形态领域中,将原先所批判的宗教异化仅仅看作思维观念的偏差,主张通过思维的纠正加以解决。

费尔巴哈关于伦理道德的观点,更是十足的空话。费尔巴哈认为,道德就是对幸福的追求,但是关于幸福欲望的满足,人们要承受行为的自然后果和社会后果的双重限制,所以在追求幸福的道路上,人们要贯彻"对己以合理的节制,对人以爱"。而在现实生活中,人们追求幸福的欲望总是要与外界来往,需要各种物质条件,但是在当时的社会中,人们根本不能享受这些物质条件,从而也就无法实现人们对于幸福的追求。如果把道德基础仅仅理解为对幸福欲望的追求的话,这对于广大劳动群众来说,只能是愚弄和欺骗,是一文不值的。

将这种思想贯彻到对旧宗教的批判上,费尔巴哈建立起了"爱的宗

---

① 《马克思恩格斯文集》(第1卷),人民出版社2009年版,第528页。

教"。费尔巴哈认为,离开神与上帝,人完全可以自己追求幸福而过上合乎道德人性的生活。在这里,费尔巴哈的理论贡献揭示了宗教作为人的本质异化的本性,进而把宗教的一切属人的特性都返还给了人自身。但是,他却在其超现实的、纯粹情感的宗教观中产生了对宗教的错误理解:把宗教视为一种情感上的虚幻反映,没有认识到宗教本身也是对社会历史的反映,因此他没有消灭宗教而是重建了宗教,并在重建宗教的过程中抹杀了宗教的历史性,重建了具有唯心主义本质的宗教观。马克思由此明确地做出了判断:"我们一接触到费尔巴哈的宗教哲学和伦理学,他的真正的唯心主义就显露出来了。"①那么,如何才能避免人们对社会历史的理解陷入思辨哲学的唯心主义幻觉呢?在马克思看来,宗教、道德等其他意识形态都是对人们及其关系的颠倒,"正如物体在视网膜上的倒影是直接从人们生活的生理过程中产生的一样"②。也就是说,意识形态只是具有独立的外观,但是它来源于现实生活。进而我们可以推出,如果现实基础本身被阐明了,那么,意识形态的迷雾就自然而然地被清除了。马克思已经明确表达了社会现实乃是历史的本质,费尔巴哈的感性直观本体论无法把握历史的原则,更无法深入社会现实。在费尔巴哈那里,现实的生产生活是非历史的,而历史脱离了日常生活,这表明历史原则始终在他的视野之外。相应地,意识形态的世俗基础本身也就必然在费尔巴哈的视野之外,这就导致他根本不能消解意识形态的迷雾,从而再次沦陷在这一时代的意识形态的幻想之中。总之,费尔巴哈再次跌落入唯心史观也就不可避免了。

(三)借助黑格尔辩证法展开的本体论翻转

在马克思看来,费尔巴哈的感性直观本体论"缺少了黑格尔的某一因素",于是,在《1844年经济学哲学手稿》中,马克思首先展开了对黑格尔辩证法的批判性分析。马克思虽然高度肯定了费尔巴哈以感性直观的本体论原则批判黑格尔辩证法的抽象性,但马克思并不满足费尔巴哈将辩证法的"否定之否定"仅仅理解为"哲学同自身的矛盾""对自身怀疑因而需要证明的肯定"③,这种纯粹的悖论只会将辩证法理解为"无"。马克思认为,需要进一步地拓展和深化对辩证法的理解,重新占有黑格尔辩证法的积极成果。如此一来,马克思超越费尔巴哈感性直观本体论才具备了理论上的可能。

---

① 《马克思恩格斯文集》(第4卷),人民出版社2009年版,第287页。
② 《马克思恩格斯文集》(第1卷),人民出版社2009年版,第525页。
③ 《马克思恩格斯文集》(第1卷),人民出版社2009年版,第201页。

黑格尔的辩证法展现的是绝对精神从自身出发,经过异在的存在之后,又返回自身的过程。在外化和返回的过程中,绝对精神本体突破"内在性"的怪圈,实现了自我活动,即表现为主体对对象的占有,对象是主体本质的表现,这样将原先的自在之物变成"为我"之物,并在"外化和这种外化的扬弃"中,实现了主体的自我生成的过程,这样就在纯粹活动的自我展开过程中"为历史的运动找到抽象的、逻辑的、思辨的表达"①。因此,辩证法的活动原则就打破了内在的局限性,实现了自身历史性的变动性。而费尔巴哈感性直观本体论由于缺乏活动的原则,只能看到永恒不变的存在,无法理解运动发展的过程。

虽然,黑格尔的活动原则使得"绝对精神"表面上走出了"内在性"的怪圈,但实际上还是停留在自身内部,做着纯粹的思辨的旋转运动。因为黑格尔的抽象的思辨理性本体是无关对象的、纯粹内在的实体。这也就决定了它所理解的外在事物只不过是事物的思维形式,而不是事物本身。因此,自我意识的活动只是实现了对象不断地被"产生"和"吸收"的过程。在这一过程中,外在的对象终究是要被消灭掉的东西,最终得到确证的无非就是自我意识。所以,这就导致黑格尔的本体论终究还局限于自身的内部,无法接触到现实的外部对象。

马克思的天才之处在于,主张思辨哲学的活动原则不过是对现实活动的抽象表达,并将现实的活动理解为感性活动、对象性活动、实践。相对于非对象性、作为绝对主体的"自我意识",马克思站在费尔巴哈感性直观本体论的立场上,将人理解为对象性的存在物,这就意味着人作为自然存在物,就必然受制于别的自然物,并被其所设定,这样就为自己生命表现提供了感性、现实的对象。由此,实践才摆脱了围绕自身的圆圈式运动,开始建构或设定对象,从而使人的活动先行寓居于对象领域中,对象本身的存在亦先行地涵泳于人的活动领域中②。实现了现实的人"出离"自身,同时马克思也实现了对费尔巴哈感性直观本体论的翻转——提出实践本体论,这才使得贯穿意识内在性成为可能。

三、历史由感性活动建构而成

现实的社会历史是由感性活动——实践——所规定和建构的。这是马克思发动本体论革命的立足点,也是重要的理论成果。在《关于费尔巴

---

① 《马克思恩格斯文集》(第1卷),人民出版社2009年版,第201页。
② 吴晓明:《马克思的存在论革命与超感性世界神话学的破产》,载《哲学研究》2009年第4期。

哈的提纲》中，马克思一针见血地指出："从前的一切唯物主义（包括费尔巴哈的唯物主义）的主要缺点是：对对象、现实、感性，只是从客体的或者直观的形式去理解，而不是把它们当做感性的人的活动，当做实践去理解。"①可以说，历史唯物主义的本体论原则就是感性活动即实践原则。马克思是在对旧唯物主义特别是费尔巴哈唯物主义感性直观的"纯粹物质"的知识论路向批判中，创造性地转化了黑格尔的辩证法，将其融入唯物主义的本体论基础之中，确立了"感性活动"即实践的本体论立场。

在马克思看来，历史本质上是由感性活动即实践构造而成的，世界历史是世界在人的感性活动中的改变过程。马克思认为历史是世代相继的人的感性活动史，自然界（感性世界）不是单纯直观的对象，直观者（人）也不是单纯的感觉的主体，两者都是感性活动即实践的产物；在感性活动之历史相接的基础上，人们形成并改变自己的物质生活生产方式以及相应的社会制度。这意味着当我们去认识世界的同时，就已经参与了对世界的构造；世界不是在人的思维活动中被改变、不是被先验地规定出来的，世界的改变过程与人的感性活动的历史是一致的，感性活动的历史展开同时就是世界历史的改变。

在哲学史上，古代朴素唯物主义被看作唯物主义的开端。当时的哲学家把无固定形态的水、火、气等具体自然物质视为世界的本体："人们之所以将自然哲学家的理论称之为唯物主义，大概正在于其以'质料'即 matter 解释世界，这种解释世界的方式自然便成了 materialism 即'质料论'或唯物主义。"②近代以来，由于资本的逻辑促成了以认识论思维方式解释世界的机械唯物主义，资本要求对世界进行高度数学化计算和控制，机械唯物主义者视"物质"为刺激我们的感官形成的、可以以数量关系规定的、具有广延的物质实体。培根更是以"知识就是力量"一语道破了近代机械唯物主义知识论的基本定向。大体上，马克思之前的唯物主义将"物质"理解为知性思维所能把握到的感性对象，并且无以复加地抽象出所谓"共性"，以便于实现对外部世界的控制。

与朴素唯物主义、机械唯物主义不同，费尔巴哈的直观唯物主义本质地关联着历史唯物主义中的"物"的本体论意涵。为什么会出现如此这般的关联性作用？这需要我们稍微驻足于费尔巴哈唯物主义的形而上学变

---

① 《马克思恩格斯文集》（第 1 卷），人民出版社 2009 年版，第 499 页。
② 王南湜：《认真对待马克思的"历史科学"概念——关于历史唯物主义理论特征的再理解》，载《哲学研究》2010 年第 1 期。

革图谋当中。费尔巴哈将唯物主义的"物"等同于感性的人或自然界:"感性的、个别存在的实在性,对于我们来说,是一个用我们的鲜血来打图章担保的真理。"①也就是说,费尔巴哈确定了人的感性本质,把感性的人的本质理解为唯物主义的基础,并且把唯物主义的"物"与人之间的关系视为感性对象性关系。无疑,费尔巴哈试图跳出形而上学抽象的、知性思维的范围,以反理性形而上学的方式初始地尝试跃出抽象的理智专制唯物主义的基本构架。这对于历史唯物主义本体论立场的转换无疑具有弥足珍贵的、划时代的意义。

颇为吊诡的是,费尔巴哈高举感性对象性的理论旗帜,强调感性直观的重要性,"使社会关系即'人与人之间的'关系成为唯物主义的基本准则,但费尔巴哈人本唯物主义还是无奈地窒息于形而上学意识内在性的基本建制——意识'自身使当前化'"②,以致费尔巴哈唯物主义的"物"最终依旧沦落为"纯粹物质"。应当说,感性客体不能离开人,费尔巴哈自认是人本学的唯物主义,但只把感性对象当作客体,没有理解为实践活动的对象。

费尔巴哈不仅将自然界当作感性直观的对象,对于社会生活亦是如此。这对于批评抽象的思辨理性本体论脱离感性、把感性抽象化、用理性规范外部事物的本质特征具有重要的理论意义。费尔巴哈想要研究与思想客体完全不同的感性客体,然而,由于他把人类世界建立在了感性直观的基础上,根本没有理解感性活动即实践的本体论价值,那么,其感性直观本体论依然处在知识论范畴中。如果没有把感性理解为实践活动,就只能达到现象学原则的第一个层面——直观当下的社会事实。因此,费尔巴哈的感性直观本体论对现实社会没有任何批判性的力量,而只是以感性直观的原则重新解释了现存的世界,这种重新解释其实不过是对现实世界的重新承认而已。

经过考察,我们发现,费尔巴哈直观唯物主义的变革图谋不幸地落入形而上学的基本建制之内,主要有两个原因。第一,费尔巴哈保持着形而上学的知识论传统。他把人的类本质归结为感情范围内的理性、意志、爱,因此,其唯物主义中的"物"只能是感性世界的经验性存在,"物"自然地被人的类本质悬置了起来;也就是说,人的类本质已先行被设定。第二,感性直观本体论有其限度。费尔巴哈的感性直观具有两重性。一方面,感性直观与思维有别,直观是在最广泛的意义中了解事物,意味着接近事物的本

---

① 费尔巴哈:《费尔巴哈哲学著作选集》上卷(荣震华等译),商务印书馆 1984 年版,第 68 页。
② 伽达默尔:《哲学解释学》(夏镇平译),上海译文出版社 2004 年版,第 120 页。

来面目;显然,这与形而上学通过意识的表象构成事物相对立。在这个意义上,费尔巴哈明确地将表象和直观区别开来,初始地意味着与形而上学的批判性脱离。另一方面,"只有为思维所规定的直观,才是真正的直观"①。我们可以说,费尔巴哈并不是仅仅将思维消解掉,而是试图在理智思维与感性直观联盟的基础上谋求建立生活世界的真理。当费尔巴哈将感性直观与思维联盟,费尔巴哈人本唯物主义实际上既具有本体论意义,也具有认识论意义。然而,费尔巴哈的变革图谋仍然无法逃离形而上学的基本建制——意识内在性的天命。在海德格尔看来,"我,作为我思,从此以后就成了一切确定性和真理的基础"②。这成为形而上学"我思"内在性、持存性的隐忧。

重建历史唯物主义的主体性原则是马克思实现双重批判与超越的出发点和前提,也是马克思本体论革命的重要工作。马克思所谓的主体既不是费尔巴哈生物学意义上的、抽象的主体,也不是唯心主义的纯粹思辨主体,而是"现实的个人",其中显然已经渗透了黑格尔的辩证法原则。"在德国古典哲学的背景中,辩证法的原则就是能动的原则和历史的原则,就是主体的'活动'——自我意识的纯粹活动。"③与黑格尔不同的是,马克思的活动原则是感性活动的原则,主体则是感性活动中的主体,黑格尔的辩证法也被马克思转换成"现实的个人"的感性活动的辩证法。此一转换解决了唯物主义与辩证法的乖离现象。在马克思看来,感性活动的辩证法不断地呈现出现实的个人的历史性及其相互联系的内部结构,如此便合理有效地解释了历史的生成性特点,历史是一种不断变化之中的过程。马克思达到并深入"现实的个人"的具体生活当中,这意味着跳出了形而上学的二元对立,同时也意味着本体论革命的真正实现。

不消说,对于马克思来说,本体论革命的核心问题便是如何彻底地摆脱形而上学基本建制的藩篱;更不消说,马克思主张理论要切中社会现实,成为批判性的力量,推动人类社会进步。关于马克思对于费尔巴哈感性直观本体论的批判,如巴雷特所说,"非理性主义把思想领域交给了理性主义,因此也就秘而不宣地分享了论敌的假定。需要一种更加根本的思想,把这两个对立方面的根基都挖了"④。这里所谓"更加根本的思想"是指马

---

① 费尔巴哈:《费尔巴哈哲学著作选集》上卷(荣震华等译),商务印书馆1984年版,第179页。
② 海德格尔:《物的追问——康德关于先验原理的学说》(赵卫国译),上海译文出版社2010年版,第95页。
③ 吴晓明、陈立新:《马克思主义本体论研究》,北京师范大学出版社2012年版,第255页。
④ 巴雷特:《非理性的人》(段德智译),上海译文出版社1992年版,第218页。

克思在费尔巴哈感性直观本体论止步不前的地方,将黑格尔的辩证法原则创造性地整合于其中,实现了唯物主义的感性活动的本体论革命。在马克思看来,费尔巴哈先行站在了主客分立的错误立场上,将"物"仅仅当作感性客体,对其进行直观;而唯心主义的进步意义则在于从主体方面来理解对象,充分发展了人的能动方面,可惜只是抽象地发展,因为唯心主义不知道感性活动的意义。由此看来,费尔巴哈的感性直观本体论与德国古典唯心主义的活动原则是隔岸相望的,而马克思要强调的是感性活动原则在本体论领域中的地位和价值,由此实现对旧唯物主义和唯心主义的双重批判与超越。

第二章　马克思对黑格尔意识本体论的批判与翻转

马克思对黑格尔哲学体系的批判，其核心内容指向的是黑格尔的本体论，可以说，马克思的本体论革命正是在对黑格尔哲学的本体论批判中展开的。马克思在《德意志意识形态》中写道："意识[das Bewußtsein]在任何时候都只能是被意识到了的存在[das bewußte Sein]，而人们的存在就是他们的现实生活过程。"①马克思在这里使用了德语独有的构词法，将Bewußtsein(意识)这个复合词拆分为bewußt和Sein，bewußt(e)在此为形容词，指"有意识的""意识到了的"；Sein作名词，指"存在"。马克思将betwußte和Sein连用，意为"被意识到了的存在""有意识的存在"。马克思通过对黑格尔思辨理性本体论的批判，揭示和终结了整个超感性世界的虚伪性。正像柏拉图是全部形而上学的真正滥觞一样，黑格尔是它的巨大渊薮。黑格尔哲学作为形而上学集大成的最终成果，乃是柏拉图主义的完成。在这个意义上，任何一种形而上学不过是黑格尔哲学的一个"片段"。马克思是第一个深刻意识到这一点并予以有力揭破的思想家。②

在近代思辨哲学那里，自我意识从"我思"出发巩固和确证了其主体地位，集大成于黑格尔的"绝对精神"最终成为具有独立主体地位的纯粹意识。在黑格尔那里，现实生活只是作为绝对精神的自我展开，并且被消解于纯粹意识的辩证运动中，因此，其哲学自然而然地带有忽视人的感性经验与将现实生活中的问题神秘化的倾向。马克思批判性地继承了黑格尔辩证法，确立了感性活动原则，也以此原则超越了费尔巴哈的直观唯物主义。马克思主张人类的历史过程并非高度思辨的逻辑推演——"不是意识决定生活"，而是现实个人的对象性活动(即实践)带来对象性的"感性意识"——"生活决定意识"，从此马克思翻转了从纯粹意识出发理解生活世界的近代思辨哲学。如果我们不能从马克思本体论革命的"原则高度"来

---

① 《马克思恩格斯文集》(第1卷)，人民出版社2009年版，第525页。
② 吴晓明：《马克思的哲学革命及其当代意义》，人民出版社2005年版，第109—110页。

理解"生活决定意识"思想,就有可能沿袭思辨哲学意识对象的虚无性——抽象的自我确证,或者将唯物史观当作先验的公式、"恶劣的教条"抑或是无内容的其他观念形式,自然也就无法揭示历史之本质性的一度而失落了"生活"。因此,对马克思的本体论革命做出切近的理解,深入社会现实并把握由对象性活动带来的"感性意识",便成为当代马克思主义思想研究中一个重要的理论课题。

第一节 "生活决定意识"思想的确立

马克思的本体论革命开启了由纯粹的自我意识到感性对象性活动的"实践转向","生活决定意识"思想在此一转向中得以问世。在马克思那里,意识在任何时候都只能是被意识到了的存在,它源自人们现实生活中的对象性活动并随之改变。我们认为,马克思以"生活决定意识"的思想突破了意识的内在性,以对象性的"感性意识"消解了思辨哲学的"纯粹意识",贯穿了社会生活的实体性内容,实现了唯物史观的生成。可以说,人类的历史就是感性意识的历史,感性意识在由对象性活动建构的同时,也确证了现实的社会生活;感性意识作为"对象性本质力量的主体性",自觉表达了人与自然界、人与人之间对象性关系的实体性内容。正是在批判思辨哲学意识的内在性与虚无性中,"生活决定意识"思想切中了社会现实,其作为哲学方法论的价值也不可遏制地呈现了出来。"生活决定意识"思想应当说是关于马克思本体论革命的纲领性概括,贯穿于马克思整个哲学思想历程之中,由此出发有助于我们把握马克思的本体论革命及其理论成果——历史唯物主义。

一、对近代思辨哲学意识内在性的揭示

"生活决定意识"思想是马克思在对思辨哲学之理论限度——意识内在性——的翻转过程中逐步生成的。尽管青年时期的马克思曾经是一个黑格尔主义者,倾向于黑格尔哲学中的自我意识即"康德、费希特因素",但由于致力于改变现实生活世界的初衷,青年马克思在博士论文时期便展现出与鲍威尔等人思想的不同。随着《莱茵报》时期对社会政治生活的直接参与,马克思由纯粹的理论批判转向了对现实世界的批判。因而与青年黑格尔派的思想差距不断呈现出来,直至《莱茵报》末期与"自由人"决裂。在《德法年鉴》时期对黑格尔法哲学的批判则意味着马克思已经彻底摆脱了

抽象的自我意识之立场,而诉诸现实世界的对象性活动。

马克思从未放弃对现实的思考,正如他为了批判当时现实的德意志世界而强调"自我意识"之立场。当马克思发现黑格尔的思辨哲学沉醉于概念推演,对现实生活缺乏兴趣,这种带有某种任意性的理论思维难以解释和解答社会现实中存在的实际问题时,便很快与黑格尔分道扬镳另起炉灶了。这个结果部分地源自马克思对费尔巴哈感性原则的继承。遗憾的是,费尔巴哈因为沉溺于感性直观也同样疏离了"生活"。马克思则实现了对思辨哲学与费尔巴哈感性直观原则的双重超越——"不是意识决定生活,而是生活决定意识"[①]。

自笛卡尔将"我思"确立为自我意识的主体地位伊始,作为一切存在之规定者的自我意识便从自身出发理解世界。既然思辨哲学的"存在"是通过意识自身得以规定的,决定意识的便必定不是"生活"。其实,"意识的存在特性不能用在意识之外的、非意识的东西来说明"[②],封闭于意识领域中的自我意识无法贯通对象的实体性内容,使主体性成为追问存在本身的一种障碍。近代哲学的理论困境盖源于此——"思维"与"存在"的二元对立。康德虽为形而上学之建立清扫地盘,却将"自在之物"永远地留在了彼岸世界之中;费希特的"非我"作为"自我的无限阻力"永远也无法真正达到自身,因而只是对康德"二元论"的进一步发展;谢林将哲学的开端返回至斯宾诺莎的"实体",但对绝对者的理智直观使得其结果具有不可避免的任意性和武断性。

黑格尔哲学的开端同样分享了"我思",但他也认识到了二元对立并致力于解决它:"近代哲学并不是淳朴的,也就是说,它意识到了思维与存在的对立。必须通过思维去克服这一对立,这就意味着把握住统一。"[③]可见,黑格尔要解决的是贯穿于整个近代西方哲学史中的矛盾。康德和费希特的批判哲学使"自我意识"的原则得到彻底发挥,谢林把"实体"的原则引入了近代哲学中。黑格尔则以"实体即主体"的原则,将"自我意识"之能动性和创造性融入"实体"中去,以实现二者的统一,而这个统一就是绝对精神。因此,黑格尔将"我思"的自我意识主体提升为绝对精神,而绝对精神的自我展开和自我运动过程呈现为现实生活的历史进程。在这个意义上,"真正的存在乃是绝对地自我思考的思想。对黑格尔来说,存在与思想是

---

① 《马克思恩格斯文集》第 1 卷,人民出版社 2009 年版,第 525 页。
② 吴晓明、王德峰:《马克思的本体论革命及其当代意义》,人民出版社 2005 年版,第 302 页。
③ 黑格尔:《哲学史讲演录》第 4 卷(贺麟、王太庆译),商务印书馆 1978 年版,第 7 页。

同一的"①。黑格尔在绝对精神的自身辩证运动中为思维与存在寻找同一性的根据,其绝对精神的这一预设表明,对象的存在论根基在于意识,意识在外在化过程中把自己建立为对象,"正是自我意识的外在化建立了事物性"②。于是,黑格尔的思辨哲学作为近代哲学的最高成就,将自我意识的观点发展到了极致,"黑格尔只不过是整个西方哲学传统的代言人而已。……他把那些从希腊人开始就一直是西方哲学隐含着的先决条件张扬了出来"③。这里所谓的"先决条件"即:"生活"与"意识"之间的分离和对立,以及意识相对于现实生活的优先性地位。

在马克思那里,则是用"虚无性"指明了"生活"与"意识"这二者之间的分离和对立,马克思看到了黑格尔哲学中的三个因素——斯宾诺莎的"实体"、费希特的"自我意识",以及前两个因素在黑格尔那里的必然的矛盾的统一,即"绝对精神",并将绝对精神称作"形而上学地改了装的"现实的人和现实的人类。易言之,绝对精神作为思辨的"现实的人和现实的人类",其对象呈现的乃是虚无性,"对象是一种否定的东西、自我扬弃的东西,是一种虚无性。……对象的这种虚无性正是它自身的非对象性的即抽象的自我确证"④。

虽然马克思在博士论文时期还处于黑格尔"思有同一"观念的影响中,不仅肯定了自我意识的力量,还将现实和历史也解释为自我意识的展开与表达,但马克思并未在纯粹自我意识的方向上走到极端,而是在投身于社会现实的过程中逐步扬弃了思辨哲学,重新考察了思维与存在的关系。从《莱茵报》时期面对物质利益难题的困惑,到克罗茨纳赫时期关于国家社会结构的研究,马克思终于在《德法年鉴》时期转向了费尔巴哈的直观唯物主义立场,认识到"思想本身根本不能实现什么东西。思想要得到实现,就要有使用实践力量的人"⑤。这表明,马克思已经察觉到了思维与存在的异质性。此时的马克思不是从思维出发理解存在,而是在对象性的"感性意识"中发现社会现实的实体性内容。尽管马克思吸收了费尔巴哈的感性原则,但并未止步于此,而是以感性活动原则超越了它,在历史唯物主义视野中重构了思维与存在的关系。

马克思对费尔巴哈感性原则的超越也经历了一个不断自我否定的过

---

① 海德格尔:《路标》(孙周兴等译),商务印书馆 2000 年版,第 509 页。
② 黑格尔:《精神现象学》下卷(贺麟、王玖兴译),商务印书馆 1979 年版,第 258 页。
③ 巴雷特:《非理性的人》,上海译文出版社 2007 年版,第 169 页。
④ 《马克思恩格斯文集》第 1 卷,人民出版社 2009 年版,第 212 页。
⑤ 《马克思恩格斯文集》第 1 卷,人民出版社 2009 年版,第 320 页。

程。如果说马克思在手稿中对费尔巴哈的批判还处在萌芽阶段,仅仅发现了"感性意识不是抽象感性的意识,而是人的感性意识"①,那么,在《关于费尔巴哈的提纲》中关于实践活动的论述则明确地表明了"对事物、现实要当作实践理解"的立场。随后,马克思又指出费尔巴哈"不能找到从他自己所极端憎恶的抽象王国通向活生生的现实世界的道路"②,也反对将现实的个人作为在历史中行动的人来考察。马克思本体论革命的理论成果最终被清晰地表述在《德意志意识形态》中:"不是意识决定生活,而是生活决定意识。"③这个论断不仅是对费尔巴哈感性直观原则的超越,也是对西方近代思辨哲学意识内在性之基本建制的彻底翻转。在马克思看来,思辨哲学的意识是一种非现实的、非感性的、非对象性存在物,"对它来说表现为对象的那个东西仅仅是它本身"④。无疑,这是马克思在存在论根基处对思辨哲学所建构的对象世界之批判——击中了意识的抽象性内在性这个要害,以对象性的"感性意识"消解了思辨哲学中的意识对象的虚无性。

依循马克思,近代思辨哲学的"意识"的理论特征在于:意识对自身的确认和意识对对象的设定乃是同一回事,即对象需要为意识所克服并返回至意识自身。可见,对象在黑格尔那里作为"对象化了的自我意识"只是意识的异在形式,是绝对精神在自身内部的活动中对象化出来的对立面,由此获得的规定则是表现纯粹意识关于对象的设定。尽管黑格尔声称自我意识设定对象,然而如此这般由意识所建构出来的对象世界,只是植根于绝对精神中的一种思想物,在其自身的存在论根基上是一种唯灵论虚无的存在物,即非存在。马克思认为:"自我意识通过自己的外化所能设定的只是物性,即只是抽象物、抽象的物,而不是现实的物。"⑤在思辨哲学原则上建立起来的对象世界之全部内在性即在于:对象世界作为意识自我外化的产物,在意识经过它的异在又返回到自身的纯粹精神活动中,必将被收归于意识的内部。当现实世界被视为由意识之纯粹范畴规定所决定和建立的"对象世界",进而降格为抽象精神进行逻辑运动的一个环节时,黑格尔已然错失了现实生活。尽管他一再强调绝对理念在自己实现自己之过程中达到了思维和存在的统一,但是,只要以"意识"为逻辑起点,"生活"的本质性一度就不能不是"观念的自我实现"。

---

① 《马克思恩格斯文集》第 1 卷,人民出版社 2009 年版,第 204 页。
② 《马克思恩格斯文集》第 4 卷,人民出版社 2009 年版,第 294 页。
③ 《马克思恩格斯文集》第 1 卷,人民出版社 2009 年版,第 525 页。
④ 《马克思恩格斯文集》第 1 卷,人民出版社 2009 年版,第 212 页。
⑤ 《马克思恩格斯文集》第 1 卷,人民出版社 2009 年版,第 208 页。

马克思正是由此开启了哲学的实践转向,从现实生活出发揭示出近代思辨哲学的内在性与虚无性。但改变世界的道路从来就不是一帆风顺的,当今仍有一些人并未真正领会马克思的"生活决定意识"思想。如果说近代思辨哲学在意识自身内部建立的种种幻象中从未触及"生活",那么,反过来确认"生活"对于"意识"的优先地位就意味着彻底突破了意识的内在性吗?还是如海德格尔所质询的那样,"生产之实践性概念只能立足在一种源于形而上学的存在概念上?"①按照海德格尔的观点,"生活决定意识"只是对黑格尔思辨哲学的单纯颠倒,其本质仍囿于意识内在性的基本建制中且进一步"达到了虚无主义的极至"。这无疑从根本上否定了马克思哲学在实践转向上所具有的革命性,导致马克思本体论革命的性质和意义仍在很大程度上处于晦暗之中。显然,阐明马克思的"生活决定意识"思想看来是十分必要的。

二、追问意识之本质——从"纯粹意识"到"感性意识"

从马克思对近代思辨哲学之抽象内在本性的批判中可以发现:只要以纯粹意识为出发点,就难以避免将意识的对象虚无化,哲学就无法贯穿对象领域,获得关于社会现实的知识。黑格尔也主张哲学的真正内容来源于现实,"哲学的最高目的就在于确认思想与经验的一致,并达到自觉的理性与存在于事物中的理性的和解,亦即达到理性与现实的和解"②。这对于马克思来说同样是本质重要的事情。与黑格尔不同的是,马克思没有将社会现实的本质性导入绝对理念中,而是摒弃了意识的优先性,"不是人们的意识决定人们的存在,相反,是人们的社会存在决定人们的意识"③。在马克思看来,意识并没有相对于社会存在的优先性,意识乃是生发于人们的社会存在即物质资料的生产过程之中。

当然,这种结论式的反驳并不足以回应对于马克思"生活决定意识"思想的质疑,"生活"同样可以被理解为由意识所预先规定,"物质生产关系"也同样可以被理解为意识的产物,正如马克思的思想自诞生以来就不断被误解为另一种形式的形而上学一样。因此,我们不得不从存在论维度阐明问题的根源所在——意识的存在方式。

思维与存在的关系问题贯穿于西方近代哲学始终,然而,无论是主张

---

① 海德格尔:《晚期海德格尔的三天讨论班纪要》(丁耘译),载《哲学译丛》2001年第3期。
② 黑格尔:《小逻辑》(贺麟译),商务印书馆1980年版,第43页。
③ 《马克思恩格斯文集》第2卷,人民出版社2009年版,第591页。

"存在决定意识"还是"意识决定存在",都遮蔽了意识自身的存在。就前者而言,意识在具有决定作用的"存在"那里将如何得到对自身存在的规定?而后者又如何保证意识与被决定的"存在"之间的异质性?既然这里的"存在"只是因为分有了物的理念而存在的抽象物性,那么二者都不可避免地陷入困境中。当自我意识发展到黑格尔这里,意识终于强大到在自身中设定和建构对象世界,此时意识的存在方式是在于"纯粹知识"。即是说,意识建构出对象的方式在于,使对象可能成立的条件先验地从属于意识自身,"只要意识知道某个东西,那么这个东西对意识来说就生成了"①。在马克思看来,以纯粹知识为表现形式的"纯粹意识"只是在意识内部兜圈子,意识的自我外化不可避免地使对象带有虚无性,这就是以黑格尔哲学为代表的思辨哲学的根本问题之所在。

马克思在揭示"纯粹意识"虚无性本质的同时,也阐发出了黑格尔思辨哲学的理论困境:"意识所以知道自己——作为对象的知识——是因为对象只是对象的外观、障眼的云雾,而就它的本质来说不过是知识本身。"②就此而言,意识的存在和意识设定对象乃是同一件事,因而纯粹意识对"思维与存在的统一"的证明只具备形式的意义。按照黑格尔,纯粹意识的唯一对象性关系是知识,意识在建构对象的经验过程中获得知识,进而证明自身的存在。其中无法自洽的是:意识的自我运动过程的完成建构了对象世界。因为意识在克服对象返回自身的同时亦"具有扬弃对象性的意义",这使得"所谓对象本身对意识来说是正在消逝的东西"③。或者说,对象只是意识的异在形式,是意识复归于自身所需的东西;这种对象性本质其实只是意识自身的自我外化,对象也不能不是处于意识自身内部中被冒充的"他物"。

马克思明确批判了这种以纯粹知识为存在方式的意识,称之为"非对象性的存在物"——如果意识没有在自身之外的感性的对象,那么,这种意识只是想象出来的、抽象的东西,是一种抽象的自我确证。在这里,意识自身的存在问题再次显露出来,这正是西方近代思辨哲学的困境之所在。黑格尔哲学的"纯粹意识"同样回避了意识自身的存在问题,导致"实体"和"自我意识"的统一在存在论根基处未能得到澄清。在马克思而言,纯粹意识仍是囿于意识内在性之中的虚假统一——纯粹意识与社会现实依然是

---

① 《马克思恩格斯文集》第 1 卷,人民出版社 2009 年版,第 212 页。
② 《马克思恩格斯文集》第 1 卷,人民出版社 2009 年版,第 212 页。
③ 《马克思恩格斯文集》第 1 卷,人民出版社 2009 年版,第 208 页。

分离的。也就是说,倘若剥离了社会生活的实体性内容,意识仅能残留单纯的思维形式。

为进一步揭示纯粹意识的内在性和抽象性,马克思对意识的存在特性展开了追问。马克思主张,意识非但不是独立存在的自身,而且深深植根于人们的现实生活过程之中:"意识[das Bewußtsein]在任何时候都只能是被意识到了的存在[das bewußte Sein],而人们的存在就是他们的现实生活过程。"①在马克思而言,意识首先与存在相区别,不再是与"存在"具有直接同一性的东西。"存在"是人们的"现实生活过程";意识则是关于现实生活过程的对象性表达,意识非将自身外化,意识的对象亦非那种没有任何对象性的虚无性。换言之,意识不是在规定或建构出"现实生活过程";恰恰相反,意识只是关于人们现实生活过程自我革新的说明、生活世界必然趋势的理论自觉。

这种关于人们现实生活过程的意识,马克思称之为"感性意识"。正是通过这一概念,马克思阐明了意识的感性本质:"这种意识并非一开始就是'纯粹的'意识。'精神'从一开始就很倒霉,受到物质的'纠缠',物质在这里表现为振动着的空气层、声音,简言之,即语言。"②语言之所以可以作为"物质"存在,是因为语言首先是人与人之间的感性交往,因而向来是"在外的";意识也是如此,"语言和意识具有同样长久的历史;语言是一种实践的、既为别人存在因而也为我自身而存在的、现实的意识"③。诚然,我们无法想象出一种独立于意识之外的社会存在物,马克思也确实将人的现实性归结于现实个人的感性活动——"任何历史记载都应当从这些自然基础以及它们在历史进程中由于人们的活动而发生的变更出发"④,而一切活动又离不开意识。在马克思看来,意识的存在特性绝非意识之"内在性""纯粹性",而是意识之"实践性"。尽管感性活动不能脱离意识,但在人的感性活动中的意识却不是纯粹的,而是与语言的感性本质交织在一起;为语言所纠缠的意识无疑是感性的,"感性意识就是现实生活的语言"⑤。

既然感性活动中的意识源自人们的"现实生活过程",那么,意识的本质必定是克服了虚无性的,即"向外的""不是仅仅在自身之中的",意识之内在性便不攻自破了。在笛卡尔将"我思"这一纯粹意识设定为主体之时,

---

① 《马克思恩格斯文集》第 1 卷,人民出版社 2009 年版,第 525 页。
② 《马克思恩格斯文集》第 1 卷,人民出版社 2009 年版,第 533 页。
③ 《马克思恩格斯文集》第 1 卷,人民出版社 2009 年版,第 533 页。
④ 《马克思恩格斯文集》第 1 卷,人民出版社 2009 年版,第 519 页。
⑤ 王德峰:《论马克思的感性意识概念》,载《云南大学学报》(社会科学版)2016 年第 5 期。

仅仅满足于将主体置于意识之内在性中而未曾深究"我在"之渊源,其后的整个近代欧洲哲学也都没有对意识自身的存在特性进行追问。但在马克思看来,这个"思"绝不是反映或规定"在"的主体;反之,"思"正是作为对"在"本身的观念自觉而植根于"在"之中。不仅如此,马克思还发现了意识在生活世界中感性之"在"的基点——语言,将意识的感性本质追溯至语言的感性本质。意识不能离开语言而独立存在,意识必须以人与人之间的感性交往为前提。不难看出,马克思的"意识"已不再是具有所谓优先性地位的"纯粹意识",更不是思辨哲学的那种被虚无化的意识,而是植根于人的感性对象性活动中、与社会生活的实体性内容交织在一起的对象性的"感性意识"。

三、伴随对象性活动而来的"感性意识"

不同于思辨哲学将现实生活仅仅理解为纯粹意识的外显,在马克思而言,意识的感性本质意味着意识原本就在人们的"现实生活过程"中,其活动之对象关联着现实世界,因而意识并非囿于自身之中的自我运动。这对于以意识内在性为基本建制的西方近代思辨哲学来说无疑是一场颠覆性的变革。在近代思辨哲学的历史上,"感性"作为认识论意义上的主体所具有的对外部现成自然物刺激的接受能力,只能在感官认知层面上得到承认,因而感性不得不被收归于意识内部。黑格尔虽然承认现实的人和自然界之感性存在,但这"感性"终究服务于"自我意识"而消解于抽象的精神运动中,成为意识完成和确证自身的牺牲品,"只是作为自我意识、思想的对象,它只是自我确认范围内的思想的外化"①。费尔巴哈率先揭示出了思辨哲学体系之抽象内在性——以理性的名义贬黜了感性,剥去了事物的感性的本质,站在概念立场上"模仿自然"而丢失了"原本的生命"。可以说,当费尔巴哈主张恢复"感性"的权威,将"感性具体的存在"作为思辨哲学中"纯存在"的对立面,试图在意识之外获得对象时,"感性"与"抽象思维"之间已不再是一种形式的、表面的对立。

马克思是在费尔巴哈感性原则的启发之下,翻转了单纯理性的哲学世界观,消除了"自我意识"的思辨幻想。在《德法年鉴》时期,马克思就声称自己站在费尔巴哈哲学的立场上,明确地承认了费尔巴哈的本体论立场。然而,巴黎手稿时期的马克思已然意识到了感性直观不可能击穿意识的内在性,"生活"在费尔巴哈那里也仅仅是单纯的直观和感觉,遑论社会生活

---

① 《费尔巴哈哲学著作选集》上卷(荣震华等译),商务印书馆1984年版,第70页。

的历史性。"费尔巴哈对感性世界的'理解'一方面仅仅局限于对这一世界的单纯的直观,另一方面仅仅局限于单纯的感觉。费尔巴哈设定的是'人',而不是'现实的历史的人'。"①虽然费尔巴哈在感性对象性中对人之本质的直观超越了旧唯物主义的孤立性与静止性,使感性的无限性、具体性不再被纯粹意识所侵蚀。由于感性直观的对象性默认了近代形而上学对现成之物的先在预设,在历史领域中,费尔巴哈不是消除而是接续了黑格尔概念体系中的现成之物,导致感性直观中的历史仍以概念范畴的形式被封闭在意识领域之内。因此,"感性意识"在费尔巴哈那里仅仅被理解为感性直观意义上的感性客体,历史再次沦为自我意识的展开过程。

马克思则以人的"对象性活动"为基点,从费尔巴哈那里拯救出了"感性"范畴。马克思扬弃了被费尔巴哈视为直观能力的"感性"概念,在对历史原则的领会中不但将感性理解为改变世界的感性对象性活动,而且将对象性的感性意识理解为植根于感性活动中的意识,还将对象理解为对象性活动之结果。马克思批评费尔巴哈:"他没有看到,他周围的感性世界决不是某种开天辟地以来就直接存在的、始终如一的对象,而是工业和社会状况的产物,是历史的产物,是世世代代活动的结果。"②其中的"活动"原则——"否定之否定"——是马克思从黑格尔那里继承而来的思想遗产。即便黑格尔唯一承认的只是"抽象的精神劳动"、局限于思想之内部自身的"非批判的运动",马克思却特别肯定了"否定之否定"的辩证运动所具有的"批判的形式",为历史的运动找到了一种表达。马克思敏锐地发现了这一抽象形式所具有的积极意义:把人看作一个过程而非现成之物,把人的活动理解为历史,把肯定的东西同时理解为否定的东西以及对这种否定的扬弃。与此同时,马克思不无遗憾地指出,"这种历史还不是作为既定的主体的人的现实历史,而只是人的产生的活动、人的形成的历史……这些要素往往已经以远远超过黑格尔观点的方式准备好和加过工了"③,因而这种对历史运动的表达只具有抽象的、概念的、逻辑的形式。

虽然马克思是在费尔巴哈感性原则的基础上展开了对黑格尔哲学的批判,但恰恰是对黑格尔"活动"原则的接续使得马克思能够回过头来,在历史领域中将"感性"所具有的强大推动力贯彻到底。当马克思将"活动"原则注入"感性对象性"的立场中时,历史终于跳出了虚无性的桎梏,不再

---

① 《马克思恩格斯文集》第 1 卷,人民出版社 2009 年版,第 527—528 页。
② 《马克思恩格斯文集》第 1 卷,人民出版社 2009 年版,第 528 页。
③ 《马克思恩格斯文集》第 1 卷,人民出版社 2009 年版,第 201 页。

属于纯粹意识的呈现过程,而是活生生的人的对象性活动过程。同样重要的事情在于,"感性意识"不是费尔巴哈思想范围内的概念,不再被等同于费尔巴哈的感性直观。对感性世界属人本质的历史性生成过程的把握,使得马克思深入社会现实的实体性内容这更为本质的一度,由之而来的便是以感性活动原则超越了费尔巴哈的感性直观。在马克思看来,人类连续不断的感性活动是感性世界的基础,感性对象乃是人的感性活动之结果,并非超越现实历史的直观对象,费尔巴哈的根本问题即在于"他从来没有把感性世界理解为构成这一世界的个人的全部活生生的感性活动"①。而感性活动是在现实生活世界的历史性生成过程中,展示出人所具有的现实性和力量;对象正是由感性活动所规定出的,于是世界如此这般地向人呈现。

可见,在唯物史观视域中的对象性的感性意识绝不是"抽象感性的意识",而是对象性活动中生成的对象性意识,植根于人们能动的现实生活之中。在马克思那里,感性意识不仅关涉事物自身的历史性生成之维度,也不再是意识自身设定现实生活的历史性。从笛卡尔将"我思"视为具有决定作用的一般主体起,直至黑格尔将人的本质直接等同于自我意识,这个近代哲学的虚无性立场也延展到了极致,设定了"人=自我意识"。而马克思以"活动"的方式去领会和把握人与对象的关系,将人之本质规定为感性的对象性活动。感性意识通过对人的对象性本质的证实,在人的感性对象性关系中彻底摒除了意识作为抽象主体的先在性。

马克思这样描述了感性的"对象性活动":"当现实的、肉体的、站在坚实的呈圆形的地球上呼出和吸入一切自然力的人通过自己的外化把自己现实的、对象性的本质力量设定为异己的对象时,设定并不是主体;它是对象性的本质力量的主体性,因此这些本质力量的活动也必定是对象性的活动。"②在这里,外化自身的"现实的人"绝非自我意识所设定、仅凭自身就能成为永恒存在的先验主体,而是在真实的外部对象身上不断实现自身的"对象性的存在物"。作为一种对象性存在,意味着它只有把自身对象化为对象才能存在;它在规定出对象之同时自己也被外部对象所设定,其自身的存在只有在对象身上才能得到实现和证实。就此而言,设定对象与被对象所设定乃是一回事。

这便是马克思哲学变革中"设定"这一概念的真正含义,以"对象性本质力量的主体性"破除了纯粹意识"主体"之范畴规定。因为意识从自身出

---

① 《马克思恩格斯文集》第1卷,人民出版社2009年版,第530页。
② 《马克思恩格斯文集》第1卷,人民出版社2009年版,第209页。

发设定对象,这样的"主体"并没有跳出意识对象虚无性的圈子,无法与外部对象产生关联,因此,主体应当是"对象性的本质力量的主体性",才能展开活泼泼的对象性活动。在马克思而言,人并非作为既定的先验主体概念来面对在人之外的世界,而是在与对象性存在物的对象性活动中生成着自我;也不再是作为意识内在性中的先在主体而存在于自然界之中——"它本来就是自然界"、本来就处在对象性关系中。那么,人的活动就不是一种绝对精神的"纯粹活动",而是人的主体性本质力量的外化过程。这一"外化"过程作为对象性活动的结果,是在有广延的外部对象上实现了自身感性力量的过程,其结果既非抽象的思辨知识,亦非既定的现成之物,而是由对象性活动带来的。

沿着马克思的思路,我们可以发现,意识所设定的对象乃是对象性活动的存在物,人与自然界的对象性关系也发生于"人则使自己的生命活动本身变成自己意志的和自己意识的对象"过程中①。也就是说,人对于在对象性的感性活动过程中生成的一切同其他存在物的对象性关系都是有意识的,因而自身的生命活动过程成为自己的对象。在马克思看来,人与动物不同,"动物只生产自身,而人再生产整个自然界"②。作为对象性的存在物,人在感性活动中将自然界作为实现自身对象性本质力量之对象再生产出来,这一再生产过程之产物即具有实体性内容的"现实生活"。由此不难看出,社会生活作为"感性的自然界",是人的对象性存在的自我实现;人自身的本质力量实际地建构对象性的存在物,并在对象身上证实自己在社会生活中的生命力,完成着自己的生命活动。而人这一对象性存在物所具有的自我实现的本质力量,正是根源于感性的对象性活动。

当人的本质在感性对象性关系中获得规定,意识之存在特性便不是"在设定这一行动中从自己的'纯粹的活动'转而创造对象"③,而是"对象性的本质力量的主体性",即对象性本质力量的自我肯定。对象性的存在物对象地活动着,它本就在感性世界中存在着,因而意识一开始就是社会的产物。在感性的对象性关系中能够成为意识对象的东西,不是在人之外的异己的存在,而恰恰是人的本质力量所规定的感性对象性存在。简言之,意识的根源在于现实个人的感性对象性活动。

马克思的这一新世界观要求我们从感性活动中揭示意识的本质,消解

---

① 《马克思恩格斯文集》第 1 卷,人民出版社 2009 年版,第 162 页。
② 《马克思恩格斯文集》第 1 卷,人民出版社 2009 年版,第 162 页。
③ 《马克思恩格斯文集》第 1 卷,人民出版社 2009 年版,第 209 页。

意识对象的虚无性，摆脱抽象意识的先验设定。唯有在对意识之存在特性的追问中阐明意识的感性根源，马克思以"生活决定意识"纲领所指向的社会生活的视域才得以积极呈现。在这个理性前、逻辑前的感性世界中，"生活"对于"意识"的优先地位显而易见，意识之主体性不应当被理解为与对象性无关的自为存在，而是突破了意识内在性的感性对象性活动的主体性。"全部历史是为了使'人'成为感性意识的对象和使'人作为人'的需要成为需要而作准备的历史（发展的历史）。"① 至此，近代西方形而上学传统中的"意识主体"观念与意识对象的虚无性被马克思彻底消解，感性意识作为"对象性本质力量的主体性"，自觉表达了人与自然界之间、人与人之间对象性关系的实体性内容，其自身展开的过程本身便是全部人类的历史。

四、"生活决定意识"的方法论意涵——深入社会现实

就"生活决定意识"的当代价值而言，真正重要的事情在于：我们是否把握住了历史的本质性这一度，进而深入社会现实的实体性内容之中，以实事求是的态度去揭示并切中我们正生活于其中的这个时代。而这首先关涉到意识的存在论考察。西方近代思辨哲学与科学的共谋共生关系造就了意识的抽象性和内在性；思辨哲学对人类感性生活过程的全面支配和统治，使得由思辨理性建构的意识对象虚无性无疑遮蔽了社会现实的实体性内容。在这样的思路中，马克思本体论革命的当代价值无法得到充分理解，也堵塞了通达社会现实的道路。

马克思的"生活决定意识"思想揭示出了由自我意识所建构的对象世界在存在论根基处的虚无性与内在性，消解了"意识"与"生活"的思辨哲学联盟。马克思在对"真正的知识"之追求中，呈现出的是其本体论革命的现实性向度。思辨知识在黑格尔哲学中发展为最完备的知识，马克思则一针见血地道出了思辨知识的虚无性："意识——作为知识的知识——作为思维的思维——直接地冒充为它自身的他物，冒充为感性、现实、生命，——在思维中超越自身的思维。"② 诚然，思辨知识作为抽象意识外化自身之结果，正是以纯粹理性的方式清洗掉事物的感性本质，使事物以概念范畴的形式存在。其中的关键点在于，既然自我意识在外化过程中将事物的本质收归于精神，进而将作为人与自然之本质关系的对象性活动降格为抽象思维运动的一个环节。那么，社会现实本身终究被归于虚无，这种哲学就被

---

① 《马克思恩格斯文集》第 1 卷，人民出版社 2009 年版，第 194 页。
② 《马克思恩格斯文集》第 1 卷，人民出版社 2009 年版，第 213 页。

封闭在了主观思想中,不得不局限在主观思维的范围内讨论和解决问题。

马克思正是在对思辨哲学的批判中厘清了与思辨知识的边界,展现出"生活决定意识"思想的当代性:"关于意识的空话将终止,它们一定会被真正的知识所代替。"①这不仅表明马克思扬弃作为最高知识体系独立存在——思辨知识——的态度,更蕴含着马克思追求"真正知识"的执着理想。思辨知识作为纯粹意识的唯一的对象性关系,所获得的在意识之外的对象却没有任何的经验成分,只是意识先验地展开自身的产物。这种产物因诞生于纯粹意识自身的逻辑运动而丧失了感性的、具体的"生活",完全用自我意识来解释经验事实,使各类既定范畴之间的推演运动过程替代了社会现实的实体性内容。这类理论流派在当今依然有较大影响,甚至用虚无主义、存在主义、新托马斯主义、解构主义对抗马克思主义,这也就是马克思的本体论革命及其当代意义在很大程度上仍然处于晦暗之中的原因。

需要注意的是:人们确实承认"生活决定意识"的思想,却并未真正理解这一转向所具有的当代意义。如果我们不能在哲学之根基处重新审视并澄明生活与意识的关系,"生活决定意识"就只能沦为形式上的抽象公式而丢失了与当代社会生活的内在关联。事实上,马克思正是在重置"生活"与"意识"之关系的过程中揭示出纯粹意识之知识本性的虚无性与内在性,澄明了意识的感性本质。按照马克思,意识无论怎样活动,只要还局限于自身内部,它就是一种绝对的主体性而与现实生活相隔绝,由意识构造出来的思辨知识也只是无实体性内容的抽象思维形式。而植根于实践活动中的感性意识在真正的对象性关系中展现着人的本质力量的主体性,并在对这种感性力量的观念自觉中创生出"真正的知识"。这一真正的对象性关系即马克思所说的"意识[das Bewußtsein]在任何时候都只能是被意识到了的存在[das bewußte Sein],而人们的存在就是他们的现实生活过程"②。在这里,意识只有在与社会生活的实体性内容的关联中,才在对象性关系中而不至于沦为"非对象的存在物"。

在马克思追求"真正的知识"的过程中,已经根本性地把握住了社会现实的实体性内容这最为本质的一度。如果我们能切近地理解马克思,那么,"生活决定意识"的思想就能展现出其对历史之本质性一度的把握。由上述可知,马克思的感性意识伴随着人们感性的对象性活动不断生成着自我,正是在对这个"能动的生活过程"的描述中,历史不再是抽象经验论者

---

① 《马克思恩格斯文集》第 1 卷,人民出版社 2009 年版,第 526 页。
② 《马克思恩格斯文集》第 1 卷,人民出版社 2009 年版,第 525 页。

所谓的"僵死事实的搜集",而应当实事求是地阐明特定阶段的实体性内容。

毋宁说,作为对人类社会历史之实践进程的观念表达,感性意识的历史就是人类的历史。在此意义上,马克思"生活决定意识"思想的当代性亦在于它具有真正的历史性;马克思的"真正的知识"也必定生成于历史进程中:"我们仅仅知道一门唯一的科学,即历史科学。"①换言之,"真正的知识"是指向感性意识的历史性生成过程本身的,它能深入历史之本质性的一度中去,在逻辑前、范畴规定前的感性对象性活动中呈现出社会现实的历史运动过程。

不难看出,"生活决定意识"思想中的意识是对象性的感性意识,就其实质而言,体现的就是马克思孜孜以求的"真正的知识"。对"真正的知识"的追求意味着扬弃纯粹意识的思辨本性,在感性的对象性活动中深入对象的实体性内容之中,避免流于空洞的形式,实事求是地领会我们改变外部事物的现实性与力量。对象性的感性意识作为对这种实践力量的观念自觉,不能不生成于对实践力量的把握,"是从把人和自然界看做本质这种理论上和实践上的感性意识开始的"②。依循马克思,实践上的感性意识与现实生活世界的感性对象性活动交织在一起,理论上的感性意识则是关于实践活动之现实力量的表达。

既然"生活决定意识"思想要求我们立足于时代本身的实体性内容所形成的境遇,在历史的实践进程中把握社会现实,那么,在现实生活过程中追求真正的知识,就仍具有无法忽视的当代价值。马克思对真正知识的追求扬弃了思辨哲学对世界的"理论"态度,要求在人类社会历史的进程中以实践的态度改变世界。在由"理论上的感性意识"所开启的历史科学中,对社会现实的把握不是在抽象观念中确证的既定事实,而是从现实的个人的感性活动的历史展开去理解我们的时代,进而从世代相继的感性活动出发去筹划我们的未来。因为在马克思看来,思维内容的真理性指证的是我们改变外部事物能力的现实性和力量,真理是对象性本质力量的主体性的观念形态。

马克思"生活决定意识"思想的当代意义正是在哲学之根基处本质重要地关乎新时代中国特色社会主义的发展,它所展示给我们的是"深入社会现实"的原则,这足以证明马克思思想在当代仍然在场。在对真正知识的追求

---

① 《马克思恩格斯文集》第1卷,人民出版社2009年版,第516页。
② 《马克思恩格斯文集》第1卷,人民出版社2009年版,第197页。

中切实领会马克思本体论革命的当代价值,思考当代中国社会现实与马克思主义的本质关联,才能在原则高度上继承马克思的哲学思想,真正地而不是浮泛形式地推进马克思主义的中国化。唯有如此,"中国化的马克思主义所开展出来的历史性实践,亦即中国特色社会主义的实践正在其波澜壮阔的行程中不断地生成(并且将持久地生成)它的世界历史意义"[1]。

概而言之,当马克思的本体论革命被提纲挈领地表述为"生活决定意识"时,思辨哲学的意识内在性、意识对象的虚无性困境便被敞开在了我们面前。马克思通过对意识的存在论追问,在批判抽象内在的纯粹意识中洞穿了思辨哲学与费尔巴哈哲学的先验幻想。在"生活决定意识"思想中,对象性的感性意识植根于人们的现实生活过程中,摆脱了思辨哲学意识对象的虚无性——通过自我意识先验地展开自身而设定对象世界。当这种感性活动所具有的现实性力量表现在实践过程中,就构成了人们的社会生活;这种力量又以观念的形态展开于人们的思维中,形成的便是对象性的感性意识。换言之,马克思的感性意识是在感性对象性活动中呈现出的历史性生成过程,这个过程不能不是客观的;它避免了思辨哲学那种流于空洞形式的弊端,真正深入了对象的实体性内容。感性意识作为对人类实践之感性力量的观念自觉,揭示的乃是属人的生命实践之本性,它将感性活动中的现实力量以理论形态实事求是地表达出来,这才是深入社会生活实体性内容之后所获得的"真正的知识"。显然,只有在与马克思本体论革命的真实对话中,我们才能切实领会"生活决定意识"思想的当代价值——深入社会现实、在对对象性的"感性意识"的理解中走进我们生活于其中的时代。

第二节　马克思对黑格尔辩证法的超越

在马克思的辩证法思想中,"否定性"作为核心概念和灵魂,无疑具有洞悉马克思辩证法要义的拱心石地位。当德国知识界激烈地批评黑格尔,视其思想如敝屣时,马克思却公开表明了自己作为这位思想家的学生的身份,并且梳理和发展了黑格尔的哲学遗产,其中的理论枢纽便是在辩证法中担当"活动原则"的"否定性"概念。然而,黑格尔以否定之否定阐明的是自我意识运动的辩证过程,一旦触碰到社会现实时,就暴露了其形而上学

---

[1] 吴晓明:《马克思哲学与当代世界》,载《世界哲学》2018年第1期。

体系的内在性和抽象性——黑格尔的否定性概念只是向绝对理念的复归,将历史性统一于逻辑性之中;历史性于是从根本被消解了,历史被溶解于无人身的理念世界中,沦为了精神运动之产物,否定性概念所蕴含的革命性也被窒息。马克思则扬弃和超越了黑格尔的辩证法思想,阐明了概念和逻辑不是社会历史发展的出发点,而是对物质生产及其交往关系的观念自觉,否定性概念正是对生活世界自身变革的理论表达。在马克思那里,否定性概念的历史性批判向度在批判资本逻辑的过程中得以彰显,换言之,马克思本体论革命之后的辩证法才真正把握了社会现实并客观地描述了人类历史的运动过程。

自卢卡奇创立西方马克思主义起,以"否定性"为主题重释马克思的辩证法及其批判理论,就逐渐演变为研究马克思主义理论的一种运思模式。卢卡奇以及法兰克福学派的马尔库塞、阿多诺等人都以自身哲学将马克思辩证法的否定性引向了当代。卢卡奇以"总体性"原则在主客体的相互作用中肯定了否定性在历史发展中的意义;马尔库塞以双向度思维佐证了否定性对于革命与社会变革的关键作用;而自阿多诺创建"绝对否定"的"否定辩证法"以来,辩证法的否定性所呈现的批判维度发展到了顶峰。虽然西方马克思主义者们由于思想切入点的不同而各具特色,却都沿着对黑格尔辩证法的反思道路进行。尽管他们试图揭示与摆脱黑格尔辩证法的形而上学性,事实上又不断退回到了黑格尔哲学的秘密之地中。他们将外部世界的种种现实问题抽象到思想领域中,其理论批判和抱负疏离了社会实践这一根基,无法从马克思的"原则高度"来理解无产阶级革命运动,也就未能准确揭示出马克思辩证法思想的现实性、革命性意蕴。因此,重新理解马克思辩证法的理论旨趣,捍卫马克思辩证法的历史性批判精神,便成为马克思本体论革命研究中一个重要的理论课题。

一、否定性:从"知性否定"到"辩证否定"

"否定性"概念在黑格尔的辩证法体系中得到了充分表达,马克思在唯物史观视域下使其得到了全新熔铸。在对资本主义社会现实的观照中,马克思发现了黑格尔否定性概念的问题之所在——历史成为自我意识逻辑展开的否定之否定过程,导致其批判性向度迷失在了意识的内在性之中。马克思主张历史是时代相继的人的实践活动,世界的改变不是概念带来的,概念只是表达了世界自我变革的要求。马克思辩证法中的否定性概念正是对生活世界自身变革的自觉表达。如此,马克思消解了黑格尔辩证法中蕴含的抽象性、内在性,阐明了否定性作为社会发展的内在动力性质,赋予了否定性概念以历史性批判向度。尽管西方马克思主义者们也紧扣辩证法的"否定性"概念,由于没有领会马克思的否定性概念来自生活世界的自我否定,就不能不退回到黑格尔的"精神世界"之中。

严格说来,"否定性"(negativity)作为辩证法的内核并不是近代哲学独有的概念。自辩证法于古希腊诞生之日起,就蕴含着"否定性"这一理论特质,辩证法意在追求真理,否定性则是追求真理的门径。因为在希腊文中,"真理"(αληθεια)一词包含着否定性前缀"不"和动词词根"被蒙蔽","真理"即意味着"祛除蒙蔽",而其路径就是否定性。古希腊哲学家在对万物变化的思考中通过揭示事物自相矛盾的否定性,确立了知性逻辑的辩证法,否定性以知性的方式说明事物自身发展的法则。自苏格拉底开始,辩证法由自然哲学逐步发展为追求真理的一门辩论艺术,否定性成为瓦解命题的工具。柏拉图进而将这种意见中的自我否定性推进到探讨范畴间的矛盾关系,在范畴的矛盾中建立起了对立的否定性——否定与肯定被视为水火不容的两种判断。以内在的否定性建构而成的辩证法从此奠基了古希腊哲学的灿烂辉煌,17世纪的斯宾诺莎便深受其影响,提出"一切规定都是否定"的命题,即任何事物的展开都是一个动态过程,对其规定的同时也包含着否定。

然而,脱离社会现实的思辨推理并不能获取真理,纯粹主观的否定性所建构的只不过是虚无缥缈的"思辨幻象",这使得辩证法不能不沦为"诡辩术"。直到18世纪末,康德从经验材料与逻辑形式的统一中,以先验逻辑说明了辩证矛盾的否定性——二律背反的否定性,通过确证理性中的矛盾,使之与具有随意性的"诡辩术"加以区分。当康德以二律背反达到"否定的理性"阶段时,辩证法就从充当"诡辩工具"的职能中解放了出来。但是,"理性矛盾的真正积极的意义,在于认识一切现实之物都包含有相反的规定于自身"①。正如黑格尔指出的,二律背反强调的相互对立、非此即彼的绝对否定性必然会导致不可知论与怀疑论,无法实现对矛盾的化解,辩证法也只能沦为消极的辩证法。究其根源,这种思维方式缺少了作为活动原则的否定性的支撑,于是辩证法就变成了僵化的逻辑框架。"作为否定那样的否定是在与它自身的等同中反思,而不是在它的他物中、在它的非有中反思。"②显然,黑格尔摸索出了一种新的反思——辩证否定,在对康德知性逻辑的超越之时赋予了辩证法应有的积极性质。

---

① 黑格尔:《小逻辑》(贺麟译),商务印书馆1980年版,第133页。
② 黑格尔:《逻辑学》下卷(杨一之译),商务印书馆2018年版,第25页。

在黑格尔看来,辩证法不应停滞于否定的消极结果中,而要得到肯定的积极结果:辩证法应当是肯定与否定的统一,这种统一必须通过否定之否定才能实现。在黑格尔那里,否定性是事物生命的真正力量和原则,因为正是否定性构成了推动事物自存和发展的内在动力。黑格尔由此确定了由肯定的正题、否定的反题和否定之否定的合题所构成的"正反合"完整的思维过程。黑格尔一方面发展了斯宾诺莎的命题,说明了"规定性是肯定地建立起来的否定"[1];另一方面则把康德知性思维过渡到了否定理性方面,并经由否定之否定的思维活动实现了更高的肯定,辩证法的否定性由此从抽象同一性表现为思维的具体规定——"具体同一性"。每一次否定中又孕育着下一次否定,每一次否定的结果正是从否定中产生的包含新内容的东西,而由于它在否定先前旧内容的同时也将其内容以新的形式包含于自身内,事物因此发展到更高、更新的阶段。黑格尔将这种具有发展性的否定称为"扬弃",扬弃或辩证的否定包含三个环节:一是否定,二是在否定中保留积极因素,三是通过否定过渡到更高阶段。正是通过否定性,克服了消极因素的前一阶段与包含价值的新阶段联系起来,整个事物构成了一个具有内在联系、发展着的有机整体,这一整体的形成过程就是绝对精神自我完成和自我实现的过程,也就是接近真理的过程。"这个否定性是自身的否定关系的逻辑之点,是一切活动——生命的和精神的自我运动——内在的源泉,是辩证法的灵魂。"[2]由此可见,黑格尔赋予了否定性概念以辩证法之推动与创造性原则的内涵。

马克思高度赞扬了黑格尔的过程性思维方式:"辩证法对每一种既成的形式都是从不断的运动中,因而也是从它的暂时性方面去理解。"[3]黑格尔辩证法的独到之处在于将万物视为一个自我运动的过程,把真理理解为具有阶段性内容的过程与全体,理解为一个自我丰富、自我完成的"圆圈"。以往形而上学仅仅是从开端处来寻找真理,而黑格尔则把对真理的追求理解为经由否定之否定实现的辩证发展过程。当黑格尔以辩证否定取代知性否定时,他对于否定性的理解并没有囿于静止僵硬的逻辑概念世界。黑格尔论证了"否定性"是理性之自我运作过程,否定之否定构成了一个范畴推动另一个范畴的运动。

在马克思深入地分析社会现实的时候,他敏锐地捕捉到了黑格尔辩证

---

[1] 黑格尔:《逻辑学》上卷(杨一之译),商务印书馆 2018 年版,第 105 页。
[2] 黑格尔:《逻辑学》下卷(杨一之译),商务印书馆 2018 年版,第 543 页。
[3] 《马克思恩格斯文集》(第 5 卷),人民出版社 2009 年版,第 22 页。

法的精髓——否定性——的强大力量,并视其为方法论根基。在马克思看来,黑格尔的否定之否定虽因其"精神的公式"面貌而看似神秘,但放置于人的实践活动中则清晰可辨。"从资本主义生产方式产生的资本主义占有方式,从而资本主义的私有制,是对个人的、以自己劳动为基础的私有制的第一个否定,但资本主义生产由于自然过程的必然性,造成了对自身的否定,这是否定的否定。"①马克思依照黑格尔的否定之否定说明了资本主义社会的双重否定过程,并以经济生活为切入点建立起了社会革命批判理论。正是源于受黑格尔的启发,马克思将辩证法的"否定性"概念运用于批判资本逻辑之中,在对资本主义社会的自我否定中揭示出了社会发展的基本走向,并以此论证了社会革命的必然性。

当马克思以否定性概念讨论资本主义私有制时,并不是像黑格尔那样从精神活动来说明这一过程,而是从社会现实中总结出了资本主义必然灭亡这一历史趋势。在马克思看来,资本主义私有制的弊病伴随着生产力的发展愈发显现:资本主义私有制不仅催生了作为"食利者"的资本家对工人劳动的剥夺,而且还潜在孕育着"劳动的进一步社会化,土地和其他生产资料的进一步转化为社会使用的即公共的生产资料,从而对私有者的进一步剥夺,就会采取新的形式。现在要剥夺的已经不再是独立经营的劳动者,而是剥削许多工人的资本家了"②。这种"剥夺者剥夺"与"剥夺剥夺者"正是资本主义自我否定的真实写照。当生产力发展到资本主义制度自身无法容纳的地步时,"资本主义私有制的丧钟就要响了。剥夺者就要被剥夺了"③。资本主义生产方式的自我否定力量实现了对这种制度的彻底批判。由此,马克思对现存世界的"肯定理解"中包含了"否定理解"——对资本主义的自我否定性的认识,并以否定性建立起关于人类社会的辩证发展过程理论,这成为无产阶级解放自己的强大的思想武器。

应当说,马克思从历史唯物主义的立场出发,充分发挥了辩证法中否定性的革命批判精神,在社会现实中建立起了历史性批判方法。虽然黑格尔以辩证法的否定性概念批判了市民社会的内在矛盾,但却是以抽象思辨的方式将矛盾冲突和解于理性世界中。因此,黑格尔在概念的自我否定中建构起"绝对同一性"的体系原则、以绝对精神的自我演绎"达到理性与现实的和解",便不可避免地遭受到了批评,也就是其后法兰克福学派的阿多

---

① 《马克思恩格斯文集》(第5卷),人民出版社2009年版,第874页。
② 《马克思恩格斯文集》(第5卷),人民出版社2009年版,第873页。
③ 《马克思恩格斯文集》(第5卷),人民出版社2009年版,第874页。

诺一再攻击黑格尔的火力点。阿多诺判定,当黑格尔坚持以否定之否定来同化肯定时,其否定性所体现出的恰恰是绝对肯定性。阿多诺反驳黑格尔以同一性消解非同一性来构建起"绝对同一性"的路径,主张"辩证法是一以贯之的非同一性意识,它并不预设一种立场"①;当黑格尔承认否定之否定时,一切包含差异性的非同一性都被理性同一性同化、消解了。可见,阿多诺主张真正的哲学应该是非同一性的,他构建的是以绝对否定为基点的"否定辩证法"。然而,"否定辩证法"并没有从根本上消除思辨辩证法的弊病,阿多诺一方面以"绝对否定"理念推翻否定之否定这一历史原则,实则是将辩证法"概念化"和"非历史化"了;另一方面,当阿多诺从非同一性原则出发批判黑格尔哲学之时,在寻求社会问题的解决上却又不得不退回到黑格尔思辨哲学体系之中,这种观念范围内的解救由于遮蔽了马克思资本批判的实践基础,沦为了"非批判的实证主义"。

概而言之,黑格尔的理论贡献在于以辩证否定超越了知性否定,以概念运动否定异质性,建立起同一性的普遍共相,从而确立了否定之否定的辩证形式。就此而言,黑格尔的理论贡献是毋庸置疑的。但正如阿多诺所批评的那样,黑格尔最终是以绝对同一性对一切个性与差异性进行吞噬,在思维中以否定之否定所自我确证的同一性达成绝对肯定之目的,这种否定之否定的实质表现为精神之自我实现的过程,辩证法的否定性丧失了历史性批判向度。可见,黑格尔由否定之否定所创制的思辨圆环使其哲学具有了调和主义、非批判主义的倾向,通过否定性所批判和扬弃的不过是事物的观念形态而并未真正触及社会现实。马克思则在唯物史观的原则下对黑格尔"思辨的否定"进行了改造,在生活世界即资本主义社会中找到了其实践本性——"从直接生活的物质生产出发阐述现实的生产过程"②,使得否定之否定这一概念自觉表达了生活世界本身的变革。在马克思而言,概念是对生活世界自我变革的解释,而不是对世界的观念的解释,从而使辩证法从神秘的形态脱身出来,重新回归到了生活世界中。马克思以"否定性"的视野建构起了历史性批判理论——历史唯物主义。

二、否定性的现实根基:生活世界

马克思重新审视了黑格尔的辩证法思想,从"否定性"概念入手揭示和改造黑格尔的辩证法。我们知道,马克思的学说也是对世界的解释——对

---

① 特奥多·阿多诺:《否定辩证法》(王凤才译),商务印书馆 2019 年版,第 7 页。
② 《马克思恩格斯文集》(第 1 卷),人民出版社 2009 年版,第 544 页。

当下实践的本质构造和必然趋势的说明。因此,即便马克思激赏黑格尔对于否定性的理解,但关于何为否定性的本体论根据,马克思与黑格尔却是相反的。

马克思关于否定性的研究集中体现在《1844年经济学哲学手稿》,其中完成了从黑格尔思辨哲学向科学世界观的扭转。促成这一转变的是马克思重新理解了费尔巴哈对黑格尔辩证法的批判。当费尔巴哈把黑格尔的否定之否定仅仅理解为哲学同自身的矛盾,理解为在否定神学后又肯定神学的过程时,马克思批评费尔巴哈"把基于自身并且积极地以自身为根据的肯定的东西同自称是绝对肯定的东西的那个否定的否定对立起来"①,也就是将所立足的"感性"立场同黑格尔的"思辨思维"相对立。在马克思看来,费尔巴哈虽然在批判包含黑格尔哲学在内的"旧哲学"之"宗教神学"方面具有伟大功绩,但忽视了黑格尔值得肯定的地方——把否定之否定视作历史的表达、在哲学高度上确立的否定性历史原则。在马克思看来,费尔巴哈虽然以感性直观摧毁了黑格尔思辨的"幻相",却没有将人的现实性—历史性实践活动纳入视野之中,导致费尔巴哈对哲学之本质、社会之本质形成了纯直观的、僵化的认识。

马克思却捕捉到了黑格尔辩证法的历史性:"因为黑格尔根据否定的否定所包含的肯定方面把否定的否定看成真正的和唯一的肯定的东西,而根据它所包含的否定方面把它看成一切存在的唯一真正的活动和自我实现的活动,所以他只是为历史的运动找到抽象的、逻辑的、思辨的表达。"②为什么马克思认为黑格尔的否定之否定能够为历史运动做出表达呢?因为"黑格尔把人的自我产生看作一个过程,把对象化看作非对象化,看作外化和这种外化的扬弃;可见,他抓住了劳动的本质,把对象性的人、现实的因而是真正的人理解为人自己劳动的结果"③。这些充分说明了黑格尔辩证法中作为推动和创造原则的否定性概念的理论价值。

马克思虽然赞扬了黑格尔以否定性确立了历史原则,但同时也发现,由于黑格尔唯一承认的是抽象的精神劳动,黑格尔"只是为历史的运动找到抽象的、逻辑的、思辨的表达"④,由此确立的历史原则不过是概念化的"活动"原则;以概念规范世界,对世界的观念的解释所获得的仅仅是关于

---

① 《马克思恩格斯文集》(第1卷),人民出版社2009年版,第200页。
② 《马克思恩格斯文集》(第1卷),人民出版社2009年版,第201页。
③ 《马克思恩格斯文集》(第1卷),人民出版社2009年版,第205页。
④ 《马克思恩格斯文集》(第1卷),人民出版社2009年版,第201页。

历史运动的抽象表达。马克思指出了黑格尔把思辨的否定活动等同于历史运动的弊病:历史运动的主体是"自我意识"或"无人身的理性",作为历史运动的环节——否定之否定——的现实本质被意识内在性的神秘色彩所遮蔽。这种传统形而上学的唯心主义由于不理解"现实的感性活动本身",不理解一种学说和理论是对实践的本质构造和必然趋势的说明,因而不能从实践活动出发来理解历史,而将思辨理性奉为圭臬,否定环节就成了囿于纯粹思辨的内在机制。也就是说,黑格尔陷入了"逻辑预成论"的桎梏,即逻辑的东西已经预先包含了全部历史以及未来的内容,人类的全部历史成了精神之自我展开的过程。而马克思主张生活世界是由人的实践所创造和推动形成的,世界的改变不是观念带来的,观念是用来自觉表达变革的要求,所谓否定性概念正是生活世界自身变革的自觉表达。恰如梅林所说,关于历史发展的观点是马克思从黑格尔那里批判继承得来的重要哲学成果:"马克思承受了黑格尔哲学的这个最可贵的因素,但是他把黑格尔哲学翻转过来,使得他的出发点不再是'纯粹思维',而是现实这个无情的事实。"[①]在黑格尔的启发下,马克思获得了"否定性"这一"能动的原则",在其植根于生活世界之后,唯物史观应运而生。当然,作为唯物史观阐释原则的重要支柱,"历史性"脱离不开辩证法的"否定性",二者是一体之两面。一方面,马克思通过辩证法的否定性概念使得唯物史观的历史性得以呈现,否定性概念及其否定之否定形式来自生活世界的自我变革,否定的过程即人的实践活动的历史过程;另一方面,唯物史观的历史性反映的就是生活世界的自我否定过程,人的实践活动的过程即否定——促使现存世界发生变化——的过程。

正是站在生活世界的立场上,马克思阐明了否定性不是思维体系中的"内在否定性",而是立足于实践活动中的"自我否定性"。借用黑格尔辩证法来叙述政治经济学,在蒲鲁东那里就已开始。蒲鲁东在1846年出版的《贫困的哲学》一书中就改良主义经济理论进行了论述,马克思评价这本著作是一本"坏书",批判蒲鲁东照搬黑格尔的辩证法来阐述政治经济学,从而把现实的社会经济关系视为经济范畴之外化实现。马克思借助对蒲鲁东的批判,揭露了黑格尔否定之否定的意识内在性的局限。马克思以讥讽的口吻说道:"对于不懂黑格尔语言的读者,我们将告诉他们一个神圣的公式:肯定、否定、否定的否定"[②],将这一公式套用于对资本主义经济的分析

[①] 弗·梅林:《马克思传》,人民出版社1965年版,第168页。
[②] 《马克思恩格斯文集》(第1卷),人民出版社2009年版,第599页。

上,"就会得出政治经济学的逻辑学和形而上学"①。在马克思看来,范畴体系之否定性的外化活动具有形而上学的本质——意识之"自我活动",这种思维方法没有领会作为事物运动之中介环节——否定性——的现实本质。虽然马克思从否定性出发对黑格尔的辩证法进行了改造,但是,这并不代表可以像阿尔都塞那样,认为马克思辩证法的基本结构——包括否定、否定之否定与对立统一等——全然区别于黑格尔的辩证法结构。阿尔都塞对于由否定性建构的辩证逻辑嗤之以鼻,偏激地认为马克思通过政治经济学批判不仅褪去了黑格尔哲学的思辨外衣,而且在形式上否决了辩证逻辑的思维形式。因为正是这种否定之否定的框架导致了政治革命的不可能性,反对同一性的现实力量就必须反对否定之否定的辩证结构。在阿尔都塞看来,马克思重构了辩证法的结构,以"总体性"的历史逻辑取代了"否定性"的辩证逻辑。可见,阿尔都塞将辩证逻辑与历史逻辑对立了起来,这种阐释趋向无疑是误解了马克思唯物史观的真实意蕴——辩证唯物主义与历史唯物主义的统一,因此也割裂了马克思与黑格尔辩证法否定性概念的哲学史渊源。

在辨析了黑格尔的辩证法遗产之后,马克思以"感性活动"的立场重塑了辩证法的活动原则,以此证明:社会—历史之实体性内容与其说是我们抽象把握到的,不如说这种把握是从生活世界中开显出来的,否定之否定的过程正是生产实践的矛盾运动过程。具体而言,其一,辩证否定运动的实质是生产劳动的历史。马克思认为,生活世界的否定之否定过程正是人以生产劳动不断否定与超越自我的过程,但在思辨否定性的理解中,却疏离了生产劳动:"黑格尔陷入幻觉,把实在理解为自我综合、自我深化和自我运动的思维的结果。"②当黑格尔把抽象的思辨思维作为唯一最真实的东西时,就以"绝对精神"否定了现实的人的主体性。而黑格尔以自我意识的纯粹活动来诠释劳动之本质时,无疑是把人的生产劳动理解为自我意识的"生产活动"。可见,马克思抓住了黑格尔的理论缺陷——将人类生产的历史过程误认为"精神发展史",而主张人类历史是世代相继的生产劳动;在此基础上,人们建构并改变自己的物质生产方式及相应的社会制度。

其二,辩证否定运动的主体是现实的、有目的人。马克思在生活世界中对黑格尔否定性概念进行了改造。当黑格尔把否定之否定仅仅看作精神活动的环节——思维外化和扬弃自然界、人类社会的环节——时,他就把理念

---

① 《马克思恩格斯文集》(第1卷),人民出版社2009年版,第601页。
② 《马克思恩格斯文集》(第8卷),人民出版社2009年版,第25页。

看作先于自然界与人类社会的存在,把否定之否定看作理念之能动作用的发挥而遮蔽了作为主体的人的能动性。马克思既批判了费尔巴哈把缺失能动性的人作为对象化主体,也明确反对将绝对精神当作主体,指明对象化的能动性既不属于费尔巴哈人本主义下类似于"类抽象物"的"感性实体",也不属于黑格尔思辨辩证法下脱离于生活世界的自我意识。能动性的力量只能属于作为对象化过程的否定运动之主体——处于特定生产关系中的现实的人,这样的人才完成了对于现实社会的扬弃,实现了改变世界的目的。"目的是直接的、静止的、不动的东西;不动的东西自身却能引起运动,所以它是主体。它引起运动的力量,抽象地说,就是自为存在或纯粹的否定性。"①可见,黑格尔强调的是一种"内在"目的性,视之为历史的目标,作为主体的人反而被边缘化为历史进程的"局外人"和"旁观者",自我意识成了有其自身目的的实体、推动历史发展的主体。而在马克思那里,历史实质上是人的生产劳动的过程,历史发展的趋势是从事生产劳动的人的目的和意志的体现,辩证否定运动恰恰表现了人有目的的生产劳动的历史过程。

其三,辩证否定运动的载体是社会历史总体。马克思的以否定性为灵魂的辩证法还具有总体性特征,马克思的否定性可以被称为"否定性的总体性"。黑格尔通过概念的自我否定构成了一个具有"过程性"的总体——理念自我设定和自我运动的总体即绝对精神总体,其辩证法总体性的实质是"绝对精神的总体性",否定性原则是为了完成概念的自我回溯;而在马克思政治经济学批判的语境中,辩证法的总体性是"社会现实的总体性",否定性是关于生活世界这一包含社会关系总体的自我否定,资本主义总体在否定性力量的推动下完成了自身运作并实现了自我否定。马克思正是将总体性置于实践基础上,从资本主义内在结构出发,依照否定之否定的原则来辩证地对资本逻辑进行总体性把握,从资本主义生产本身来揭示社会现实总体的自我否定,从而建立起对资本主义生产方式的总体性批判。

可以说,马克思是以否定性概念说明生活世界的变革要求与趋势,从资本主义社会的事实中揭示出辩证法否定的矛盾运动是以处在生活世界中的人为主体的。正是通过劳动对象化这一实践主体的活动,人将自己的本质力量对象化在了对象之中,实现了自我确证,在改造生活世界的过程中实现着作为人的本质——自我否定、自我发展的生命本性。因此,生活世界不是如同黑格尔所言的观念规范了生活世界,观念只是表达了生活世界变革的要求,变革不是观念带来的。

---

① 黑格尔:《精神现象学》上卷(贺麟、王玖兴译),商务印书馆1979年版,第13页。

三、辩证否定的革命实质：历史性批判

关于马克思对黑格尔辩证法的评价，人们所熟知的是："辩证法在黑格尔手中神秘化了，但这决没有妨碍他第一个全面地有意识地叙述了辩证法的一般运动形式。"①这种运动形式就是展开的自否定形式——辩证法："在对现存事物的肯定的理解中同时包含对现存事物的否定的理解。"②在《资本论》中，马克思正是依循这一理路，指明了资本主义的运动过程正是否定之否定，而辩证法"不崇拜任何东西，按其本质来说，它是批判的和革命的"③。就是说，辩证法所具有的革命性与批判性正是通过否定事物而实现的。也就是说，辩证法批判的、革命的方面就是否定性。正是在对资本逻辑的洞悉中，马克思以批判性、暂时性的视角察觉到了资本主义生产关系的自我否定，并展开了对生活世界具有原则高度的历史性批判。

欧根·杜林在评述《资本论》第一卷时指出，马克思阐述资本主义原始积累的过程中就依仗了黑格尔辩证法，恩格斯在《反杜林论》中引述了杜林的观点："由于缺乏较好的和较明白的方法，黑格尔的否定的否定不得不在这里执行助产婆的职务，靠它的帮助，未来便从过去的腹中产生出来。"④在这里，杜林不仅把马克思对于资本积累趋势的认识作为黑格尔否定之否定原则"助产"的结果，而且通过对否定方面的理解将马克思黑格尔化了。其实，马克思并不是将观念中的否定之否定作为考察经济生活的逻辑前提，恰恰相反，马克思是从具体的经济事实中发现了资本逻辑的否定之否定过程。正是从对思辨逻辑的批判性思考转向对资本逻辑的超越，奠定了马克思否定性的历史性批判基调。具体而言，资本逻辑包含两个方面：一是从社会物质生产的逻辑来看，资本主义高度发达的生产力代表着人类物质文明的进步和飞跃；二是从社会关系的逻辑来说，资本为追求剩余价值和资本增殖的本质是人与人之间的关系向劳动者与资本家之间的权力关系的转变。通过对这两方面的认识，马克思发现了否定性的三重表现形式：外化、异化与扬弃异化。

依循马克思，人以对象性活动——劳动——改造自然界，即实现了对自然界的否定，完成了实践主体对象化之过程，此为否定的表现形式之

---

① 《马克思恩格斯文集》（第5卷），人民出版社2009年版，第22页。
② 《马克思恩格斯文集》（第5卷），人民出版社2009年版，第22页。
③ 《马克思恩格斯文集》（第5卷），人民出版社2009年版，第22页。
④ 《马克思恩格斯文集》（第9卷），人民出版社2009年版，第136页。

———外化;然而,在对资本主义社会的考察中,马克思发现劳动外化的积极性质在私有制下发生了质的变化而呈现出消极属性:对价值和财富的无限制追求导致了资本对劳动的"抽象统治",劳动失去了展现人自由自觉的"外化"本质,被异化为奴役人的工具,这种异化劳动体现的是对人的本质的否定,这就是否定的表现形式之二———异化;在对异化有了清醒认识之后,马克思认识到必须要否定异化、扬弃私有制才能够复归人的本质,而这种扬弃必须以资本主义自身得到充分发展,最终否定自己产生新的社会制度为前提,这是否定的表现形式之三———扬弃异化。

马克思由此阐明了否定性的表现形式,一针见血地指出:"在黑格尔那里,否定的否定不是通过否定假本质来确证真本质,而是通过否定假本质来确证假本质或同自身相异化的本质。"[①]虽然黑格尔"把劳动看作人的本质,看作人的自我确证的本质"[②],但马克思认为,黑格尔由于仅仅看到劳动外化的积极性,而没有看到异化劳动表现出的劳动的消极方面,因而否定不过是在思维中去否定"假本质"。对这种"假本质"的扬弃又回到思维世界中来确证,"黑格尔唯一知道并承认的劳动是抽象的精神的劳动"[③],这种思维的否定并未真正触及现实生活世界中的对象。由此,马克思消解了黑格尔思辨逻辑的虚妄性,看到了劳动被异化带来的两重性质,通过否定异化这一假本质确证了人的本质这一真本质,实现了从思想的否定到现实的否定的转变,这呈现出了马克思理论中的革命性与批判性的原则高度。

在考察了异化劳动之后,马克思以"实践"作为切入点展开了历史唯物主义的双重批判:一是在理论层面对思辨历史哲学进行批判,说明资本逻辑中的概念和矛盾不是先验地在人的头脑中存在,而是产生于资本主义的社会现实中;二是在实践层面展开对现实社会的历史性批判,说明资本主义社会的自我否定是伴随"活劳动"与"死劳动"的内在矛盾而在现实中显现出来的。由这一社会矛盾所带来的资本占有剩余价值的社会现实就成为马克思所批判的对象。

由于黑格尔辩证法也是以否定性为架构点建立形成的,因此,黑格尔辩证法当中同样也内含着批判性。但当黑格尔将异化等同于外化即等同于绝对精神的自我外化时,黑格尔是在向绝对精神的复归中实现了对异化

---

① 《马克思恩格斯文集》(第1卷),人民出版社2009年版,第214页。
② 《马克思恩格斯文集》(第1卷),人民出版社2009年版,第205页。
③ 《马克思恩格斯文集》(第1卷),人民出版社2009年版,第205页。

劳动在理念范围内的克服。虽然,黑格尔尝试通过建立"思辨科学"来摆脱经验主义和实证主义,但殊不知这陷入了纯粹意识的陷阱——所谓思维和理性的东西在解决现实问题时所存在的局限性——意识的内在性。在黑格尔那里,概念的推演运动成为现实发展所遵循的规范,他将一切矛盾都消融在了思辨体系之中,于是,反照生活世界、植根于生活世界的理论观念摇身一变为指导和规范现实的"真理"。而从唯物史观的立场来看,这种思维范式体现出的是理性的"僭越":以理念世界取代现实历史的先在地位。因此,当从这种思辨理念世界出发来寻找社会批判的尺度和依据时,黑格尔就以"逻辑的泛神论"建立起了"意识革命"与"形而上学批判",从而陷入以理论规范世界的误区中。正是由于觉察了黑格尔哲学的缺陷,第二国际的理论家们表现出了对于黑格尔的蔑视,他们试图返回康德以重新解读马克思,这也导致了其理论的革命性、批判性向度的缺失。为了恢复在第二国际中所消弭的革命性,马尔库塞试图拯救被科技所消融的人的否定性力量。他将理论批判的矛盾对准科技异化,却用对科技的批判取代了对资本主义制度的批判,因而没能深入资本主义的本质,这种对工业文明与科技异化的批判也仅仅是意识形态上的批判。于是,在寻求人类救赎的解决方案上,马尔库塞又回到了黑格尔那片神秘之地,这就偏离了马克思主义的唯物史观立场,辩证法否定性呈现出的批判精神也由此丧失,这也是法兰克福学派社会批判理论的共同缺陷。

立足于唯物史观,马克思阐明了由意识的内在性带来的黑格尔哲学的非批判性:"这种非批判性,这种神秘主义,既构成了现代国家制度(主要是等级制度)的一个谜,也构成了黑格尔哲学、主要是他的法哲学和宗教哲学的奥秘。"[①]黑格尔对于宗教、国家与市民社会的批判,是从自我意识出发的,又停留在了意识领域之内,最终也不得不把自我意识尽其所能地以概念方式表述出来,提出所谓的道德批判。这种道德批判在马克思看来,正是为德国的社会制度作了意识形态上的辩护,黑格尔为了迎合辩证法体系的需要而过分强调矛盾的调和,其辩证法"革命的方面就被过分茂密的保守的方面所窒息"[②]。换言之,黑格尔通过否定之否定说明了绝对精神之自我扬弃、自我发展的过程,把精神自我发展的自由实现作为人的自由之实现,无法触及社会现实,遑论人的自由的真正实现。遗憾的是,这种错误被法兰克福学派延续了下去,他们囿于意识形态的批判注定了这种批判作

---

① 《马克思恩格斯全集》(第3卷),人民出版社2002年版,第104页。
② 《马克思恩格斯文集》(第4卷),人民出版社2009年版,第271页。

为"理想乌托邦"无法付诸实践。阿多诺的"否定辩证法"首当其冲。欧美新左派对于阿多诺进行了猛烈批判,他们抨击其不仅没有从根本上祛除唯心主义的弊病,反而保留和发展了黑格尔思辨化的内核,因而并没有完成推翻和改造资本主义制度的最终使命,背离和弱化了马克思辩证法的革命批判性维度。正如新左派代表杰姆逊所批判的那样,阿多诺将辩证法"非历史化"了,否定辩证法呈现出的是一种观念上的意图式的解救。而在哈贝马斯看来,阿多诺在走向极端批判的道路上从实践退回到了理论,走向了一条虚幻的、求助于理性的道路,这在根本上已经脱离了马克思建立历史唯物主义的理论旨趣。

需要注意的是,因为摆脱了意识的内在性,马克思既没有照搬黑格尔的思辨哲学,也没有拘泥于费尔巴哈所沉迷的感性直观,而是以从生活世界中提炼出的资本逻辑取代了"虚幻"的思辨逻辑,从而在否定资本逻辑的过程中实现了理性和现实的真正和解。在对资本主义自我否定的认识上,马克思意识到了资本主义生产关系是一种对抗性的社会权力关系,共产主义社会则是对这种违背人自由全面发展的社会关系之否定,扬弃私有制正是对社会关系的历史性否定,这种否定只有伴随着人的生产劳动才能够历史地实现。

或许我们可以说,在黑格尔那里,否定性在概念运动与精神自我实现的过程中丧失了自身的历史批判本性。当马克思力图把资本主义社会中矛盾的扬弃诉诸生产力的发展、关切人的现实生命时,他就在社会现实的维度上超越了黑格尔。由此可见,辩证法在马克思哲学中因其现实否定的内核而成为"批判性分析方法"。也就是说,马克思的学说的科学性在于将生活世界自我变革的否定性作为资本主义社会乃至整个人类社会发展的历史动力。马克思在生活世界——资本主义社会——中找到了其实践本质即在生产劳动中否定自身的力量,从而使辩证法重新回归到了人类生活、社会现实领域当中。马克思正因为将否定性概念建基于社会历史运动之上,才得以阐明了资本主义的灭亡是其在历史进程中的自我否定;也才在揭示资本逻辑瓦解的必然性中,证明了资本主义走向灭亡的必然趋势。

概而言之,马克思的"否定性"概念不仅促成了马克思的辩证法对黑格尔辩证法的超越,同时也生成了唯物史观。这个新的否定性概念为马克思揭示资本逻辑进而对资本主义展开历史性批判发挥了重要作用。就哲学史的发展脉络而言,黑格尔的否定性概念不可否认地为马克思提供了理论来源,马克思也以批判性的眼光发现了黑格尔"否定辩证法"的秘密:黑格尔以概念的否定之否定历程解读了历史的辩证运动过程。然而,世界的改变不是观念带来的,观念只是自觉地表达世界自我否定的要求,思辨哲学的空疏性、内在性却注定了黑格尔的否定性概念仅仅是一种无法改变社会现实的纯粹思维活动。马克思的学说虽然也是对世界的解释,但却不是对世界的观念的解释,而是对当下实践的本质构造和必然趋势的说明。简言之,马克思一方面在揭示社会历史之本质的基础上,揭穿了黑格尔辩证法中否定性概念的思辨本性,另一方面又向黑格尔否定运动的逻辑公式注入了现实内容,从而将资本批判上升到历史性批判的高度,最终成为无产阶级争取自身解放的科学的思想体系。

第三节 对黑格尔思辨理性本体论的批判

马克思以实践为出发点的本体论立场,不仅开启了哲学史上影响深远的本体论革命,还从根本上终结了全部理性形而上学,并且创立了新世界观——唯物史观。马克思在青年时期参加了属于青年黑格尔派的重要团体——博士俱乐部,虽然青年黑格尔派断言自己已经超越了黑格尔哲学,但他们与黑格尔思辨理性本体论之间依然存在着"依赖关系",因此并没有对黑格尔本体论体系进行全面的批判。马克思则揭示了黑格尔哲学的意识形态本性:黑格尔通过思辨理性辩证法的逻辑进程,最终达到的是绝对精神。马克思以实践本体代替了黑格尔抽象的思辨理性本体,马克思认为必须突破黑格尔的思辨理性本体论所形成的沉重的意识形态桎梏,重新发现真实的历史和真实的对象。马克思认为这是实现人类解放所需要的根本条件。

一、揭示思辨理性本体的抽象性

在对象性关系这个概念阐发之中,马克思逐渐展开了哲学上的本体论革命,这场革命发生在《1844年经济学哲学手稿》中,特别是对黑格尔的辩证法和整个形而上学体系的批判之中。在马克思那里,对象性关系是在世界之中存在,是在对象性世界之中的存在。马克思的对象性关系不是认识论意义上的概念。马克思认为人作为一个主体,总是指向外部的对象。对象性关系这个概念源于费尔巴哈的启发,马克思则更进一步地阐明了对象性存在物即在人之外的不依赖于人的存在的对象之间的关系。费尔巴哈认为人自身的生存需要人之外的食物,人的饥饿表明了人之外的对象的存在:假如对象是虚幻的,那么,人的饥饿是可以自己解决问题的,人的饥饿是关于对象的一个真实存在的确认,因为饥饿是人的真实需要。人饥饿就表明人是一个对象性存在物,而不是一个纯粹主体,纯粹主体可以依靠自己满足自己的需要。我们与周遭事物打交道是以我们作为认识主体为前提,是我们的认识能力、认识形式建构出的东西;这个事物如果我们没有与之打交道便与我们无关。人作为一个对象性存在物,是以对象性需要作为前提的,而不是以要认识该物为前提,否则我们会将自己作为上帝,而我与上帝之间没有对象性需要。

海德格尔认为人与事情有原初关联,人就在事情之中,我们不是在空间的意义上讨论我们与事情的关系,我们对存在有所领会便是"在之中"。如果说胡塞尔是对的,我们就需要找到与事物的原初关联,找到那个绝对被给予之物,即有待我们去切中之物,而不是超验的设定之物。这个绝对被给予之物,在马克思而言是对象性关系,是指我们与世界的原初关联。在胡塞尔那里,绝对被给予的是纯粹的现象。而马克思认为对象性关系要从主体方面能动地去理解,对象性关系是前认识、前理性、前逻辑的关系,不是主体面对客体。在马克思看来,客体是被构造出来的,不是自在的、现成地在主体面前的;没有所谓现成的世界被人所反映。所以,要谈主体的存在就不能不谈到对象性关系:主体同时又是他物的对象,先验的主体需要被消解;先验的认识主体是德国古典哲学的前提,康德重点予以说明,这却恰恰是马克思要推翻的。

马克思主张要把存在从意识中移出来,那种认为外部事物是由意识所建构的主张中,其实这样的外部事物就是"无"。马克思说:"被抽象地理解的、自为的、被确定为与人分隔开来的自然界,对人来说也是无。"①在马克思看来,存在在意识之外,同时存在是意识关于外部事物的构造。马克思这样概括了黑格尔的意识观点:意识的唯一行动便是知识,意识之所以知道对象的虚无性,是因为知道对象同它没有区别,对象对于它来说是非存在;如果对象还是存在,该存在就是来自意识,因为意识知道对象是它的自我外化,这种自我外化便形成了知识;理论获得对对象的知识,前提是用理论方式建构出来。所以,马克思指出:"意识所以知道自己——作为对象的知识——,是因为对象只是对象的外观、障眼的云雾,而就它的本质来说不过是知识本身,知识把自己同自身对立起来,从而把某种虚无性,即在知识之外没有任何对象性的某种东西同自身对立起来。"②资本家雇佣工人只

---

① 《马克思恩格斯文集》(第1卷),人民出版社2009年版,第220页。
② 《马克思恩格斯文集》(第1卷),人民出版社2009年版,第212页。

是一种经济事实、经济关系，这并不是事情的本来面目。

马克思在《1844年经济学哲学手稿》中说："黑格尔是站在国民经济学家的立场上的。"①也就是说，黑格尔是站在资本增殖的立场上的。在黑格尔而言，知识知道当它揭开某个现象之后，它只是在自己之外使自己外化为对象："自我意识的外化设定物性。因为人＝自我意识，所以人的外化的、对象性的本质即物性（对他来说是对象的那个东西，而且只有对他来说是本质的对象并因而是他的对象性的本质的那个东西，才是他的真正的对象。既然被当做主体的不是现实的人本身，因而也不是自然——人是人的自然——而只是人的抽象，即自我意识，所以物性只能是外化的自我意识）＝外化的自我意识，而物性是由这种外化设定的。"②

马克思说："一个有生命的、自然的、具备并赋有对象性的即物质的本质力量的存在物，既拥有它的本质的现实的、自然的对象，而它的自我外化又设定一个现实的、却以外在性的形式表现出来因而不属于它的本质的、极其强大的对象世界，这是十分自然的。这里并没什么不可捉摸的和神秘莫测的东西。"③黑格尔认为自我意识的外化为物性，物性是被设定出来的，而马克思认为物性的自我外化设定了一个现实，是以外在性的形式表现出来的，并不属于它的本质。黑格尔认为全部物性都属于自我意识，一切在我之外的对象都是我的本质。拥有对象性本质力量的存在物可以进行自我外化，这个自我外化在黑格尔那里成为自我意识的自我外化。而在马克思看来，自我意识的外化是对象性本质力量的外化。人类的劳动改变自然物，改变就是自我本质力量的外化，于是劳动设定一个在我之外的对象世界，因而表现出并不属于我的本质。

如果将对象性理解为物性，那么，对象性只是自我意识的外化，对于自我意识而言并不是一种强大的力量。只有在直观的时候，劳动者才看到意识自身，意识的自为存在直观到自身。在黑格尔那里，对象性本质力量的外化变成了自我意识的外化，实践本体变成了抽象的思辨理性本体。马克思敏锐地发现了黑格尔思辨理性本体的理论缺陷之所在："自我意识通过自己的外化所能设定的只是物性，即只是抽象物、抽象的物，而不是现实的物。此外还很明显的是：物性因此对自我意识来说决不是什么独立的、实质的东西，而只是纯粹的创造物，是自我意识所设定的东西，这个被设定的

---

① 《马克思恩格斯文集》（第1卷），人民出版社2009年版，第205页。
② 《马克思恩格斯文集》（第1卷），人民出版社2009年版，第208页。
③ 《马克思恩格斯文集》（第1卷），人民出版社2009年版，第208页。

东西并不证实自己,而只是证实设定这一行动,这一行动在一瞬间把自己的能力作为产物固定下来,使它表面上具有独立的、现实的本质的作用——但仍然只是一瞬间。"①

在马克思看来,资本主义的目的是将劳动抽象化,这意味着感性劳动的成果只能从抽象劳动的积累来理解。私有财产被理解为抽象的物,抽象的东西成为真实的财富,而不是感性真实的东西。劳动在形而上学的本质是劳动作为资本所购买的抽象劳动,劳动在资本面前失去了感性的本质,获得的是形而上学的本质,叫抽象劳动、劳动一般。而在黑格尔那里,劳动被形而上学化之后形成了抽象劳动,其实抽象劳动使主体也被抽象掉了人,而抽象的最高哲学表达为纯粹的自我意识:"黑格尔唯一知道并承认的劳动是抽象的精神的劳动。"②但是,这个抽象的物是一种感性的力量,被资本的力量所异化,感性力量与活动被资本购买。资本是自我意识在当代的形式,我们可以称之为抽象劳动主体化。黑格尔所主张的自我意识是非对象性力量的产物,也就是说,在黑格尔那里,人与自然界的关系实质上是自我意识活动的产物。

二、以实践本体替代思辨理性本体的变革

黑格尔将人等同于自我意识,人就被抽象化成了自我意识。在黑格尔的抽象过程中,意识本身被当作主体,即黑格尔所谓的精神概念。何为精神?就是自我意识。自我意识作为主体,其对自我的认识与自身的存在是同一件事;如果没有展开自我认识,自我意识本身也将不存在。那么,自我意识如何存在?通过自我意识自己认识自身、自我认识。然而,黑格尔抽象的思辨理性本体论遇到的理论困境是:物性是意识将自身区别开来,物性没有任何实质性;因为物性无法证实自己,物性的外化实际上仅仅是纯粹意识自己展开自己的活动。而在马克思那里,物性是对象性本质力量的外化。

马克思用实践活动本体论翻转了黑格尔的抽象的思辨理性本体论,因为纯粹活动的形式是自我意识所固有的范畴,就等于纯粹活动的形式。康德的"先天"形式,就是指并非从经验中获得。通过康德先天的形式,使纯粹活动成为形成自身的条件,也就是胡塞尔所说的绝对被给予性。胡塞尔通晓康德的理论意图,胡塞尔的绝对被给予性在康德那里就是先天形式。

---

① 《马克思恩格斯文集》(第1卷),人民出版社2009年版,第208—209页。
② 《马克思恩格斯文集》(第1卷),人民出版社2009年版,第205页。

尽管康德对未来形而上学能否形成抱持观望的态度,但是黑格尔却继承了康德的先验性原则,而且将其变成了形而上学。而在康德那里,理性并不等于形而上学,理性只是先天认识形式,在直观的领域中是先天的时空,在知性的领域里则是范畴。

根据德国古典哲学,思维形式具有先验的主体性,是绝对被给予的东西。正是在这个基础上,黑格尔主张自我意识的外化设定对象。也就是说,外部对象其实是由自我意识建构而来的。而康德所说自在之物不是由自我意识做出来的,后来被黑格尔批判,黑格尔认为这种不彻底的自在之物等于抽象的"无"。黑格尔将其视为本体论领域的问题,由此建构了思辨哲学的逻辑体系。而在马克思的本体论中,对象性关系也是绝对被给予之物。那么,进一步的问题是,与此相关联的真理意味着什么?

从《关于费尔巴哈的提纲》第二条中我们获知,所谓关于思维的现实性的争论,是可知论与不可知论的争论。可知论认为,思维的现实性是指思维可以切中现实。如果主张思维只是人类的思维、外部事物永远不可能被认识,那么这种观点叫思维的非现实性。现实性与非现实性的争论,便是可知论与不可知论的争论。对马克思而言,这种争论是纯粹经院哲学的问题,这对我们向来认可的真理观是个挑战。真理是包含在意识中的,有不依赖于意识的客观内容,这是我们通常的真理观。换言之,在意识之外的东西被意识捕捉到了。其实,常识意义上的真理观有一个逻辑上的不自洽缺陷——将能抓到的意识之外的东西叫思维的现实性,反之叫不可知论。这种划分方法显然是马克思所不能认同的,因为在马克思看来,"人应该在实践中证明自己思维的真理性,即自己思维的现实性和力量,自己思维的此岸性"[①]。也就是说,意识无法脱离实践来证明自己抓到了彼岸的、非意识的东西。

关于哲学基本问题的提法是由费尔巴哈提出的,区分为唯物主义与唯心主义两大阵营、思维与存在有没有同一性、不可知论与可知论。绝大多数哲学家比如黑格尔对其做了肯定的回答。恩格斯认为黑格尔已经在理论上批判了不可知论,黑格尔认为现实本就是理性所做出来的,人们可以认识用理性做出来的对象。而费尔巴哈主张,人们认识对象的前提是因为人们需要这个事物。在马克思而言,证明外部物质世界的存在,令人信服的方式是实践。在生产实践中,我们能够制造出某一个产品,使它能够按照我们的要求产生出来,这从而证明我们对这一过程的理解是正确的,那

---

① 《马克思恩格斯文集》(第1卷),人民出版社2009年版,第500页。

么,康德的不可知论便被终结了。可以说,今天的工业生产能大量地把产品制造出来,这些产品本质上是为我之物,生产实践的成功证明了我们对这件事物的认识是真理。

目前还存在着对马克思《关于费尔巴哈的提纲》第二条的误解,虽然实践的成功证明了人对这一自然过程的理解是正确的,康德的自在之物便完结了,但这一理解如何可能?恩格斯认为实践起的仅仅是检验的作用,真理便意味着我们对于这一事件的认识是正确的。正确的理解是何意?在马克思的文本中,我们可以清晰地发现,马克思认为用实践的成功可以证明自己思维的真理性,意味着这个理论具有现实性和力量,在实践中实现了人的目的,也就是有效的,但并不能证明为正确。假如真理是超越意识自身去切中意识之外的东西,那么,实践如何证明这种切中?因为实践执行的标准仍然被限制在范畴中,意识无法证明自己超越了自身到达了外在之物。

毋庸置疑,马克思并没有回答对事物的理解是切中还是非切中的问题。在马克思看来,我们有绝对被给予的东西,这是我们改变对象性事物本质力量的外化,在对象性活动中证明的真理性是"自己思维的现实性和力量,自己思维的此岸性"①。马克思为什么不会把康德的认识论看作思维的真理性根据?因为在马克思而言,康德设定的自在之物存在于思维的彼岸,这种思维本身跟人与外物的对象性关系无关,这种对象性关系是人类思维的固有之物,是绝对被给予的,而此岸是指感性、对象性。在马克思那里,真理不再是借助思维形式而建构的,人们对事物的理解方式并不来自思维的先天形式,人们不能讨论思维的先天形式是否有效切中了外部事物。在康德看来,我们如果运用思维得当,就可以建构出一个客观对象,但是我们依然无法知道自在之物本身。黑格尔说无自在之物,也就是说自在之物是人建构出的对象,真理也处在建构过程中。马克思主张理解事物的方式来自实践,而"关于思维——离开实践的思维——的现实性或非现实性的争论,是一个纯粹经院哲学的问题"②。

在马克思而言,理论的所有形式都来自对象性活动,思维形式不是先天或者绝对被给予的,而是从感性活动的形式中派生出来的。马克思称之为思维的现实性与力量,也就是思维的此岸性。真理并非如同康德所谓的正确运用意识的形式,人们通过正确的运用就可以把握自在之物。马克思

---

① 《马克思恩格斯文集》(第 1 卷),人民出版社 2009 年版,第 500 页。
② 《马克思恩格斯文集》(第 1 卷),人民出版社 2009 年版,第 500 页。

主张对象性活动的成立是因为外化了事物,人工自然并不就是自在之物被切中。实践本身是有条件的、相对的、历史的,无法使实践检验标准化。在马克思那里有绝对被给予之物——对象性活动,而对象性活动的形式是真理,而不是认识论意义上的以成功与否来检验一个认识正确与否。

对于马克思来说,全部问题的要点在于如何准确理解实践、对象性活动的本体论。人作为人而形成起来,这才是真理,而并非对外部世界的真实把握。这个世界离开人与历史便没有任何意义,它们的真实目的是人作为人的自我诞生,历史是人形成为人的自然过程,社会人也是在非社会的对抗形式中诞生的。真理既不是所谓超越的切中外部世界,也不是一时的实践有用程度;我们可以做出有用的产品,但真理并没有在此呈现。换言之,马克思重新讨论真理观是其本体论革命的必然结果,也是在为未来的真正认识论奠基。

总之,马克思以实践主体取代理性主体的哲学变革反映了马克思关于本体论思想上的两方面论点。第一,该变革反映了从概念生产到物质生产的转变。自古希腊开创的追求"彼岸真理"的哲学创建以来,哲学家都极力通过哲学思考证明思辨理性的力量,虽然彰显了人类理性的光辉,但却迷失在了意识内在性的迷雾之中。当马克思以生活世界的立场从彼岸世界中超脱出来时,哲学开启了在现实世界中对历史真理的探寻。当马克思认识到人类社会是以物质生产为起点并伴随着物质生产的发展而历史地发展,他才真正从理性世界的桎梏中走了出来,以历史唯物主义返回到人类生活本身。第二,马克思的哲学变革反映了从精神现象学到人类现象学的巨大转变。精神现象学囿于精神世界对自然界、人类社会和社会关系进行思考,却因精神的永恒性、至高无上性错失了对现实的感性的人的认识,但正是人的社会性和实践性确证着人类的主体性,确证着世界的感性的、对象性活动的物质性存在。

三、由"思辨辩证法"到"实践辩证法"

通常人们认为,历史唯物主义的辩证法是对黑格尔辩证法颠倒物质与精神的复位,即把精神的辩证法颠倒为物质的辩证法。那么,马克思的本体论革命究竟在何种意义上创造性地改造了黑格尔的思辨辩证法?

马克思认为,黑格尔的辩证法"只是为历史的运动找到抽象的、逻辑的、思辨的表达,这种历史还不是作为一既定的主体的人的现实的历史"①。黑格尔的思辨辩证法把人设定为"无人身的理性",自我意识的对象化在意识内部兜圈子而形成了绝对知识,这种辩证法其实仅只是抽象的、非批判的绝对知识的形成过程。同时,马克思也发现了黑格尔的思辨辩证法包含着惊人的、批判的形式:"黑格尔把人的自我产生看做一个过程,把对象化看做非对象化,看做外化和这种外化的扬弃;可见,他抓住了劳动的本质,把对象性的人、现实的因而是真正的人理解为人自己的劳动的结果。"②马克思将思辨辩证法转换为"现实的个人"的实践辩证法——人不是固有的抽象物,而是通过感性活动自我生成的人;将以抽象的思辨方式表达的历史转换为现实的人的实践过程。简言之,马克思联合费尔巴哈反对黑格尔概念立场的本体论,将黑格尔抽象的辩证法转换成现实的个人的感性活动的辩证法,并且创造性地将其整合进历史唯物主义的实践本体论中,实现了历史唯物主义实践本体论立场的确立。这一确立意味着历史唯物主义中的"物"不再是费尔巴哈感性直观本体,也不是黑格尔的概念本体,而成为关联着现实的感性活动亦即现实的个人的历史生成性。

如此,马克思的本体论革命实现了对黑格尔思辨辩证法的批判与超越。黑格尔的思辨哲学是以绝对精神为逻辑而展开的,把绝对精神与历史思想相结合,构成了庞大的唯心主义思辨哲学体系。黑格尔把活生生的现实的历史归结为高度思辨的逻辑,在他看来,人类社会的历史的实践也只不过是绝对精神自我认识的一个环节。因此,黑格尔认为,现实中发生的一切都是无足轻重的,人的自由的实现是绝对精神在自我展开过程中自然而然的事情。所以马克思说:"黑格尔的'绝对观念'之先于世界的存在,在世界之前就有的'逻辑范畴的预先存在',不外是对世界之外的造物主的信仰的虚幻残余;我们自己所属的物质的、可以感知的世界,是唯一现实的。"③与黑格尔不同的是,马克思在通过人的生产活动来理解实践、理解人的现实本质时,并非如同黑格尔般通过绝对精神设定人的本质,而是在人创造自然物的实践中,将人作为"类存在物"的本质视为自身活动的结果。也就是说,马克思是将人的生产活动视为人的类生活,把人的实践特性视为人区别于其他动物的类特性,人不仅仅是对象性的存在物,更是能够实施实践活动的类存在物。

可以说,历史唯物主义内在本质地要求本体论革命,其核心思想是:感

---

① 《马克思恩格斯文集》(第1卷),人民出版社2009年版,第201页。
② 《马克思恩格斯文集》(第1卷),人民出版社2009年版,第205页。
③ 《马克思恩格斯文集》(第4卷),人民出版社2009年版,第281页。

性活动规定出事物来,于是事物如此这般地向你呈现。当然,历史唯物主义是一种对世界的理论解释,但并不是对世界的观念性解读,也不是重新规范这个世界,而是对当下实践的本质构造和必然趋势的说明,并且内在地包含着改变世界的理论要求。只有具备了实践本体论前提,历史唯物主义要求改变世界的理论要求才有可能实现。因此,马克思不能不把黑格尔的辩证法整合进唯物主义的基础中,实现了现实的个人的感性活动的本体论立场的确立。唯物主义的"物"不再是感性的杂多,也不再是纯粹的抽象概念,而是物质性的感性活动——"现实的个人"的物质资料生产方式及其变动结构。

马克思认为,"现实的个人"是在特定的历史环境中生成、再造并不断发展着的,人的在世方式就是不间断地进行着感性活动,同时也在生成和改变着人本身。在这个意义上,马克思批判了费尔巴哈的感性直观本体脱离了人的感性活动来认识感性世界:"感性世界决不是某种开天辟地以来就直接存在的、始终如一的东西,而是工业和社会状况的产物。"①历史是每个时代的个人的现实生活过程,也是共同的感性活动的历史,因此,我们不得不把人类历史同工业和交换的历史联系起来研究和探讨。工业、商业以及其变动发展结构为历史的运动和人类的历史诞生提供了物质生活资料的世俗基础,这种物质生活资料的生产方式不断采取新的形式,就此形成一部现实的个人的历史。近代以来人的对象化实现形式是工业活动,尽管是以异化的形式表现出来的。马克思曾说:"工业及其发展史和生成现实的个人是一本打开了的关于人的本质力量的书,是感性地摆在我们面前的人的心理学。"②工业和商业促进了自然科学的发展,工业这种生产方式是先前劳动形式在自我否定中生成的新劳动形式,展现的是资本主义时期现实的个人的本质力量和存在方式。

依循马克思,脱离感性活动的社会个体——"现实的个人"——在社会中固然存在,但是对其概念认知必须通过现实的社会关系才能够展现出来。在马克思看来,任何个体都必须是存在于社会中的现实个体,而作为现实个体的人正是通过自身的对象性活动——生产劳动——创造和推动着社会历史的进程,并在生产活动中展现人的本质。"正是在改造对象世界的过程中,人才真正地证明自己是类存在物。这种生产是人的能动的类生活。通过这种生产,自然界才表现为他的作品和他的现实。因此,劳动

---

① 《马克思恩格斯文集》(第1卷),人民出版社2009年版,第528页。
② 《马克思恩格斯文集》(第1卷),人民出版社2009年版,第192页。

的对象是人的类生活的对象化。"①人正是在感性世界中通过自身的感性活动既生产出满足个人需要的产品,又从感性世界和感性实践中汲取出普遍知识形成概念世界。借助于费尔巴哈,马克思使黑格尔"头脚倒置"的思辨哲学重新用脚站立,现实个人所立足的市民社会褪去了受黑格尔思辨哲学蒙蔽的外衣,理性思辨失去了主导现实世界的地位。马克思通过历史唯物主义对社会现实进行了重新开启,思辨的唯心主义同盟在面临现实向度时就此瓦解。

马克思在《德意志意识形态》中进一步还原了"现实的个人"的感性活动即实践的历史性原初关系的四个方面,这些原初关系准确地揭示出了历史唯物主义中的实践本体论意涵,翻转了黑格尔的精神本体思想。

马克思认为,历史的第一个前提是"人们为了能够'创造历史',必须能够生活。但是为了生活,首先就需要吃喝住穿以及其他一些东西。因此第一个历史活动就是生产满足这些需要的资料,即生产物质生活本身"②。现实的个人一开始就不得不与物质生活相关联,人每时每刻都在进行着物质生活资料的生产。"人是个体,但只有与社会生活相结合的人才是历史的现实的具体的人,人之所以能够确立为历史主体,正源自他自身所构成的社会性生产活动。"③换言之,现实的个人不是现成的,而是在生产物质生活资料的同时生产着人本身。不难发现,在马克思那里,这种物质生活资料的生产及其变动结构是历史唯物主义的中轴。在《莱茵报》时期,马克思逐渐领会到了物质利益对人类的意志和行动的支配作用,而且这种物质力量是现实社会、国家的基础。在对《黑格尔法哲学批判》研究的过程中,马克思发现,法的关系和国家的形式都植根于黑格尔所描述的18世纪"市民社会"的物质生活关系之中,物质利益的力量是要揭示黑格尔法哲学中前逻辑、前反思的东西,即用实践本体替代思辨理性主体。在写作《德法年鉴》时期,马克思进一步认为这种物质生产的实践力量的阐明应该到市民社会的科学即政治经济学中去寻找本体论根据。

"第二个事实是,已经得到满足的第一个需要本身、满足需要的活动和已经获得的为满足需要而用的工具又引起新的需要。"④换言之,新的感性需要的再生产是人的感性自由、感性需求、个性解放的必然要求,是人自身

---

① 《马克思恩格斯文集》(第1卷),人民出版社2009年版,第163页。
② 《马克思恩格斯文集》(第1卷),人民出版社2009年版,第531页。
③ 张一兵:《回到马克思》,江苏人民出版社2014年版,第469页。
④ 《马克思恩格斯文集》(第1卷),人民出版社2009年版,第531页。

的历史性解放。人的感觉的解放是同现实的自然界的"物"发生关系的,"感觉为了物而同物发生关系,但物本身是对自身和对人的一种对象性的、人的关系"①。新的感性需要与"物"的关联性确证了人的主体性是以感性自由、感性丰富性为基础的,它不是西方传统的形而上学本体论所解释的思维的自发性、思辨理性的自我。

历史活动的第三个方面是家庭繁殖形成了最初的生产关系:"每日都在重新生产自己生命的人们开始生产另外一些人。"②这也就形成了以家庭为核心的、最初的自然关系,这种关系是感性的,不需要纯粹思维作为前提。随着人口的增多和新感性需要的产生,家庭关系便成为物质生活资料生产的从属关系;也就是说,家庭表现为获取物质生活资料生产方式最初的生产关系。此时,家庭"就立即表现为双重关系:一方面是自然关系,另一方面是社会关系"③。

历史活动的第四个方面表现为获取物质生活资料所形成的普遍的社会性生产关系,即社会关系。随着人口、新的感性需要以及家庭共同活动方式的进一步发展,这种共同活动的方式必然同许多个人联系起来,形成普遍性的社会关系。也就是说,人的感性活动处在一定的获取物质生活资料普遍性的、社会性的生产方式变动中。生产关系本质上就是许多个人共同活动的方式、彼此之间进行感性交往的形式,并非脱离了人的感性活动的天然客观关系,其基础是由物质生活资料的生产所生成的普遍交往的必然形式。

社会生活、政治生活、精神生活实际上是人们不断创造性地满足感性需要而进行社会生产生活的多个侧面。在《政治经济学批判》序言中,马克思从物质生产关系的角度阐明了历史唯物主义"物"的本体论内涵:"人们在自己生活的社会生产中发生一定的、必然的、不以他们的意志为转移的关系,即同他们的物质生产力的一定发展阶段相适合的生产关系。"④显然,马克思并非视人的本质为寂寞无声的类的抽象共性,也不是仅仅要提出一种与动物的自然性存在状态不同的人的社会性存在状态。"在其现实性上"意味着马克思要深入现实的物质生产活动中来解析人的社会性的感性基础,即从实践本体出发的现实的个人不是近代思辨哲学中纯思的自我,而是在对象性活动中逐渐生成和自我构造形成的。

---

① 《马克思恩格斯文集》(第1卷),人民出版社2009年版,第190页。
② 《马克思恩格斯文集》(第1卷),人民出版社2009年版,第532页。
③ 《马克思恩格斯文集》(第1卷),人民出版社2009年版,第532页。
④ 《马克思恩格斯文集》(第2卷),人民出版社2009年版,第591页。

第三章　本体论革命的理论枢纽
——"对象性活动"原则

马克思在《1844年经济学哲学手稿》中提出了"对象性活动"原则，这个原则在马克思的本体论革命中具有关键性作用，它表明了马克思新的世界观的开启，是奠定马克思历史唯物主义的基石。作为马克思早期思想的结晶，"对象性活动"原则的形成建基于费尔巴哈与黑格尔的哲学思想之上，是对于前人的一次批判性超越。一方面，马克思立足于费尔巴哈的"感性对象性"，揭示了黑格尔"自我活动"的"非对象性"，清算了关于"自我意识"的各种内在性幻想。另一方面，不同于费尔巴哈"单纯的直观"，马克思保留了对于活动原则的认同，援引黑格尔的"纯粹活动"，将费尔巴哈的"感性对象性"转变为"对象性活动"。因此，"对象性活动"原则得以孕育而生。这一原则实现了费尔巴哈感性对象性的活动性反思，也是对于黑格尔纯粹活动的对象性表达。马克思并未局限于在理论层面抽象地阐述"对象性活动"原则的意义，而是将"对象性活动"原则诉诸人之物质生产劳动。在不同的历史阶段，"对象性活动"都带有所属阶段的特有秉性，表现为不同性质的劳动。唯有在共产主义社会中，人的自由自觉的劳动才最终实现，此种劳动是占有了对象本质的人的活动，是脱离了私有财产桎梏的人的劳动。

正是因为立足于"对象性活动"原则，马克思实现了对于以往哲学的本体论革命，将现实主体与对象世界纳入人的历史活动之中。通过"对象性活动"原则，人们能够更深入地理解现实世界，更合理地构建与当下世界的关系。当"对象性活动"这一本体论定向得到充分发展之时，马克思本体论革命的逻辑结构也趋于完整，以马克思的名字为命名的新哲学也由此开启。

第一节　"对象性活动"原则形成的理论前提

马克思"对象性活动"原则的建构立足于前人基础之上，扬弃了费尔巴哈的感性直观本体论与黑格尔自我意识本体论。马克思一方面继承了费尔巴哈的"感性对象性",借此辨明了黑格尔"自我活动"的思辨假象;另一方面,对于黑格尔辩证法中活动原则的拯救,使费尔巴哈的"感性对象性"得以推进到"对象性活动"。从"对象性活动"原则的诞生不难看出,马克思新观念的每一次问世,都体现着与前人思想的碰撞。在无数次思索的折返中蕴含着马克思内心的冲突与焦灼,只待思想的火花迸发,便会成为燃烧殆尽一切"旧世界"的大火,马克思所铸造的"新世界"便应运而生。

一、马克思对费尔巴哈"感性对象性"的继承

马克思哲学思考的起点是黑格尔的"自我意识"。作为一位秉持怀疑精神的批判家,当马克思将"自我意识"作为其思想的主导原则时,他仍然对"自我意识"存有保留性意见,而后《莱茵报》时期的"物质利益"难题点燃了马克思的思想困惑,黑格尔所构建的理论体系在马克思心中逐渐动摇乃至坍塌。其后的思想空缺如何填补?费尔巴哈哲学为马克思提供了问题的答案。在费尔巴哈的影响下,马克思的思想大厦得以再次重建,哲学的视野转而向现实世界开展。总体而言,马克思早期的思想探索经历了一次重要的思想转变,在其中,费尔巴哈起到了举足轻重的作用;而马克思对于"感性对象性"的继承,更为后来正式提出"对象性活动"原则奠定了基础。不可否认,最终的思想成果来之不易,但是我们同样不能忘却思想萌芽的难能可贵。正是埋下了起始的"因",才收获了最终的"果"。对于马克思而言,经历了激烈的思想斗争与数次的迷茫困顿,马克思从一开始的康德—费希特主义转向了黑格尔哲学。可以说,马克思最初的思想历程便是向黑格尔哲学的不断接近。

马克思初期的哲学思想正式展现于博士论文《德谟克利特的自然哲学和伊壁鸠鲁的自然哲学的差别》之中。马克思在撰写博士论文时,当时思想的主导原则为"自我意识",主要受到以鲍威尔为核心的青年黑格尔派的影响。鲍威尔的"自我意识"思想对于当时的马克思而言,具有举足轻重的作用,正如马克思在博士论文的序言中写道,人的自我意识具有最高的神性,哲学借这种自我意识"反对一切天上和地上的神"[①]。从序言开始,马克思表述了自身的立场,即对"自我意识"的认同;如若止步于此,将马克思视为鲍威尔绝对的"从众者"之一不无道理。但是事实确实如此吗?其实,博士论文中隐藏着马克思早期思想的矛盾:对"自我意识"的双重态度。这主要集中于文章的第二部分。在这部分内容中,对于伊壁鸠鲁哲学的赞许

---

① 《马克思恩格斯全集》(第40卷),人民出版社1982年版,第190页。

表明了马克思所一以贯之的自我意识立场;但在所占篇幅较少的对于伊壁鸠鲁哲学的否定中,反映的是马克思对于"自我意识"缺失思有同一性的反思。

从值得肯定的方面来说,马克思认为伊壁鸠鲁的原子论想要表达的是主体的自我意识自身,它不受制于必然性的限制,而是根据自由意志进行活动。原子不再限制于直线下落这一种运动,不会仅仅被当作直线运动中的"纯粹物质性的存在";偏斜运动"打破命运的束缚",它正是原子胸中能进行斗争和对抗的某种东西。原子拥有独立的自我意志,如同天体一般具有绝对的独立性,"所以它们也像天体一样,不是按直线而是按斜线运动"①。马克思对于原子偏斜运动的肯定,表明了他认为"自我意识"完整呈现出能动者的主体原则,即关于主体独立、自律、自由本性的展现。但是,当马克思在原子偏斜运动中深化这一原则时,伊壁鸠鲁自然哲学的缺陷也被察觉到,这便来到了马克思对于伊壁鸠鲁哲学否定的一面。"抽象的个别性是脱离定在的自由,而不是在定在中的自由。"②马克思认为,伊壁鸠鲁哲学强调的是脱离一切具有局限定在的意识自由,伊壁鸠鲁要在实体的世界中寻求一种抽象的自身,即一种纯粹的自为存在。因此,伊壁鸠鲁哲学的终极追求便是退回到自我封闭的主观世界,从而导致了思维与存在的对立,而这正是马克思所反对的。至此,虽然马克思所持的是自我意识的立场,但是他并不赞同回返至完全的抽象,而是更多地追求意识与现实的统一。毋宁说,马克思在某种意义上更加接近于黑格尔的思有同一性原则,虽然这在当时尚且是一种缺乏概念形式的统一性。

尽管马克思在博士论文《德谟克利特的自然哲学和伊壁鸠鲁的自然哲学的差别》中的立场便是"自我意识",但是他却反对仅仅停留于抽象个别性层面的"自我意识",马克思所期盼的是"应有"与"现有"的统一。马克思在《莱茵报》时期的任职,使得其与现实问题的交涉机会大大增加;一系列现实问题的"发难",使得马克思更加清醒地认识到他所依靠的纯粹理性立场无法解释理想与现实之间的分歧,而后"物质利益"难题最终促使马克思完成了哲学立场的转变。至此,马克思逐步脱离了黑格尔哲学所秉承的"自我意识",开始进入费尔巴哈哲学的领域。

如果说马克思的主体性概念曾经以"自我意识"而得到表述,在接受费尔巴哈"新哲学"的洗礼后,马克思所要完成的思想转变便是确立"现实的

---

① 《马克思恩格斯全集》(第40卷),人民出版社1982年版,第212页。
② 《马克思恩格斯全集》(第40卷),人民出版社1982年版,第228页。

人"的原则立场。不可否认,费尔巴哈真正实现了人本学思想的开创与发扬。那么,为何费尔巴哈要强调人的重要性?这一思想又是怎样解决马克思之前所遗留的困惑的?

基督教神学对于西方文化的统治由来已久,大量民众敬畏与追捧上帝与神,奉其为造物主的角色,而自身却沦为造物主的产物,成为神明的附庸。人与神地位的巨大落差必然造成人对神的反抗,形成现实的人与宗教神学的二元对立。"人怎样思维、怎样主张,他的上帝也就怎样思维与主张;人有多大的价值,他的上帝就也有这么大的价值,决不会再多一些。"①费尔巴哈对于人与神之间的关系有着清晰的认知,在他看来,宗教的真正主体应该隶属于活生生的人,而不是抽象的神或者上帝,究其根本,人才是他们存在的根基。因此,神只不过是人们所设想出的另一个自我,神的设立离不开人,神的主体内核本就是人的精神性产物,"神的本质的一切规定因而都是人的本质的规定"②。费尔巴哈从"人"出发对于"神"进行批判,褫夺了上帝所占据的绝对地位,旨在点明人才是宗教的中心。当费尔巴哈将一切属神的内容归结为属人的内容,宗教得以产生的缘由也可逐一击破。宗教的本质是"人之直接对象,直接本质"③,人将上帝视为自身的对象,上帝便是人之本质对象化的表达;神与其依托的宗教不是虚幻的对象,而是人之对象。换言之,宗教领域中的一切事物,在其现实性中便是人之本质或者人的对象性的事物,神学的秘密归根到底属于人本学。神不再是虚幻的对象,而是在人自身可找到根据。

费尔巴哈对于宗教神学的批判未尝不是对于思辨哲学固有矛盾的深刻揭露,思辨哲学中处于绝对地位的"自我意识"如同宗教神学中的"上帝",二者都占据着绝对的制高点,处于统摄的地位。可以说,思辨哲学和神学彼此一致并且为互相补充的统一体。如此,思辨哲学克服思维与存在对立的方式便是消除、压制现实的一面,从而达到意识的至高无上性以消除二者的对立。因此,思维与存在达到的是一个虚假的统一,二者之间的对立并未消除,而是内化为意识内在性之间的矛盾。"思维与存在的统一,只有在将人理解为这个统一的基础和主体的时候,才有意义,才是真理。"④"现实的人"的创立,无疑是思维与存在得以融合的最好方式。费尔

---

① 费尔巴哈:《费尔巴哈哲学著作选集》下卷(荣震华等译),商务印书馆1984年版,第38页。
② 费尔巴哈:《费尔巴哈哲学著作选集》下卷(荣震华等译),商务印书馆1984年版,第39页。
③ 费尔巴哈:《费尔巴哈哲学著作选集》下卷(荣震华等译),商务印书馆1984年版,第21页。
④ 费尔巴哈:《费尔巴哈哲学著作选集》上卷(荣震华等译),商务印书馆1984年版,第181页。

巴哈所实现的便是不再将"思维"当作一个自为的主体,而是将其放置于"现实的人"之中;思维有了现实实体的属性,才可与现实的存在相关联。因此,通过人所建立起来的思有同一,是未曾消除与压制另一方而达到的没有矛盾的统一,思维与存在的矛盾在"现实的人"之中得到了最终的化解。

费尔巴哈对于宗教神学的内在否定将宗教神学归还于人的本质;而他对于"现实的人"的确定,重新建立了思维与存在的联结。这不仅代表着费尔巴哈哲学的制高点,而且对马克思的思想发展具有重要影响。正如之前所谈到的,马克思的博士论文保留着缺失概念形式的思有同一,而后马克思在《莱茵报》任职期间遇到了"物质利益"难题,这些疑虑的出现都充分说明了"自我意识"的局限性和虚幻性。当马克思的世界观出现危机时,费尔巴哈便已经矗立在他的面前,费尔巴哈的"现实的人"思想使马克思明白了自我意识哲学所存在的不足,也进一步使之找寻到得以在哲学上前进的动力。"人"作为"自我意识"的反面,为现实的存在。关于人之存在的状态,费尔巴哈做何种理解?在费尔巴哈的哲学语境中,人存在的现实性为感性对象性;只有从"感性"与"对象性"出发,才能更为真切地表述人之现实性。

为了更好地理解"感性对象性"这一原则以及蕴含在此原则中的内在关联,我们需要分别对费尔巴哈的"感性"与"对象性"做进一步的阐述。费尔巴哈想要探究脱离思想客体的感性客体,思想客体指代近代哲学的本质"理性",与之相对,费尔巴哈的研究对象便为"感性"。何为"感性"?"思辨哲学从绝对那里剥取、排入有限事物和经验事物领域内的一切规定、形式、范畴或者用其他名称所表称的东西,恰好包含着有限事物的真正本质。"[1]在费尔巴哈看来,有限事物的真正本质不是别的,正是"感性"。感性作为与思辨哲学相对立的存在,拥有被思辨哲学褫夺的对事物的感觉与内在生命,以及被否定的事物所存在的时间与空间;进一步而言,感性就是实在性,"是一个用我们的鲜血来盖图章担保的真理"[2]。相较于理性间接的存在形式,即依托于人们的理智与思维的方式存在,感性是通过直接的形式而存在的。感性是现实本身之最初的、本源的直接性,它立足于自身之上,并以自身为基础,不依托于思维这个中介环节。由此,感性作为一种当下的、本源的和直接的实体性存在,意味着我们绝不能从认识论中去理解感性,只能从存在论中去理解感性。费尔巴哈对于"感性"的建构,批判了近

---

[1] 费尔巴哈:《费尔巴哈哲学著作选集》上卷(荣震华等译),商务印书馆1984年版,第109页。
[2] 费尔巴哈:《费尔巴哈哲学著作选集》上卷(荣震华等译),商务印书馆1984年版,第68页。

代哲学始终如一贬抑感性的实质,指明了近代哲学对事实的颠倒,即把超脱于一切现实事物的理性当作实在者与本质;费尔巴哈还原了被理性所过早侵占的感性的现实世界,将理性所建造的"超感性世界"拉下神坛。

感性的存在物只有通过外界的对象才可证明自身的存在,因此,感性不仅仅是"现实性",还需理解为"对象性"。如果说"感性"所针对的是"理性"的抽象性特征,作为同"感性"不可分割的整体,"对象性"重点批判"理性"的绝对性特征。费尔巴哈将感性与理性相对立,便是将感性与超感性进行对立,这同时意味着对象性与绝对主体的对立。"绝对"意味着"无对";理性作为至高无上的绝对者,意味着在它之外没有对象,正因为如此,作为绝对者的理性便是非对象性的。但在费尔巴哈看来,"如果没有对象,主体就是无"①。因此,按照费尔巴哈的观点,近代哲学所推崇的理性就是"无"。如果主体想要证明自己的"有",即证明自己的存在,便需要与外界对象发生联系,与之建立关系,将其内化为主体的对象。"主体必然与其发生本质关系的那个对象,不外是这个主体固有而又客观的本质。"②当主体与对象内在地联系起来,也就意味着主体的对象便是主体的本质,或者说,主体的对象便是主体自身了。费尔巴哈的"对象性"旨在将主体与对象之间的隔阂消散;主体本就与对象发生联系,二者是融为一体的,并没有什么纯粹的主体自身。

通过上述对于"感性"与"对象性"的阐述,我们切不可将之看作两种不同的表述事物存在的原理,实际上费尔巴哈的"感性"与"对象性"是直接同一的,共存于现实事物之中。至于理解现实之人的立足点,现实的人首先是感性的存在,同时也拥有自己外在的感性对象,受对象所制约与规定。主体只有借助于感性的对象,才能确证自身的存在,即一种现实的存在只有在外界的对象中才能呈现出"是其所是"的真实样貌。费尔巴哈的"感性对象性"原则影响马克思的深度与广度,在马克思的相关著作中都有所体现,例如《巴黎手稿》中出现的"对象性活动"就是应用这一原理的成果。

二、马克思对费尔巴哈立场的引申与反思

马克思选择站在费尔巴哈的"哲学阵营",并得以在费尔巴哈人本学思想的影响下继续前进。在现实层面上,"现实的人"的思想打破了马克思在社会政治批判中陷入的现实困境;而在哲学层面上,"现实的人"填补了马

---

① 费尔巴哈:《费尔巴哈哲学著作选集》下卷(荣震华等译),商务印书馆1984年版,第29页。
② 费尔巴哈:《费尔巴哈哲学著作选集》下卷(荣震华等译),商务印书馆1984年版,第29页。

克思保留在思有同一原则中的概念缺口。马克思虽然与费尔巴哈处于相同的哲学立场,但是对于"现实的人"的理解,与费尔巴哈在一些方面存在差别。马克思对于政治视野的关注,使得他对于现实的人的理解带有更多的能动性。正是这些差异为马克思日后超越费尔巴哈哲学埋下了伏笔。

费尔巴哈的人本唯物主义对马克思产生了深远的影响,促使马克思的哲学从"自我意识"向"现实的人"转变。马克思在《德法年鉴》时期的作品无一不从"现实的人"出发,例如《德法年鉴》《论犹太人问题》《黑格尔法哲学批判导言》都是围绕"现实的人"进行的社会政治批判。由此可见,马克思在《德法年鉴》时期的思想出发点与费尔巴哈大体相同。既然费尔巴哈是继黑格尔对马克思影响最为深远的哲学家,那么,马克思主要在哪些方面受到了费尔巴哈怎样的影响呢?关于这个问题,我们可以从三方面展开解读。

首先,费尔巴哈明确了"现实的人"是处在感性对象性关系中的人。"现实的人"与现实的自然界"互为对象性"地存在着。不同于形而上学中的各种抽象对立,只有对于现实的、感性的人而言,现实的、感性的世界才会相应地积极呈现出来。人作为感性对象性的存在物,会主动勾连起与外界对象之间的关系,将其视作自身的本质性存在。"人之对象,不外就是他的对象性的本质。"①这表明人与外界世界缺一不可。人并不能抽象孤立地存在,否则人便不能称为人,而是回归到自我意识的抽象主体,同样与之关联的世界也变成了唯灵论的"无"。同时我们也要注意,人与外界世界的密切关联并不等同于人可以被直接还原为物质世界;"还原"的出现会斩断主体与对象世界的感性联结,导致抽象性的统治再次出现。

其次,费尔巴哈消除了关于自我意识的思辨幻想。"现实的人"的提出,有力地证明了黑格尔的"绝对精神"并不是绝对的同一者,"只是抽象的、与自己分离了的所谓有限精神"②。"自我意识"作为"绝对精神"的表现形式,其本质同样隶属于形而上学。因此,"自我意识"只不过是一种无实在的抽象,是与人分离之物,只能在意识内在性中去发挥作用,并最终会造成思维与现实相对立的局面。与此相反,"现实的人"的哲学立场并没有把自我意识抽离于自身之外,将其独立化、人格化;就"现实的人"的哲学立场而言,自我意识仅只作为内化于人的一种属性而存在。由此,马克思正视到"自我意识"的矛盾,采纳了费尔巴哈哲学人本主义的哲学思想,对于

---

① 费尔巴哈:《费尔巴哈哲学著作选集》下卷(荣震华等译),商务印书馆 1984 年版,第 38 页。
② 费尔巴哈:《费尔巴哈哲学著作选集》上卷(荣震华等译),商务印书馆 1984 年版,第 104 页。

之前所师承的黑格尔哲学进行了激烈的批判。马克思在《黑格尔法哲学批判》中便明确将黑格尔哲学视作"逻辑的泛神论的神秘主义",在之后的哲学著作《神圣家族》中,更是在"现实的人"的立场上彻底清算了关于自我意识的各种幻想。

最后,费尔巴哈剥除了"绝对"或"上帝"神秘的超感性伪装。在抽象思维所构建的封闭视域中,意识的绝对性地位被无限夸大,如此,意识便以压倒性的趋势将属于实体的一方全然涵盖,之前所固有的二元对立矛盾在意识领域也被完全遮蔽。但是,这一切祥和的假象都只是在意识内在性中的虚假构造,费尔巴哈将"现实的人"理解为绝对者的秘密,现实的人是"一切对立和矛盾、一切主动的和被动的东西、精神的和感性的东西、政治的和社会的东西的实际上的(并非想象中的)绝对同一"①。费尔巴哈"现实的人"打破了思辨理性的封闭区域,思辨哲学形而上学的伪装被揭穿,隐藏在意识内在性中的矛盾暴露无遗,思维与存在、主体与客体、精神与自然等矛盾一一显现于人们的面前。

至此,马克思在费尔巴哈人本主义思想的影响下,逐步瓦解并粉碎了"自我意识"的思辨立场。"现实的人"不仅消除了"自我意识"的抽象性与虚幻性,还揭示出其内在本质即拘泥于意识内在性中的神学本质,在一种新的立场之上解决了意识与存在的矛盾,清除了"绝对"或者"上帝"这一种虚假的形而上学伪装,马克思更是在其之后的思想发展中完成了费尔巴哈所未达到的目标——粉碎一切形而上学的幻想。

费尔巴哈人本主义的哲学思想为马克思打开了新世界的大门,马克思的哲学立场转变为"现实的人",对于人的一切现实性论证通过"感性对象性"得到确证。此时的马克思紧跟费尔巴哈的思想脉络,二者的哲学立场是彼此一致的。值得注意的是,在完成《神圣家族》的数月后,马克思便写下了《关于费尔巴哈的提纲》。广为人知的是,《神圣家族》是马克思对于费尔巴哈以极高评价的著作,但在几个月后,马克思却在《关于费尔巴哈的提纲》中对其展开了批判,这一突如其来的转变在何时出现了端倪?费尔巴哈的思想又有哪些我们未曾意识到的不足?通过分析马克思在《德法年鉴》时期的作品,我们可以发现,马克思与费尔巴哈出现分歧的端倪在于对"感性对象性"的反思形式,即如何去理解主体采用何种方式建立与对象之

---

① 费尔巴哈:《费尔巴哈哲学著作选集》上卷(荣震华等译),商务印书馆1984年版,第116页。

间的关系①。换言之,马克思与费尔巴哈都认同人存在的现实性为感性对象性,但是二者在人通过何种方式去建立与对象之间的关系这一问题上却产生了分歧。

"只有对于客观实际的本质和事物的直观,才能使人不受一切成见的束缚。"②费尔巴哈认为,人与对象确定关系的方式通过直观。何为直观?"直观"是主体通达对象的唯一途径,主体借助于直观的方式感知外界对象的存在。例如,人对自然的直观使得主体(即人)与客体(即自然)建立起对象性的关系,证实自然为人的对象性存在,同时这一双向的过程也表明人是自然的存在物。此外,在费尔巴哈看来,"直观"的确定同样是对宗教意识与思辨思维最好的反驳。"世界是通过生活、通过直观、通过感觉为我们拥有的。"③宗教意识的存在压抑了人们的直观而构建起上帝的至高性,切断了人们与世界的直接联系,思辨哲学正是通过取消对象性的直观而使得自我意识达到一种绝对者的存在。因此,直观使得思维回归于人本身,而不是独立于人的实体;直观确保人与世界建立起最直接、最真实的联系。对于宗教意识与抽象思辨的反对是为了对当下现实进行更好的确认,因而直观这种途径起到了为"现实感性"辩护的作用。可以说,感性是确证存在物的现实性与可感知性,而直观为现实世界中存在物的感性存在进行了"双重保障"。

通过以上分析,可以确定的是,费尔巴哈对于"直观"持有绝对的认同,但是对于"直观"的强调意味着对于中介环节的否定。费尔巴哈强调反对一切非对象性的思辨活动,如"纯粹活动""自我活动"等,清晰地表达出了对于活动原则的排斥。在费尔巴哈看来,人只能根据外界事物的变化而做出相应的反应,通过对象性的直观看到既定的客观世界,却不能根据自身的意识改造客观世界。因此,费尔巴哈所推崇的直观原则,与其称之为"感性的直观",不如将其理解为"单纯的直观"。对此,马克思也曾这样评价:"费尔巴哈对感性世界的'理解'一方面仅仅局限于对这一世界的单纯的直观,另一方面仅仅局限于单纯的感觉。费尔巴哈设定的是'人',而不是'现实的历史的人'。"④那么,人与外界对象的关系应该如何理解?究竟应借助于何种方式呢?

---

① 吴晓明:《哲学之思与社会现实:马克思主义哲学的当代意义》,武汉大学出版社 2010 年版,第 299—300 页。
② 费尔巴哈:《费尔巴哈哲学著作选集》上卷(荣震华等译),商务印书馆 1984 年版,第 108 页。
③ 费尔巴哈:《费尔巴哈哲学著作选集》上卷(荣震华等译),商务印书馆 1984 年版,第 457 页。
④ 《马克思恩格斯文集》(第 1 卷),人民出版社 2009 年版,第 527—528 页。

相较于费尔巴哈的"直观",马克思还看到了人的活动性的一面,看到了政治生活对于人的不可或缺性。"费尔巴哈的警句只有一点不能使我满意,这就是:他过多地强调自然而过少地强调政治。然而这一联盟是现代哲学能够借以成为真理的唯一联盟。"①当马克思与费尔巴哈立足于同样的哲学立场,马克思便对于费尔巴哈的哲学思想产生过一些"不满":费尔巴哈未曾关注人的活动性这一面,未能看到人的活动性的最好体现——政治生活。这个差别虽然在当时并不具有原则性的高度,可能仅仅意味着马克思的一句"牢骚",却是马克思与费尔巴哈对"现实的人"理解产生差异的初期体现,也更好地说明了马克思从青年时代开始便已着手探究人的活动性。因此,与自然科学的直观不同,活动原则则是更加与政治生活相适应的理论原则,也是人与外界事物构建对象性关联的最好方式。对于"现实的人"的存在方式,马克思更多是从人的现实活动性的展开解读。对于"直观"的简单与直接,"活动"这一原则能准确体现出人的能动性与受动性的统一;人不单单是一个自然生物,还具有社会属性。马克思关于"活动"这一原则的启发是来自对于黑格尔哲学的批判性分析。这也是我们将要探讨的重点。

至此,对于马克思与费尔巴哈关于"感性对象性"的反思形式的最初差异,我们有了大致的了解,但为何这一差别在最初却没有引起"热烈反响"?"现实的人"这一重要哲学立场刚刚为陷入思考困境的马克思打开了新世界的大门,反思形式中的差别当时是无暇顾及的小事,但是正是这一隐而不显的差异,却奠定了马克思日后超越费尔巴哈的本体论前提。

三、马克思对黑格尔活动原则的批判性发展

黑格尔哲学作为近代哲学的集大成者,它的构建表明近代哲学的"思想堡垒"得以最终竣工。黑格尔哲学的地位看似无法撼动,但是费尔巴哈的矛头却偏偏指向了它,这表明费尔巴哈的哲学不仅是对于黑格尔哲学的批判,也是对于整个形而上学的批判。然而,费尔巴哈对黑格尔采取的是全面批判的态度,批判的绝对化带来的问题是对于批判对象持完全否定的态度。费尔巴哈忽视了黑格尔哲学中的"真理",即内化于黑格尔辩证法中的活动原则。总体而言,费尔巴哈对于黑格尔哲学的全面批判对马克思的影响是巨大的。正是在费尔巴哈哲学的基础上,马克思对于黑格尔哲学思想的理解得以继续深入,对于活动原则的重视以及后期"对象性活动"的提出为本体论革命埋下了伏笔。

---

① 《马克思恩格斯全集》(第27卷),人民出版社1972年版,第470页。

(一)马克思对活动原则的选择性应用

不可否认的是,马克思对于黑格尔哲学批判的基础是由费尔巴哈所奠定的,他在之后的思想发展也受此影响,并基于费尔巴哈的立场对黑格尔哲学实施新一轮的批判。然而,这绝不意味着马克思永远处于费尔巴哈的思想羽翼之下,对于活动原则的不同态度就体现了马克思与费尔巴哈之间的分歧。在马克思后期的思想转变中,活动原则也成为不可或缺的重要内容。那么,马克思从何时开始了关于活动原则的认知?对这一踪迹的探寻,还需要回到《黑格尔法哲学批判》中。

马克思在担任《莱茵报》主编期间,接触到了大量的社会政治难题,但当时马克思所青睐的黑格尔思想却鲜少涉及物质利益领域,这使得马克思十分为难。为了更好地解决这些问题,马克思转向了费尔巴哈立场,转向后的第一部著作便是《黑格尔法哲学批判》。同时,在批判的过程中所要触及的政治领域,使得马克思所立足的"现实的人"的理念具有了新的特征,不再仅仅局限于费尔巴哈强调的自然界领域,批判的范畴变成了"以宗教为精神慰藉的那个世界的斗争"。对此,马克思发现,如果要解决政治领域的问题,单凭费尔巴哈的直观是无法实现的,不得不要求一种在政治领域行之有效的原则——活动原则。

马克思在《黑格尔法哲学批判》中察觉到活动原则的证据可以从以下几点考察。首先是对于"市民社会"与"国家"二者内在关联的理解。在黑格尔看来,私法对于国家的内在依存性使得市民社会要受制于国家,将国家视作自身的"内在目的"来看待。"市民社会是处在家庭和国家之间的差别的阶段,虽然它的形成比国家晚。其实,作为差别的阶段,它必须以国家为前提,而为了巩固地存在,它也必须有一个国家作为独立的东西在它面前。"[①]由此可以看出,在黑格尔那里,国家对于市民社会便起着内在决定性作用,市民社会只不过是分有了国家领域中的有限性部分,是现代国家的"内在环节",究其根本,还是要回归到国家之中,归结于国家的本质性理念,即"自为的无限的现实的精神"。

"观念变成了主体,而家庭和市民社会对国家的现实的关系被理解为观念的内在想象活动。家庭与市民社会都是国家的前提,它们才是真正活动着的;而在思辨的思维中这一切都是颠倒的。"[②]对于黑格尔将实体归结于精神的看法,马克思持否定的态度:不是国家决定市民社会,而是市民社

---

① 黑格尔:《法哲学原理》(范扬、张企泰译),商务印书馆 2013 年版,第 197 页。
② 《马克思恩格斯全集》(第 3 卷),人民出版社 2002 年版,第 10 页。

会决定国家;真正现实的主体并不是观念的自我运动,而是真实存在着的家庭与市民社会。国家得以产生,必定要立足于家庭的自然基础与市民社会的人为基础。脱离现实主体活动的国家,其自身存在的意义也将被湮灭,只能回归于黑格尔所理解的"国家",即仅仅为一个观念的集大成者。至此,无论对于政治国家还是市民社会的解读,黑格尔都是以绝对精神为最终归宿来进行解释的,他真正感兴趣的"不是事物本身的逻辑,而是逻辑本身的事物。不是用逻辑来论证国家,而是用国家来论证逻辑"①。而马克思对于市民社会的解读,从根本而言,是一种超脱于思辨的自我观念的活动原则,体现的是关于现实主体的活动原则。

其次是对于国家主权的讨论。国家主权涉及的是国家权力的归属性问题。在黑格尔看来,国家主权便是王权,主权与王权的相通性使得权力的行使带有国王自身的人格化特征,国家主权便是通过国王的人格而体现的:"国家人格只有作为一个人,作为君主才是现实的。"②国家主权与王权的一致性,使得国家制度与法律的设定将内在地归属于王权,其内在本质将印上国王自身的人格化特征。如此看来,黑格尔只是抽象地研究国家主权,"黑格尔不把主观性和人格看作它们的主体的谓语,反而把这些谓语变成某种独立的东西,然后以神秘的方式把这些谓语变成这些谓语的主体"③。马克思对于黑格尔主权观点的揭露,表明马克思与黑格尔所持观点相左。对马克思来说,他所做的是将抽象的国家主权拉回现实,将黑格尔的主谓颠倒做出正确的回返。国家的权力、制度等活动并不是与现实之人分离的抽象物,恰恰相反,它们是人的社会活动的体现,黑格尔所忽略的正是现实的人的个体性特征,忽略了人自身所具有的社会特质。马克思对于人之社会特质的认知表明着对于活动原则的内在重视,国家与社会并不是当下直接现存之物,而是人之活动的结果,人的政治世界便是国家与社会。

最后是对于"社会内部分裂"的差异理解。在《黑格尔法哲学批判》中,马克思"现实的人"不只是感性直观设想下的"联合体的人",同时也是"现代国家的私人"。正是社会内部的分裂即市民社会与国家的分离,使得个人获得了解放,个人在自己的政治意义之中脱离了自身所属的等级,获得了人的意义。人不再被等级的抽象性规定限制在所属等级的种种压迫之

---

① 《马克思恩格斯全集》(第 3 卷),人民出版社 2002 年版,第 22 页。
② 黑格尔:《法哲学原理》(范扬、张企泰译),商务印书馆 2013 年版,第 296 页。
③ 《马克思恩格斯全集》(第 3 卷),人民出版社 2002 年版,第 32 页。

下,而是成为了"作为社会存在物的规定",表现为"他的人的规定"。国家与市民社会代表的是两个不同的阶级集团,"矛盾"的产生便不可避免。"在第一种组织中,国家对市民来说是形式的对立面,在第二种组织中,市民本身对国家来说是质料的对立面。"[①]黑格尔设想的"推论"或"逻辑概念的规定"的解决方案,仅仅是从表面上去掩盖矛盾,而社会内部所产生的矛盾是现实的矛盾,如果仅仅从理论的推论进行表面上的化解,其本质只是一种"无用功"。当然,在费尔巴哈的感性直观中,这也仅仅被当作一次无法预估的"例外",这种矛盾是费尔巴哈的直观所无法解决与设想的。因此,矛盾的解决不能依靠理论或直观加以克服;出现在现实社会内部生活中的矛盾只能由对抗等级之间的斗争来解决,而斗争便是一种否定的活动原则。在《黑格尔法哲学批判导言》中,马克思描述了无产阶级斗争的结果,关于矛盾的解决手段表明了马克思反对黑格尔非批判性的一面,即设立"居间者"作为调和矛盾的中介。

诚然,在《黑格尔法哲学批判》中,马克思的活动原则还不是具有哲学性质的概念,他对于活动原则还处于初始的认知阶段,但活动原则却隐而不显地内化于马克思的批判过程中,铸就了马克思与费尔巴哈的差别。同时我们也要注意,马克思所认知的活动原则已经超越了德国古典哲学所推崇的具有思辨意义的活动,是对于"纯粹活动"的一种粉碎,是带有现实意义的活动。

(二)阐明"思辨活动"的抽象性

前已述及,马克思对于活动原则的使用处于内在潜藏的状态,马克思仍然处于费尔巴哈的影响之下,对于费尔巴哈哲学保持着认同的态度。那么,这是否意味着马克思对于活动原则认知的萌芽将要被扼杀在摇篮内?处于相同的哲学立场并不意味着思想的裹足不前,马克思并不是一个忠实的追随者。虽然费尔巴哈发现了黑格尔哲学的本质——思辨神学,但是马克思面对这种已然确立的结果并未停止脚步,而是对其进行新的审阅与研究。由此,活动原则在马克思思想中发生变化,从内而不显到初露锋芒,马克思最终得以明确"思辨活动"存有的合理性,彻底拯救被费尔巴哈忽略的活动原则。

费尔巴哈力图证明"黑格尔哲学是神学最后的避难所和最后的理性支柱"[②],并以"绝对理性"与"理性的逻辑图示主义"为焦点对黑格尔哲学进

[①] 《马克思恩格斯全集》(第3卷),人民出版社2002年版,第97页。
[②] 费尔巴哈:《费尔巴哈哲学著作选集》上卷(荣震华等译),商务印书馆1984年版,第115页。

行了彻底的清算①,最终揭示了黑格尔哲学的本质——作为神学的哲学。可以说,费尔巴哈与黑格尔是针锋相对的两端,是互斥的两极,正如马克思所言:"他把基于自身并且积极地以自身为根据的肯定的东西同自称是绝对肯定的东西的那个否定的否定对立起来。"②费尔巴哈秉持的是感性的观点,是"基于自身以自身为根据的肯定"。黑格尔则是持否定感性的立场,他认同"绝对肯定的东西"即"绝对精神"的"否定之否定"运动,是立足于思辨思维的辩证法运动。费尔巴哈认为,黑格尔的学说仅仅做到了从宗教神学出发,经过对宗教神学外化出的感性现实的否定,又回返于宗教神学。总体而言,对于黑格尔哲学,费尔巴哈所持的立场是绝对批判,揭露其虚假的一面。在他看来,黑格尔哲学遮掩了其神学的本质,并不能真正做到对于神学的否定。

对感性对象性的反思形式中已然暗含着马克思与费尔巴哈的差异,其后马克思对于活动原则尚未察觉的应用,表明了马克思对于活动原则的内在重视。因此,种种证据皆已暗示,马克思对黑格尔哲学存有保留性的意见。"黑格尔根据否定的否定所包含的肯定方面把否定的否定看成是真正的和唯一的肯定的东西,而根据它所包含的否定方面把它看成一切存在的唯一的真正的活动和自我实现的活动,所以他只是为历史的运动找到抽象的、逻辑的、思辨的表达。"③在这里,马克思含蓄地表达了不满足于费尔巴哈关于黑格尔辩证法的解释。从表面上看,马克思肯定了费尔巴哈的批判结果——黑格尔哲学无非是一种思辨哲学,否定之否定就是对于神学的肯定。但是这仅仅只是这段话中对于"否定之否定"肯定的一面可得出的结论,如果我们仔细去研读关于"否定之否定"否定的一面,这段话则隐约表达出马克思对于黑格尔的一种认同。黑格尔在关于否定的一面表达了关于"自我意识"的自我活动,他认同关于活动的重要性,承认活动的历史性,虽然这只是从思辨方面而言的一种抽象运动。但是我们也要注意,在黑格尔之前,并没有任何哲学家曾为历史运动找到哲学的表达,黑格尔是第一人。因此,对于"否定之否定"肯定的一面是费尔巴哈与马克思所共同批判的,但是关于其否定的一面,马克思则对费尔巴哈实现了超越——马克思看到了活动原则的重要意义。现实的主体首先是感性的,这是毋庸置疑

---

① 吴晓明:《形而上学的没落:马克思与费尔巴哈关系的当代解读》,北京师范大学出版社 2017 年版,第 241 页。
② 《马克思恩格斯文集》(第 1 卷),人民出版社 2009 年版,第 200 页。
③ 《马克思恩格斯文集》(第 1 卷),人民出版社 2009 年版,第 201 页。

的,但是同时也在进行着一种否定自身的活动,以此不断突破自身得到发展。这是费尔巴哈仅仅通过"感性的直观"所不能认识到的,也恰恰是费尔巴哈在批判的绝对化中所忽视的"真理"。

在对黑格尔"否定之否定"辩证法的解读中,马克思真正抓住了黑格尔哲学中关于活动原则的内容的重要性,明确了"思辨活动"的性质,"否定之否定"中闪现的"真理"得以被挖掘与认知。至此,马克思对于活动原则的批判性解读,为马克思全面超越费尔巴哈夯实了基础,马克思得以用不同于费尔巴哈的方式开展哲学新路径,并最终形成区别于前人的新哲学。

(三)纠偏"思辨活动"的内核:现实劳动的展现

关于费尔巴哈对于黑格尔辩证法的绝对否定,马克思并没有持完全赞同的态度,而是重新解读黑格尔"否定之否定"的两面性即批判的一面与非批判的一面,对于活动原则也从初始的认知发展为不断的承认并采用。对于活动原则的探讨,马克思并没有停下脚步,他从黑格尔的《精神现象学》入手,进一步揭示了活动原则的内核。马克思的重新解读,肯认了黑格尔否定辩证法的价值与意义,对于思辨活动原则的理解也更为深入。

《精神现象学》作为精神之自身运动的发源地,描述了"绝对精神"借助于辩证否定的内在轨迹而开展的周而复始的运动。因此,黑格尔为历史运动找到的仅是思辨的解释,是关于历史运动的抽象表达。对于黑格尔所确认的活动原则,马克思不仅意识到这是自我意识的"纯粹活动"或绝对精神的"自我活动",还在重新剖析黑格尔的现象学之后,得出了关于这一原则的本质:一种异化了的劳动即脱离现实的抽象性劳动。那么,关于自我意识的活动究竟是如何开展的?马克思是如何得出"思辨活动根本上是人之劳动展现"这一结论的?

"重新占有在异化规定内作为异己的东西产生的人的对象性本质,不仅具有扬弃异化的意义,而且具有扬弃对象性的意义。"[①]在马克思看来,黑格尔所认知的人的对象化,究其本质而言是一种假象,人通过活动生产的对象性产物徒有对象的外观,只是对自我意识的模仿性"生成"。换言之,自我意识的外化便是设定"物性",对于自我意识而言并非真正的独立性存在。因此,作为对象而被固定下来的物性,对于自我意识而言是一种障碍的异化,是与其纯精神运动的本质相矛盾的,必定要遭到扬弃。自我意识的运动要克服意识对象的运动,扬弃对象回返的过程是对设立对象的重新占有,主体与对

---

① 《马克思恩格斯文集》(第1卷),人民出版社2009年版,第206页。

象达到了合二为一的结果。如此,可将这一辩证过程完整地叙述为:自我意识从自身出发,经过克服意识的对象,又回返到自身。

这一自我意识的扬弃过程作为一种抽象的思辨运动,本应作为批判的对象,马克思为何会在此受到启迪?"黑格尔把人的自我产生看作一个过程,把对象化看作非对象化,看作外化和这种外化的扬弃;可见,他抓住了劳动的本质,把对象性的人、现实的因而是真正的人理解为他自己的劳动的结果。"①如若除去这一过程的抽象设定,将自我意识归结于人,则人之劳动的过程何尝不是这种进程。人通过劳动去改造乃至占有外在于自身的对象必然要经历将自身的本质对象化乃至异化,将对象的自然力量转化为属人的力量,人将所获取的结果收归于人自身之中,并随之开始新一轮的对象化过程。因此,人正是通过劳动的对象化与异化,在不断克服劳动的异化中使自身得到发展。可以说,人通过自然界的改造满足了自我生存的条件,人历经劳动的过程(对象化与异化)提供了自我生成的前提。尽管真实的劳动原理不能直接从"自我活动"中得出,自我意识的活动过程"仅仅具有形式的性质,因为它是抽象的,因为人的本质本身仅仅被看作抽象的、思维的本质,即自我意识"②,但是马克思的卓越之处在于纠偏了黑格尔哲学所展现的抽象思辨的活动,将自我异化的扬弃及其扬弃的运动放入本体论之中,得到了合理的、现实的表述即人的劳动过程。至此,劳动的意义在自我活动的反面得到彰显,人作为主体,通过劳动实现了对于现实生活的自我确证,使人的主体能动性得到了充分展现。

综上所述,马克思看到了黑格尔辩证法的推动性和创造性的一面,并将其本质归结为人之动态劳动的展现过程。其观点超越了费尔巴哈仅仅将黑格尔的辩证法理解为哲学领域内的矛盾,即"否定之否定"代表着一种圆圈式的循环,从哲学回复到神学的一种确证。可以说,马克思对黑格尔哲学进行新一轮批判之时,对于"现实的人",不仅仅是将其理解为通过直观而达到的感性对象性,还是将其理解为人自己劳动的结果。这同时意味着,相较于费尔巴哈对于黑格尔进行批判的领域限于作为实体的绝对主体,马克思将其进一步拓展至关于绝对主体的活动。为了批判自我意识的"纯粹活动",解救异化形式下的劳动,马克思在吸收费尔巴哈理论成果的前提下,创造性地提出了"对象性活动"原则。

---

① 《马克思恩格斯文集》(第1卷),人民出版社2009年版,第205页。
② 《马克思恩格斯文集》(第1卷),人民出版社2009年版,第217页。

第二节 "对象性活动"原则的创造性构建

经历了思想的往返转折,马克思在《巴黎手稿》中正式提出"对象性活动"原则。这一原则立足于费尔巴哈感性对象性原则的基础上,批判性地吸收了以黑格尔为代表的德国唯心主义思辨哲学的活动原则。"对象性活动"的创建,不仅是对于费尔巴哈的一次突破,完成了费尔巴哈"感性对象性"的活动性反思,更是对于"纯粹活动"的一次重创,打破了其虚幻的本质,实现了"纯粹活动"的对象性表达。作为贯穿于《巴黎手稿》中的哲学主线,从"对象性活动"原则出发,《巴黎手稿》中呈现的内容得以被更好地理解。在"对象性活动"原则的奠基下,马克思的实践本体论最终得以呈现。总体而言,"对象性活动"原则是马克思新世界观的萌芽,是"实践"产生的先决条件,是马克思思想架构中所不可或缺的重要一环。

一、"对象性活动"原则的内涵

"对象性活动"原则作为马克思独特的哲学创造,是马克思难能可贵的思想成果。这一原则的出现,使感性现实的主体得以摆脱直观的束缚,进入能动的活动之中,对象的存在不再是空洞抽象;德国古典哲学的"思辨活动"得以脱离抽象的内在本性,活动的过程不再是虚无缥缈。马克思并没有局限于理论层面来讨论"对象性活动"原则,而是将"对象性活动"投射于现实生活之中,将其进一步理解为"劳动",从理论和现实两方面揭示"对象性活动"原则的真实涵义。

(一)赋予"感性对象性"以活动性意义

马克思在《巴黎手稿》中的哲学立场仍然是以费尔巴哈哲学的本体论——"感性对象性"原则——作为其立论基础。马克思认同费尔巴哈的观点,将人的现实性理解为感性对象性,即可以将之称为感性、现实之物,在它自身之外也存在着如它一般的感性、现实之物。但是,认同费尔巴哈的观点并不意味着无批判地依循。事实上,马克思推进了费尔巴哈的感性对象性原理。

前已述及,关于感性对象性的反思之中,马克思已然意识到了活动原则。《巴黎手稿》的诞生表明了马克思对于活动原则形成了自己的认知,他多次在文中表达出对于活动原则的认同。正是马克思对于活动原则的自觉,使得马克思超越了费尔巴哈直观的对象性,打破了直观的狭小范围即至多只达到现成存在之物的界限。在马克思的哲学语境中,感性对象性是人的对象性活动的结果,人之主动性与能动性形成了完美的结合。因此,在马克思那里,费尔巴哈直观的"感性对象性"已悄然转变为"对象性活动",人存在的现实性便是对象性活动。

不同于费尔巴哈直观的"感性对象性",马克思从"对象性活动"原则入手理解主体,现实的人作为感性的对象,不仅可以通过身外之对象去确证自身,而且同时可以达到占有对象与改造对象的目的。可以说,马克思这一解读方式立足于人的自然形态与意识形态的统一,超越了以往哲学家对于人的理解。从人的自然形态而言,"人作为自然的、肉体的、感性的、对象性的存在物,和动植物一样,是受动的、受制约的和受限制的存在物"[①]。作为自然存在物的人为了肉体得以生存,需要以自然物为对象并将其转化为内在生命的一部分,为了使生命得以延续会本能地以异性为对象发生关系。从人的意识形态而言,人正因为"感到自己是受动的,所以是一个有激情的存在物。激情、热情是人强烈追求自己的对象的本质力量"[②],人并不是被动地接受外界对象所赠予的一切。在生命活动的过程中,有生命力的人会充分发挥自身的主观能动性,通过有意识的生命活动摆脱自然对于人的束缚,并在改造对象的过程中确证自身。换言之,主体的活动或者作为产生这种自发性活动的主体,是有生命的、能动的存在物。从马克思对于人这一现实主体的分析中归纳可得:人作为自然存在物,必然会受到自然的制约,是受动的存在;人作为社会存在物,拥有自我创造的力量,是主动的存在,人存在的现实性为对象性活动。如若给予二者一个恰当的表述,"对象性活动"是再适合不过了。

(二)"纯粹活动"的对象性表达

马克思"对象性活动"原则的创造性构建,将"感性对象性"与"活动原则"内在地融为一体。一方面,相对于感性对象性来说,对象性活动是对感性对象性的向前推进,实现了感性对象性的活动性反思;另一方面,相对于纯粹活动而言,对象性活动舍弃了纯粹活动抽象性的一面,实现了"纯粹活动"的对象性表达。

黑格尔所认同的"活动"是自我意识本身的活动,即"纯粹活动",自我意识进行活动的意义便在于创造外物,但是由于意识自身的虚幻性,它所

[①] 《马克思恩格斯文集》(第1卷),人民出版社2009年版,第209页。
[②] 《马克思恩格斯文集》(第1卷),人民出版社2009年版,第211页。

创造出来的并非真切的物,而是一种物像。因此,自我意识所进行的活动也只不过是对于意识对象的一种克服,因为意识之外根本不会存在真切的对象,只有意识所幻化出来的思想物。最终自我意识进行活动的结果只不过是返回到了自身之中,所以,自我意识进行的活动即纯粹活动的实质是对于意识所异化了的对象的重新占有,终究还是自我意识范围内的思想存在物。

可以看出,在对自我意识的种种设定中,对象是一种否定的东西,一种对于意识而言的被抹除之物。自我意识是"非对象性"的主体,自我意识的活动即纯粹活动便是"非对象性"的活动。马克思直指纯粹活动的本性是脱离现实的虚假抽象,与之相对,就要找到一种现实存在的、承认对象的活动——对象性活动。如果说自我意识的纯粹活动只是"对人的自我产生的行动或自我对象化的行动的形式的和抽象的理解"①,那么对象性活动便是纯粹活动的现实写照,它克服了一切纯粹抽象的东西,并使得活动的主体由虚幻的思想物变成了现实的、活生生的人。相较于自我意识对于"对象性"的克服,对象性活动的意义不在于抹除对象性存在物的存在,而是在于承认并确证这一点,正如马克思在《巴黎手稿》中所言:"对象性的存在物进行对象性活动,如果它的本质规定中不包含对象性的东西,它就不进行对象性活动。"②

对象性活动对于对象的强调,同样是对于德国唯心论的一种超越,德国唯心论的代表人物,无论是费希特、还是谢林所强调的无疑都是主体的绝对性。完全的绝对便是"无对",绝对的主体缺乏相对的对象对其存在的证明,就只能是成为带有抽象性的神圣主体。反之,对象性活动对于"无对"的驳斥,强调对象之间的"有对",即真实的存在物必定为对象性的存在物,对象的存在变得"有迹可循"。同时我们也要注意,对象性活动对于"感性对象性"的强调,绝不意味着再次退回至费尔巴哈作为感性直观的对象性,而是对其的一种批判性继承,是具有能动性的对象性。

纯粹活动作为"非对象"的活动,对象的存在等同于虚无的存在,并且最终成为被扬弃之物。作为纯粹活动的对象性表达,对象性活动对对象的存在进行了真实的揭露,对象由虚无转向了真实,并且只有通过对象性的产物,对象性活动才可得以确证。至此,马克思揭露并批判了黑格尔纯粹活动抽象性的一面,超越了西方近代思辨哲学所强调的虚假的绝对性,找

---

① 《马克思恩格斯文集》(第1卷),人民出版社2009年版,第218页。
② 《马克思恩格斯文集》(第1卷),人民出版社2009年版,第209页。

到了真正现实的活动,即对象性活动。

(三)劳动:"对象性活动"的现实性体现

如前所述,黑格尔将"劳动"视作意识主体外化的产物,黑格尔所言的劳动为抽象的精神之物。类比黑格尔对于劳动的看法,资产阶级与其观点如出一辙。资产阶级将具体劳动归结于一般劳动,在现实意义中完成了劳动的抽象化,至此,抽象劳动随之演化成为资本时代的霸主,成为衡量一切劳动的尺度与准则。可以说,资产阶级形而上学中的劳动的本质已经率先被黑格尔在其现象学中说出来了。二者对于劳动抽象化的观点否定了劳动最为纯真的本质,将劳动抬升到了形而上学的地位。那么,什么是现实的人的劳动?马克思为人的劳动找到了更为确切的表达——对象性活动。

不可否认,黑格尔辩证法的伟大之处便在于将现实的人理解为自身劳动的结果,但是现实的劳动原理并不能直接从中获取。"黑格尔唯一知道并承认的劳动是抽象的精神的劳动"[①],现实的劳动的意义则是"自我活动"的反面;相较于"自我活动"的形式与抽象,现实的劳动具有现实的和具体的性质,它的主体是感性现实的人,劳动的过程便是人确证自己生活的过程。如果说费尔巴哈的感性对象性原则与黑格尔的活动原则为马克思"对象性活动"的构造提供了理论前提,那么马克思对于国民经济学的批判则为"对象性活动"得以进一步发展提供了现实基础。

以亚当·斯密为代表的国民经济学家揭示了私有财产的本质,这可以说是经济学史上的一次长远进步,对私有财产的认识由外在于人的物质财富转为内在于人的活动所得。此次转变揭示了私有财产与劳动之间的内在关联,私有财产本就内化于人自身之中,财富来自人的劳动。因此,财富与劳动的因果关系得到澄明,人的劳动创造了财富;工人的主体性得以被阐明,工人拥有自身的独立性与自主性。从表面看来,国民经济学所强调的劳动作为财富唯一的本质好像并无差错可言,但是马克思却看到了其本质虚假的一面:在资本主义私有制的背景下,被国民经济学家当作前提的劳动并不是真正的劳动,他们"不把工人作为人来考察……劳动在国民经济学中仅仅以谋生活动的形式出现"[②],这一劳动体现的是不合理私有财产的主体本质。如此,国民经济学家所鼓吹的劳动为财富的唯一本质,在阶级社会中便成为遮蔽剥削阶级获取财富的最好方式。在资本主义社会生产资料私有制的背景下,工人过着被压迫的"非人"生活便成为了一种合

---

① 《马克思恩格斯文集》(第 1 卷),人民出版社 2009 年版,第 205 页。
② 《马克思恩格斯文集》(第 1 卷),人民出版社 2009 年版,第 124 页。

理的现象,处于社会底层的工人劳动能力不足成为统治阶级进行剥削的借口,为了获取满足自身需要的财富,工人只能付出超过社会必要劳动时间更多的劳动。国民经济学以劳动为出发点,却只是为不合理的生产资料私有制提供具备合理性的解释。因此,国民经济学将劳动宣布为本质,与其说是看到了人们劳动的重要性,不如说是将敌视现实劳动的异化劳动奉为本质。这是为资本主义社会所做的抽象的合法性论证。

通过以上分析可知,对于国民经济学家们而言,将生产资料私有制当作前提来分析劳动,这种劳动的意义便只是为不合理的所有制的合理性所做的辩护,它只能是作为被异化了的劳动,只是从抽象的物质层面来谈论的一种劳动。因此,国民经济学家所得出的关于劳动的结论具有敌视劳动的性质,无论是黑格尔"抽象劳动"还是国民经济学家的"物质劳动"都不可划归于人类自由自觉的劳动;对于劳动的探求只能从现实出发,找到能够体现人与自然、人与人之间对象性关系的活动。马克思的"对象性活动"便是劳动的合理解释,它将人的对象性关系现实地展现出来,是属于人的自由自觉的活动。对此,"对象性活动"不仅在理论意义上批判了黑格尔的"抽象活动",更在现实意义上反驳了国民经济学中的"一般劳动",体现出现实的人的劳动的深刻意义。

二、"对象性活动"原则在《巴黎手稿》中的呈现

《巴黎手稿》的哲学主线内在地体现为"对象性活动"原则,这一原则是理解马克思《巴黎手稿》全部内容的出发点。虽然"异化劳动"的出现使人们的关注的焦点集聚于此,并将其误认为是《巴黎手稿》的根基,但是"异化劳动"作为结论性的出现,是不能通过它来理解马克思在《巴黎手稿》之中带有历史主义萌芽的其他内容的。从"异化劳动"出发,只能割裂地解读马克思的思想;而只有从"对象性活动"入手,才能符合逻辑地梳理马克思的思维方式,符合实际地解读马克思的思想内容。大体说来,《巴黎手稿》纷繁复杂的内容可分为三部分:人的本质、异化劳动、共产主义。"对象性活动"原则贯彻在这些内容之中,是理解它们的最好依据。

(一)人的本质:自由自觉的对象性活动

为了把人从直接的自然物中区分出来,费尔巴哈采用了"类"(人类)的概念,此时的马克思处于与费尔巴哈相同的哲学立场,也采用了同样的概念去涵盖"人"这一物种。因此,不少人便将马克思著作中所出现的"类"或"类本质"的说法通通归于费尔巴哈的人本主义范畴,并没有考察此类概念

带有马克思怎样的思想内涵。需要注意的是,在《黑格尔法哲学批判》中,活动原则已经隐而不显的内化于马克思的哲学中,因此马克思对于"类"的理解带有活动原则的身影。如果还将马克思所理解的"类本质"不假思索地归入费尔巴哈的直观视域之中,必定会失去马克思所强调的对于当时社会的批判性。

为了更好地凸显马克思与费尔巴哈关于"类本质"理解的差别,让我们具体来看二者对于"类本质"的看法。费尔巴哈认为人的类本质是在人和动物的区别中体现出来的,这种区别大致体现为三种。首先是宗教,人有宗教,而动物没有;其次是类意识,人能够将自身的类当作对象和本质来对待;最后为感觉的敏感程度,人是"感觉论的有生命的最高级"。如果说费尔巴哈将人的类本质从人专属的感觉意识方面进行解读,主要从受动的意义上来理解,马克思关于"类本质"的理解则突破了费尔巴哈的局限性,不仅看到了受动性的一面,而且察觉到了其中的能动性。在《巴黎手稿》中,马克思明确地突出了这一点,将之前作为反思形式的活动原则进行了有力的贯彻。"正是在改造对象世界的过程中,人才真正地证明自己是类存在物。"[①]马克思主张人只有进行对象性的活动才能确证人自身的存在,人的本质就在于自由自觉的活动本身。人类活动的性质是脱离了单一肉体支配下的活动,是一种带有人类自我意识的自由自觉的活动。人类活动的目的不局限于一个种的尺度和需要,而是具有无限性。何为"类本质"?在马克思看来,"类本质"是人的自由自觉的对象性活动。此外,马克思对于"类本质"的解读不仅适用于人与自然界的关系,而且在人与人的关系中也得到了体现,可以说,"自然界的人的本质只有对社会的人说来才是存在的"[②]。社会的形成与人之社会属性的生成属于同一个过程,"正像社会本身生产作为人的人一样,人也生产社会"[③]。人在进行社会性活动时,不仅创造着社会,也使自身成为具有社会性质的人,因此,人的存在也被理解为社会的活动。

通过考察马克思对于"类本质"规定,可以获知,马克思借助于"类本质"想要表达的并非费尔巴哈所秉持的实体的单一性,即只看到了人是受自然制约的存在物,而是对于费尔巴哈观念的一种瓦解,现实的主体不仅是感性的、对象性的存在,还具有自发性、自我创造的力量,并体现于其创

---

① 《马克思恩格斯文集》(第1卷),人民出版社2009年版,第163页。
② 《马克思恩格斯文集》(第1卷),人民出版社2009年版,第187页。
③ 《马克思恩格斯文集》(第1卷),人民出版社2009年版,第187页。

造性的活动之中。如果用哲学概念将人之本质进行概括,综合上述马克思对于人之本质的理解,"类本质"可表达为"对象性活动"。"对象性活动"不仅能够体现出人的现实性即感性对象性,而且作为一种真正的自我活动,它将人与外界世界紧密联系在一起,是富有生命力的能动的活动。现实的人只有通过与外界对象发生联系、通过对象性活动建立联系才得以存活,因此"类本质"必然体现为"对象性活动"。

马克思推进了费尔巴哈"人是类存在物"的论断,将人之本质归结为"对象性活动"。由此,对于人的认识便从单个的生物性的人向能动的社会的人转变,从而奠定了《关于费尔巴哈的提纲》中对于人之本质的进一步解读,即"人的本质并不是单个人所固有的抽象物,在其现实性上,它是一切社会关系的总和"①。但是正如事物的发展不是笔直的线性运动,对于对象性活动而言,它的发展趋势也呈现着曲折的变化。私有财产的出现使得对象性活动的真实本质被掩盖,成为处于特定时期下的对象性活动——异化劳动。

(二)异化劳动:对象性活动的阶段性表现

人的对象性活动本应是人的自由自觉的活动,是人最为本真的活动,但在特定的时代背景下,人的对象性活动会受到时代背景的干扰,成为带有阶段性特征的对象性活动。在资本主义私有制下,对象性活动便扭曲为异化劳动。国民经济学家所认知的劳动是异化劳动,但是却试图掩盖此种劳动的本质而宣称其为本真的劳动。为此,马克思明确地揭露了此种混淆,揭开了国民经济学自身所固有的矛盾。国民经济学最终仅仅是为资产阶级积累私有财产而辩护,并未真正做到揭示财富的奥秘。异化劳动不是财富的主体本质,而是私有财产的主体本质。那么,作为资本主义私有制下的对象性活动即异化劳动,自身究竟带有怎样的不合理性?

"异化"作为"对象化"的特殊形式,我们需要从对象性活动出发,以便于更好地理解异化劳动。总体而言,异化劳动是对于确证人自身存在的真正劳动即对象性活动的颠倒。异化劳动对于对象性活动的第一重颠倒为:将人与物之间的关系进行调换。人进行对象性活动的过程,同时也是人的本质力量对象化的过程。人对物拥有所属权,劳动产品依赖于劳动者的对象化力量,劳动产品是被物化为对象的劳动。异化劳动则完全打破了生产者与产品之间的关系,变成了物对于人的支配。"劳动者生产的财富越多,

---

① 《马克思恩格斯文集》(第1卷),人民出版社2009年版,第501页。

他的产品的力量和数量越大,他就越贫穷。"①劳动者与其生产对象变成了一种对立的关系,不是人对物的占有,而是物对人的奴役,生产者与其产品之间的对象性关系成为了非对象性关系。为何会出现劳动异化?究其根本在于人的活动本身出现了问题,按照马克思的推论,劳动者在活动或生产行为中将自己异化出去。由此,这便是异化劳动对于对象性活动第二重颠倒:对自我的否定。在一般意义上,劳动作为劳动者的内在属性,是肯定自身本质的东西。人们为了满足自身存在的需要自愿进行对象性活动,并在此活动过程中发展自身,这是人们对于自身劳动的肯定。自我异化是人对于劳动的一种否定,劳动成为自己肉体的损伤,"他的劳动不是自愿的劳动,而是被强迫的强制劳动"②;劳动者劳动的成果不属于自己,而是归属于他人。

对于异化劳动的理解即物的异化、自我异化,意味着人之类本质的异化,这便来到了异化劳动对于对象性活动的第三重颠倒。活动产品及活动本身的性质与意义本就如实地反映出人之类本质,"异化劳动从人那里夺去了他的生产对象,也就从人那里夺去了他的类生活"③,人的类本质由对象性活动变为了异化劳动。异化劳动将人之类本质替换,使得主体同自身类本质相异化,这同时宣告着人与人之间的异化。由此,异化劳动对于对象性活动的第四重颠倒,便是掩盖了在对象性活动中的人与人之间最真实的联结。人同自身的确证,证明自己的现实性存在只能通过外界对象的存在予以表明,即人同自身的关系,只能通过人同自然界以及人同他人的关系才可得到确证。人同自身相异化,歪曲了主体与客体之间的关系,使得二者处于一种敌对的状态。

至此,异化劳动作为对象性活动在特定阶段的表现,并不能算作人类真正的、现实的劳动,它只能被视为扭曲的对象性活动,是人们需要摒弃的劳动。而共产主义是"向人自身、向社会的(即人的)人的复归",因此,复归于人的对象性活动的真正实现要到共产主义中去找寻答案。

(三)共产主义:自由自觉的对象性活动的实现

如果说异化劳动的本质体现在私有财产的直接性中,那么人的自由自觉劳动的展现只有在消灭私有财产中才能得以确切彰显。私有财产的扬弃借助于国民经济学或者法哲学的道德观念是无法实现的,因此,对于主

---

① 《马克思恩格斯文集》(第1卷),人民出版社2009年版,第156页。
② 《马克思恩格斯文集》(第1卷),人民出版社2009年版,第159页。
③ 《马克思恩格斯文集》(第1卷),人民出版社2009年版,第163页。

体现实的、自由自觉的劳动的回归只能借助于一种现实的运动,这一运动便是共产主义的运动。共产主义不仅是扬弃私有财产的一种自我阐明,并且是这个扬弃运动自身。因此,正是在这里,对象性活动的价值得以充分展现。

在国民经济学作为前提的范畴下,劳动的主体本质不再是人的自由自觉的活动,取而代之的是积累私有财产的目的。"共产主义是私有财产即人的异化的积极的扬弃,因而也是通过人并且为了人而对人的本质的真正占有。"①由此,在扬弃私有财产的前提下——处于共产主义社会中,人类疏离了一度被歪曲的本质即异化劳动,人类得以占有自身真正的本质即对象性活动,对象性活动的意义由之呈现。可以说,在共产主义条件下,对象性活动消除了自身特殊的阶段性表现,所属于人类的劳动由异化劳动转变为自由自觉的劳动。人类已然脱离了私有制下原子般孤立的个人为争夺利益最大化的自私行为,相反,他们成为处于共同体中和谐统一的人,为自己乃至全人类自由发展而做出无私行为。劳动的产物不再处于支配人类的地位,而是成为人之本质的实现即对人来说的对象化存在。人类得以通过对象性活动与外部世界建立对象性关系,实现对于对象的真正享有。

共产主义为对象性活动的真实意义的彰显提供了条件,同样,对象性活动也为真正的共产主义学说提供了理解的立足点。

关于共产主义观念的学说层出不穷,根据其与私有财产关系的不同可以分为三类。第一种类别为粗陋的共产主义。这种共产主义所要求的是平均化的私有财产。积聚的私有财产掌握在资产阶级手中,如此才造成了严重的贫富差距,缓解这个难题的办法便是财富的平均化。不难看出,这种共产主义仍然深陷于私有财产的眼界之中,私有财产仍然保留于社会之中,它并没有被扬弃,而是进行一种平均化的完成。第二种类别为具有政治性质的共产主义、废除国家但尚未完成的共产主义。相对于第一种形态的共产主义,这种共产主义无疑有了明显的进步,但是仍带有其自身的局限性。前者将政治制度的建立作为发展共产主义的目的,而后者则是无政府主义的写照。因此,二者均未完全脱离私有财产的控制,仍然受制于私有财产的影响。

不同于前两种对于共产主义片面地解读,从对象性活动入手,才可真正触及对于共产主义的理解;这也是关于共产主义的第三种理解——返回到人的本质的共产主义。"这种共产主义,作为完成了的自然主义等于人

---

① 《马克思恩格斯文集》(第1卷),人民出版社2009年版,第185页。

道主义，而作为完成了的人道主义等于自然主义。"①具体而言，在人与自然的关系中，"人的尺度"与"物的尺度"进行合一，而人之自然意义则是通过对象性活动加以实现的。通过对象性活动，人类得以占有自然的本质，人和自然界之间的矛盾得到了真正解决，自然与人达到了和谐共生。同样，在人与社会的关系中，异化劳动所造成的一切矛盾与对立借由对象性活动全部消减。人与人之间的异化状态得以终结，人与物之间的矛盾得到解决。至此，只有在返回至人的本质的共产主义中，只有处于自由自觉的对象性活动得到实现的共产主义下，人与自然界存在的真理才能够呈现，人化自然与人的自然本性才得以统一。真正的共产主义社会立足于对象性活动之中，这同时意味着它绝不停留于思想的领域，而是要求实现为自身的行动。只有转化为行动的力量，人类之解放才不是无谓妄想，实现自由人的联合体才不是无据空想。

三、"对象性活动"原则的逻辑后承：实践

可以说，《巴黎手稿》中最伟大的成就之一便是"对象性活动"原则的提出。"对象性活动"不单单留有前人思想的精华，更为宝贵的是其所展现出的新的本体论向度。当这一本体论定向得到充分发展之时，马克思新的本体论思想也趋于成熟。至此，"对象性活动"不再作为一种原则性存在出现，而是上升为一种严整的概念形式，这个概念便是"实践"。马克思对于"实践"的最终整合，同时意味着对于费尔巴哈哲学的全面超越。但在讨论实践之前，我们有必要对于费尔巴哈的"感性直观"做一个深入剖析，从探究感性直观存有的弊端出发，更好地引出"对象性活动"原则的逻辑后承。

(一) 对"感性直观"固有矛盾的揭露

马克思与费尔巴哈之间的分歧从"感性对象性"的反思形式而展开，虽然当时马克思并未察觉，但它就像一颗种子潜移默化地影响着马克思的思想发展。随着知识的积累和现实的冲击，马克思逐渐察觉到费尔巴哈所持观点的弊病：人与外部对象建立联系的直观，到头来只是一种理性设想。费尔巴哈未能突破意识的内在性。而后《关于费尔巴哈的提纲》的发布，不仅完整呈现了马克思的"实践"概念，更是宣告了马克思已然脱离了费尔巴哈的"哲学阵营"，与费尔巴哈划清了界限。因此，在马克思整个的思想历程中，对费尔巴哈的批判是不可省略的关键一步，批判费尔巴哈哲学的工

---

① 《马克思恩格斯文集》(第1卷)，人民出版社2009年版，第185页。

具即实践也是马克思开展自身思想运动的有力武器。

费尔巴哈的"现实的人"是"感性对象性"的存在,对于费尔巴哈而言,这意味着"现实的人"诉诸"直观"而存在。只有通过"直观",现实的人才能够感知到自身,从而与外界事物取得对象性关系。在费尔巴哈而言,直观意味着接近事物的本来面目,意味着穿透事物表象而看到事物自身;直观不仅是人构建对象性关系的途径,同时也是一种强有力的武器,费尔巴哈借此批判近代形而上学通过意识表象所构建的虚幻世界。

既然费尔巴哈单纯的直观是以当下的、现成的世界为前提,那么,费尔巴哈就不会意识到人的对象性活动,更不会察觉到主体的能动性。在这种情况下,费尔巴哈单纯的直观便解决不了对象世界与主体意识相矛盾之处,也无法解释直观所发现的矛盾之处。费尔巴哈的直观所带有的弊病,使得在其所属的直观领域中再度恢复了理论与实践的对立。费尔巴哈的思想主要采取一种名曰"美文学的"表达方式,因此,此种方式所描述的直观便是理论直观或者美学直观,这同样是费尔巴哈内心所赞美与倡导的直观方式:"理论的直观是充满喜悦的、在自身之中得到满足的、福乐的直观。"[1]当人们通过此种"美学直观"与世界发生关联之时,便意味着人与世界的和谐相处。这是费尔巴哈所设想的理想状态,但是现实中的人往往会打破这一情景,理想的预设总会被现实所中断。为了做出更合理的解释,费尔巴哈便将人与世界所构建的不和谐状态、人所表现出的现实的利己主义倾向归结于"实践直观"所带来的后果。在费尔巴哈看来,在实践的直观中,"我完全以自私的态度来对待事物;它是一种并非在自身之中得到满足的直观,因为,在这里,我并不把对象看作是跟我自己平等的"[2]。因此,对于费尔巴哈而言,他所设想的"直观"被割裂为两个部分,即"理论的直观"与"实践的直观"。直观领域中的分裂,说明了费尔巴哈借助于其"美文学"的描述方式仅仅在理论层面达到了理论与实践的统一,但是在现实层面还是无法解释脱离"美学直观"之外的情景,而只能将实践从"卑污的犹太人的表现形式去理解和确定"[3]。费尔巴哈最终还是犯了和黑格尔同样的错误,"不了解'革命的'、'实践批判的'活动的意义"[4]。

费尔巴哈"感性直观"具有的局限性,导致他又退回到了黑格尔的老

---

[1] 费尔巴哈:《费尔巴哈哲学著作选集》下卷(荣震华等译),商务印书馆1984年版,第235—236页。
[2] 费尔巴哈:《费尔巴哈哲学著作选集》下卷(荣震华等译),商务印书馆1984年版,第235页。
[3] 《马克思恩格斯文集》(第1卷),人民出版社2009年版,第499页。
[4] 《马克思恩格斯文集》(第1卷),人民出版社2009年版,第499页。

路。马克思想摆脱费尔巴哈思想的"束缚",需要形成足以超越前者的新思想。当马克思彻底认识到费尔巴哈"感性直观"的矛盾时,从"对象性活动"向"实践"转变的时机由此成熟,马克思对费尔巴哈的超越也得以实现。在《关于费尔巴哈的提纲》中,马克思立足于"实践"立场对从前的一切唯物主义(包括费尔巴哈的唯物主义)进行了彻底的清算。可以说,从"对象性活动"到"实践"的转换,意味着马克思新的本体论正式开启,但是这并不意味着我们要对马克思之前的思想完全舍弃。关于"对象性活动"原则,我们仍有探讨的价值与意义所在,例如对于"实践"的分析,我们必须考察"对象性活动"原则。至此,以《关于费尔巴哈的提纲》作为"对象性活动"与"实践"整合的节点,马克思实现了"对象性活动"到"实践"的转换。在此之前,从"对象性活动"到"实践"的演变经历了一个怎样的过程? 二者又存在着怎样的联系与差异?

(二)实践:对象性活动的历史性表达

关于马克思的"实践"概念意义的整合,是以"对象性活动"原则为背景的。因此,我们不能舍弃"对象性活动"原则作为前提的重要性,而应该从"对象性活动"原则出发,深入解读马克思的"实践"具有的内在意义,以便于理解马克思的"实践"概念与前人的差异性之所在。

从"对象性活动"到"实践",马克思为何要进行这一转变? 其中经历了怎样的过程? 马克思对于"对象性活动"原则的表述集中于《巴黎手稿》之中。虽然《巴黎手稿》对于"实践"这一概念也有提及,但是此时的"实践"还远未达到马克思新世界观上的高度,"实践"与"对象性活动"达到统一的条件尚未成熟。可以说,《巴黎手稿》时期的马克思仍然处于费尔巴哈的影响之下,虽然有产生超越于费尔巴哈的思想成果,但是马克思并未将其当作批判费尔巴哈的武器,而是视作对于费尔巴哈思想的一种运用性发展、一种补充性说明。"对象性活动"的实际内容尚未得到完全的发挥,也还有待于在哲学高度上进一步提升。对于现实经济生活的关注使得马克思在之后的《神圣家族》中强调从现实的工业和经济实践出发来理解社会历史,并赋予人的对象性活动以更加现实的内涵[①]。正是这一重要的举措,为之后"对象性活动"到"实践"的转变奠定了基础。那么,思想转变的大门何时才得以开启? 直到《关于费尔巴哈的提纲》发表,才真正意味着马克思突破旧有思想的牢笼,阐发出了与费尔巴哈不同的哲学观点。关于"对象性活动"

---

① 张义修:《"实践"作为"对象性活动"的内涵及其转变——一项从人本学到新世界观的概念史考察》,载《内蒙古社会科学》2018 年第 2 期。

的理解已经不是费尔巴哈的哲学范畴所能容纳的,而是成为一根划分马克思与费尔巴哈界限的标尺。此时的"对象性活动"即"实践"不仅是一种思辨的哲学范畴,更是一种改变世界的现实力量。至此,在《关于费尔巴哈的提纲》中,马克思将"对象性活动"原则明确地提升为具有哲学原则高度的概念,并用"实践"表述了"对象性活动"。二者达到了真正的统一。

"实践"作为"对象性活动"的完成形式,二者所蕴含的意义不尽相同。首先,"实践"与"对象性活动"隶属于不同哲学语境下的思想结晶。就"对象性活动"原则而言,尤其特指《巴黎手稿》中的"对象性活动"来说,这一原则虽然隐而不显地表露出马克思对于费尔巴哈的超越,但它的提出是建立在费尔巴哈人本主义的基础之上。反观马克思的"实践"概念,它是马克思跳脱费尔巴哈的范围并开始独立运思的产物,是马克思新唯物主义哲学语境中的构建。其次,"实践"与"对象性活动"涉及的现实范围有所区别。不可否认,二者都是因关涉现实生活而创立的,但相较于"对象性活动"原则,"实践"更多地朝向现实生活的纵深领域发展,给予现实生活更多关注。最后,"实践"与"对象性活动"通过不同的方式认识世界。在《巴黎手稿》中,"对象性活动"原则在一定程度上仍会借助于"类",换句话说,借助于"类"而达到对现实主体的确认。人认识外界对象的同时,也在认识自身的类本质,人进行对象性的活动即类本质的对象化活动。前已述及,虽然马克思与费尔巴哈关于"类本质"的理解并不相同,但是"类"的设定很大程度上是与"直观"相适应的,类的生活直观地体现在对象之中[1]。因此,当马克思发现费尔巴哈"直观"所具有的局限性,关于"类"的理解困局便也不攻自破。马克思的"对象性活动"原则获得了新的理解与释义,"对象性活动"超脱于"类"所设定的框架,达到了"实践"这一成熟的完成形式。《巴黎手稿》中的"对象性活动"原则在一定程度上仍是费尔巴哈"类"立场上的从属,对象性活动的过程是对"类本质"的不断认知与对象化的过程。作为对象性活动的历史性表达,实践瓦解了"类"这种带有形而上学意味的设定,更加注重人的能动与受动的结合,强调对于现实世界的认识与改造的过程。"环境的改变和人的活动或自我改变的一致,只能被看做是并合理地理解为革命的实践。"[2]换言之,主体及其对象世界的现实存在只能在实践活动过程中得以体现,环境的改变也只能在实践活动中加以实现。

概而言之,关于"对象性活动",我们不能仅视其为马克思在《巴黎手

---

[1] 吴晓明、陈立新:《马克思主义本体论研究》,北京师范大学出版社 2017 年版,第 215 页。
[2] 《马克思恩格斯文集》(第 1 卷),人民出版社 2009 年版,第 500 页。

稿》时期处于费尔巴哈范畴下的不成熟原则,更要看到它在马克思思想体系中的辩证发展过程。马克思提出"对象性活动"原则,这一思考的来源是费尔巴哈关于"类"的创建,马克思之后对"类"的消除并不意味着对"对象性活动"原则的否定。正是"类"的消除,体现出了"对象性活动"原则构建的重要意义。随着马克思思想的不断成熟,"对象性活动"被赋予了新的内涵,最终在哲学层面实现了由萌芽到概念再到原则的统一和提升。

第三节 "对象性活动"原则的本体论意涵

作为马克思的哲学创造,"对象性活动"原则体现着马克思新的本体论指向,展现着马克思新的本体论思想。正是因为"对象性活动"的奠基,"实践"的本体论意蕴才越发成熟,人们才不会对此毫无头绪。因此,关于"对象性活动"原则本体论意义的探讨是我们所不能省略的重点。为此,我们可以从两方面入手展开解读。首先,立足于"对象性活动"原则,意味着马克思新的本体论对以往抽象思辨向度的超越;其次,从"对象性活动"原则出发,人们得以从一个崭新的维度去理解现实世界。

一、从"对象性活动"原则出发翻转了以往哲学

以"对象性活动"原则为起点的历史视角,作为一种不同以往的新视角,不仅是对费尔巴哈"感性直观"视域的突破,更是对意识内在性的一种深层次瓦解。作为马克思哲学革命的重要成果,从"对象性活动"出发,现实世界得以与我们照面,历史的面纱方才得以向我们敞开。

(一)对"感性直观"原则的反驳

费尔巴哈所诉诸的"感性直观"最终不过是一种"单纯的直观""理论的直观",无法触及感性世界。可以说,费尔巴哈只做到了将现实的主体理解为"感性的对象",却不关注主体在活动中对于对象世界的改造。对此,马克思在《关于费尔巴哈的提纲》中批判费尔巴哈不了解革命的、实践批判的活动的意义,显然马克思突破了费尔巴哈的"感性直观"原则。具体而言,马克思对于感性直观意向的驳斥体现为如下几个方面。

首先,立足于"对象性活动"对于感性直观下"对象世界"的突破。费尔巴哈强调的"直观"以当下世界作为直接前提,世界作为先于人类存在的既有之物,对于人类而言,为始终如一的存在。人类对于现实世界的态度只

是被动地接受,世界并不能通过主体的活动呈现动态的发展过程。在费尔巴哈那里,主体与世界仅仅依靠"直观"的方式来建立联系,不具备能动性的主体与未有人之活动参与下的世界也毫无生机可言。"这种活动、这种连续不断的感性劳动和创造、这种生产,正是整个现存的感性世界的基础,它哪怕只中断一年,费尔巴哈就会看到,不仅在自然界将发生巨大变化,而且整个人类世界以及他自己的直观能力,甚至他本身的存在也会很快就没有了。"①可见,马克思并不赞同费尔巴哈的观点。由于费尔巴哈没有准确理解历史活动,因此无论是自然界还是社会都被看作已然存在的亘古不变之物,他不懂得只有通过"对象性活动"所理解的"对象世界"才是人类所生存的真实世界,也只有"对象性活动"才能切实展现出当下世界的样貌。可以说,人与世界本为一个动态发展的过程,不能用孤立或抽象的目光去看待它们,现实主体与其对象在"对象性活动"的基础上构成一个统一的整体。

其次,立足于"对象性活动"对于感性直观下"现实的人"的突破。费尔巴哈通过"单纯的直观"所理解的感性世界为固有的存在之物,对于感性世界的理解同时便是对于现实之人的理解,于是现实的人也只能被视作费尔巴哈所设定的对象。至此,人丢失了自身所具有的能动性,人这一主体只能从抽象的意义被认识。如果说费尔巴哈看到的仅是"肉体的人"并最终沦为"抽象的人",那么马克思看到的则是"从事对象性活动的人"。在马克思而言,人是能动性与受动性的统一体,现实的人永远处于对象性活动之中。一方面,现实的人接受当下对象世界的馈赠,同其建立对象性关系;另一方面,现实的主体在认识对象世界的同时,避免不了主观的意识与现实世界存有的差异。"历史不是作为'源于精神的精神'消融在'自我意识'中而告终的,历史的每一个阶段都遇到一定的物质结果,一定的生产力总和,人对自然以及个人之间历史地形成的关系,都遇到前一代传给后一代的大量生产力、资金和环境,尽管一方面这些生产力、资金和环境为新的一代所改变,但另一方面,它们也预先规定新的一代本身的生活条件,使它得到一定的发展和具有特殊的性质。由此可见,这种观点表明:人创造环境,同样,环境也创造人。"②主体会通过对象性活动去瓦解矛盾,进行新条件下的生存与发展。因此,从事对象性活动的人,也必然是处于历史和社会联系中的人。

最后,立足于"对象性活动"对于感性直观下"单一感觉"的突破。费尔

---

① 《马克思恩格斯文集》(第1卷),人民出版社2009年版,第529页。
② 《马克思恩格斯文集》(第1卷),人民出版社2009年版,第544—545页。

巴哈所设定的直观为"单纯的直观",在主体的理解之中仅仅局限于"单纯的感觉"。反观马克思,他对于人之感觉的认知则是"由于它的对象的存在","五官感觉的形成是迄今为止全部世界历史的产物"[①]。因此,无论是现实之人还是人所萌生的感觉都要借助于对象性活动才得以形成并发展,费尔巴哈丢失的恰恰是人类感觉的重要特性即能动性。在费尔巴哈哲学的语境中,人类的感觉与单纯的直观相辅相成,人类的感觉成为单纯受动的并且是当下直接的产物,成为一经形成便不再更改的设定。而马克思所做的工作是将人类感觉的真实形态展现出来,阐明人类感觉得以形成的原因。

(二)形而上学建制的终结

从笛卡尔的"我思"开始,现代形而上学的基本建制——意识内在性——便由此形成。"我思"所建造出的封闭境地,其后的哲学家们大多难以突破。可以说,现代形而上学的立足点无不根植于意识的内在性之中,其本质都归属于抽象化的理论性向度。因此,无法突破意识内在性之牢笼,哲学的走向便也持续局限于概念化的抽象立场之中;就算有一只脚迈出了意识内在性的大门,如若控制其行动的"大脑"即哲学内核无法突破意识内在性之建制,最终仍然会徒劳无功,费尔巴哈便是其中最好的例证。那么,究竟拥有怎样的思想建构才意味着破除了这一困境,瓦解了意识内在性这一封闭的局面?

"当现实的、肉体的、站在坚实的呈圆形的地球上呼出和吸入一切自然力的人通过自己的外化把自己现实的、对象性的本质力量设定为异己的对象时,设定并不是主体;它是对象性的本质力量的主体性,因此这些本质力量的活动也必须是对象性的活动。"[②]马克思的这段话引出了破解意识内在性困境的武器——对象性活动。"站在坚实的呈圆形的地球上"清晰地表明了马克思与"我思"完全不同的立场,即与意识领域完全不同的现实领域,意味着人在世界中存在,从而现实的人能够去"呼出和吸入一切自然力"。人并不是意识领域中的一个抽象之物,相反,人突破了由"我思"所建构的意识内在性,从而能够与外界之物融为一体。如果说此前的"外化"——如黑格尔所谓"自我意识的外化设定物性"——仍然是内存于意识中的虚无之物的一次抽象性剥离,设定的只是一种抽象之物,那么马克思的"外化"就是一种不是从意识内部出发的扩散过程,是"对象性的本质力

[①] 《马克思恩格斯文集》(第1卷),人民出版社2009年版,第209页。
[②] 《马克思恩格斯文集》(第1卷),人民出版社2009年版,第209页。

量的主体性",是与外界对象相联系所产生的一种人的外化力量,推倒了意识内在性这道藩篱,与外界对象发生着真切的联系。"因此,并不是它在设定这一行动中从自己的'纯粹的活动'转而创造对象,而是它的对象性的产物仅仅证实了它的对象性的活动。"①人的活动便寓居于外界领域之中,人自身的存在与对象本身的存在也都通过活动来进行确证,对象性活动通过对象性的产物去确证自身的存在。人的存在超脱了自我活动在意识领域内"不停息的圆圈",取而代之的是改造外界对象的对象性活动。

马克思关于"对象性活动"原理的阐述,表达了生命哲学范围内的对象性原理。人不是作为现成的精神主体"内在地"面对外部环境,人的存在被其生命需要的对象所设定,即人的存在是"外在的",随之产生的活动也将自身的"外在存在"设定为"异己对象"的活动即对象性活动。由此,人之存在的对象性方面退回到观念本身之中的设定被"对象性活动"阻拦,打破了意识内在性的封闭区域,拓展了由"我思"所设定的意识领域,人类的现实世界本身得到关注。

(三)伴随哲学革命的推演

"对象性活动"原则作为马克思对以往哲学的批判性超越,实现了与旧哲学逐步划清界限的目的,继而为以"实践"为核心的新哲学拉开了序幕。"对象性活动"原则是一把关键的钥匙,开启了马克思本体论革命的大门。纵观马克思整体的思想进程,在这场以"实践"为核心的哲学革命中,"对象性活动"又扮演着怎样的角色,发挥着怎样的作用?

"对象性活动"原则的提出揭露了旧唯物主义的内在本质,为哲学革命的最终实现提供了动力。在马克思看来,包括费尔巴哈哲学在内的从前的一切唯物主义,都没有摆脱抽象的思维形式去看待现实事物,逻辑范畴仍然被束缚于意识的内在性之中,其本质与黑格尔并无区别。旧唯物主义的立脚点仍然回返至形而上学之中,它所能达到的认识范围只是由自我意识的外化所设立的"物性",即一种抽象的物。"非对象性的存在物,是一种非现实的、非感性的、只是思想上的即只是想象出来的存在物,是抽象的东西。"②何为"非对象性"的存在物?对于现实的人而言便是"无"。反观马克思的对象性活动,它作为对一切抽象虚化的驳斥,是对于现实的人而言的"有"。由此,借助于对象性活动,马克思得以触动形而上学的根基,使一切思辨假象被全部消解,旧唯物主义的本质也被彻底揭露。对旧唯物主义

---

① 《马克思恩格斯文集》(第1卷),人民出版社2009年版,第209页。
② 《马克思恩格斯文集》(第1卷),人民出版社2009年版,第232页。

本质认知的实现,表明了马克思本体论革命达到了新的高度,马克思在《巴黎手稿》中所提出的"对象性活动"无疑就是推动者。可以说,"对象性活动"原则为马克思持续推进的本体论革命提供了动力,并最终促使哲学实现了从知识论路向到生存论路向的转变。

"对象性活动"原则的提出,为马克思哲学革命的核心概念即实践的形成奠定了基础。对象性活动的意义不仅在于它是反思前人思想后所得的结果,这一原则对于马克思思想的发展也起到了重要的作用。马克思在《巴黎手稿》中并未将"实践"与"对象性活动"明确地统一起来,《关于费尔巴哈的提纲》则完成了关键的一步,将分离的两方进行合并。在《巴黎手稿》中,"对象性活动"是"实践"的初期显露,而在《关于费尔巴哈的提纲》中,"实践"是"对象性活动"最终实现。正是由于"对象性活动"的奠基,"实践"得以真正作为一个核心原则贯穿于马克思的"新世界观"之中。此外,"对象性活动"作为"实践"的雏形,也是马克思强调他自己所理解的"实践"必然要经历的阶段。正是"对象性活动"原则的奠基,才促成了马克思的"实践"概念独具鲜明个性的本体论意蕴。

二、立足于"对象性活动"原则考察现实世界

立足于"对象性活动"原则的确立,人们得以对现实世界进行再次考察。回顾过往,以往的哲学家为我们提供的是一个孤立僵化的世界,而马克思则为我们展现了一个生动丰富的世界。通过对象性活动,真实的主体与现实的世界得以切实地显现在我们眼前,人类得以在对象性活动之中合理地建立起与世界的关联。至此,哲学长久以来的任务得到了修正,开启了一个全新的世界观——从"解释世界"到"改变世界"。

(一)历史地考察人与世界的关系

不同于近代哲学将主体与客体的分离作为其思考的前提,"对象性活动"则是历史性地看待人与世界的生成。因此,"对象性活动"是对于主客二分的瓦解与破除,人与现实世界的真实面貌在对象性活动之中得以彰显。

立足于"对象性活动"原则对现实主体进行历史性思考,便是将"实在"理解为感性对象性的存在[①]。感性现实的主体进到了生动的活动过程之中,要按照历史的原则对现实的存在加以理解。对历史存在物的肯定,便

---

① 吴晓明、陈立新:《马克思主义本体论研究》,北京师范大学出版社2017年版,第204页。

是对抽象存在物的反驳。思辨本体论中的存在物，是一种非现实的、非感性的存在物，究其根本，是一种抽象性质的存在。在对象性活动之中，现实主体的存在冲破了思辨本体论对其抽象的界定，现实主体的存在就是对象性的存在、历史性的存在，体现为属人的活动过程。这一点在《巴黎手稿》中十分清晰："一个存在物如果在自身之外没有自己的自然界，就不是自然存在物，就不能参加自然界的生活。一个存在物如果在自身之外没有对象，就不是对象性的存在物。"①

当马克思用"对象性活动"原则去理解现实主体之时，与主体相连的对象世界也要被纳入"对象性活动"的范畴之中，即属人的世界是人的对象性活动的产物。对象世界于我们而言并不是已然的存在；要摆脱单纯直观的形式，主体所承认的对象世界一定是其对象性的产物。因此，在人类历史中，"生成的自然界"才是"人的现实的自然界"，"生成的世界"才是"人的现实的世界"。在哲学语境下，这一改造生成的过程要通过"对象性活动"加以实现，在社会现实中则是通过工业。"我们看到，工业的历史和工业的已经生成的对象性的存在，是一本打开了的关于人的本质力量的书。"②在马克思看来，对象性活动最普遍、最典型的产物便是"工业"。工业生产关系便是人们社会关系的缩影，劳动者创造着劳动产品并享有他人的劳动成果。每一件工业产品的呈现无一不是劳动者本质力量的凝结；劳动者创造与享有劳动成果的过程体现了自我与他人的现实存在，确证了人与人之间的共同本质。因此，工业作为人的本质力量展现、作为人的对象性产物，考察工业必然要将工业的对象性存在与工业的历史相联系。换言之，关于存在的理解要与存在者的活动相联系。由此，通过对于工业的现实性解读，马克思进一步确证了现实世界必然是人通过对象性活动而生成的，是对象性活动的产物。

从"对象性活动"原则出发，对人与世界重新进行考量，现实的人及其所处对象世界被视为一个动态生成的过程，而不是静态抽象的存在。至此，历史的车轮得以在人的对象性活动中不断向前驱动，人们能够在对象性活动过程中不断向前发展。

(二)合理地理解现实世界

马克思的"对象性活动"原则在哲学领域内形成了一次彻底的颠覆，打破了形而上学的抽象所造成的人与环境的分离。人和自然界历史的、具体

---

① 《马克思恩格斯文集》(第1卷)，人民出版社2009年版，第210页。
② 《马克思恩格斯文集》(第1卷)，人民出版社2009年版，第192页。

的统一得以真正建立并得到合理的理解；现实生活便是"人和自然界的实在性，即人对人来说作为自然界的存在以及自然界对人来说作为人的存在"①。对于人与世界关系的准确认知，也意味着人能够在对象性活动过程中更加深入地认识现实世界。

只有去除意识形态的遮蔽，方能深入现实世界。马克思所借助的"对象性活动"原则无疑是实现这一点的前提。依照以往传统哲学的做法，对于现实世界的理解只是借助于设想一个更加本原的世界。其实，只要脱离了与现实世界的联系，哲学便不再是关于现实世界的反思，而是一种抽象的遐想。只有在对象性活动的过程中，人们才能真正达到对于现实世界的把握。这是一个以"对象性活动"为基础而构造的属人的世界，是真实可寻、生动多姿的存在，表达了属人的活力并可以使人感受到属人的意义。人不是被动的"接收者"，而是主动的"改造者"。那么，人类应该采用怎样的方式去探索世界呢？马克思的对象性活动又给予我们一个合理的答案。

通过"对象性活动"原则使人们认识到，在探索世界的过程中，人们并不能一味地做"索取者"，而应当成为坚定的"守护者"。对象性活动揭示了人与对象世界的统一性，人是现实世界的一部分，人与对象世界具有不可分割性。可以说，人与世界作为一个休戚与共的整体，二者血肉相连，息息相关。对象世界给予人类能够确证与表现自身生命的本质力量，促使人类在对外活动中不断进步、超越自我；同时，人类在探索自然的过程中，不断发现自然的奥秘，采取适当的方式保护自然、维持自然的平衡。反观近代哲学关于人与自然的分裂观念，人只是自然之外的渺小旁观者，这种双方割裂的状态，使得人对自然持有冷漠性的态度，仅仅将其当作工具来利用。

可以说，借助于"对象性活动"原则，马克思使我们获得了关于现实世界的正确把握与理解。"对象性活动"原则带给人们的不仅仅是认识论层面上的改变，更是一种世界观的指引，使人们实现了从思辨层面解释世界转变为在实践层面改变世界。

（三）从解释世界到改造世界

在《关于费尔巴哈的提纲》中，马克思完成了对于"实践"意义的完整把握，并构建了新世界观的体系。"实践"作为"新世界观"的主导原则形成了这一思想体系的主要基调，其后哲学所面临的基本问题也都是由这一概念所指引。前已述及，对于"实践"的理解要以"对象性活动"为背景，那么，如

---

① 《马克思恩格斯文集》（第 1 卷），人民出版社 2009 年版，第 196 页。

同"对象性活动"原则所设定的那样,人类面对的不再是一个僵化的世界,而是通过活动使其改变的对象,人类自身也完成了主动性与受动性的统一,成为一个真正的、完整意义的人。在以"对象性活动"原则为前提构建的哲学语境下,马克思新世界观即实践的唯物主义正式形成,它超越了包括费尔巴哈哲学在内的"旧哲学",哲学的任务也由此得到改变。哲学所面临的问题不再是单纯地诉诸当下现成的对象,而是诉诸现实主体的对象性活动;哲学的任务不再是解释世界,而在于通过人的活动去改造世界。

为何将马克思之前的哲学都划归至"解释世界"这一范围中?因为全部的旧哲学都仅仅停留在探讨世界之本原的知识论立场中。究其缘由,这与柏拉图主义有着密切的关联。从柏拉图设立理念论直至黑格尔,在这段可以称为形而上学的历史中,理念论引导着哲学发展的基本定向。即便费尔巴哈将现实的人作为研究的重心,他依然无法摆脱纯粹理论态度的困境,他所采取的感性直观的方式终究无法逃脱抽象化、理论性的道路。旧哲学借助的是思辨的力量即抽象的空想,马克思的新唯物主义学说超越了传统本体论一贯遵循的知识论路向,他所抓住的是实践的力量,这是一种自我批判、自我否定的力量。在马克思看来,"对象性活动"或"实践"所指向的是现实生活本身,关联的是历史性主体本身。它不仅满足理论合理性所需求的概念,是一种理论的原理,更作为推动现实生活的实际原则,是一种行动的要求。至此,马克思完成了对以往全部旧哲学抽象理论态度的批判,实现了从解释世界到改造世界的转变,同时也表明了马克思学说的立足点并不局限于某一个时代,马克思所面向的是人类社会,是具有未来向度的、处于不断发展的社会。

以往的哲学都是对本体论的知识化理解,而马克思主义哲学超越了知识论的解释,打破了旧有的界限,是一种切合当代的、新的本体论思想。关于存在世界的一切重要表述,如事物与运动、存在与本质等,都将脱离旧哲学的禁锢,在马克思新本体论视域中焕发生机。终于,"知识论路向"的哲学得以终结,"生存论路向"的哲学由此开启,马克思主义的新唯物主义学说将大放异彩,指引着社会向前发展。

三、"对象性活动"彻底突破了"意识内在性"

马克思说,"当现实的、肉体的、站在坚实的呈圆形的地球上呼出和吸入一切自然力的人通过自己的外化把自己现实的、对象性的本质力量设定为异己的对象时,设定并不是主体;它是对象性的本质力量的主体性,因此这些本质力量的活动也必定是对象性的活动。"①这里现实的人已然"出离"了意识内部，站在坚实的大地上"呼出和吸入一切自然力"，并将自己对象性本质力量作用于外在事物上，并使之成为对象化产物，而"它的对象性的产物仅仅证实了它的对象性活动，证实了它的活动是对象性的自然存在物的活动"②。也就是说，对象性活动本身是指向外部感性世界的，这使得人开始直面外部感性世界，并与之直接打交道，不再停留于意识自身内部、与外在事物相隔绝，因而也就完成了对外在事物的通达。而在这之前，费尔巴哈试图重新恢复感性世界，但他的感性直观本体没有使得主体"出离"自身，只是完成了对现存世界的重新解释；费尔巴哈也没有突破传统理论抽象的思辨理性本体论路向，更没有做到直指生活世界的本身，让生活世界"如其所是"地呈现出来。

（一）以"生活世界"扬弃"感性自然"

对于联结"存在物"与它之外的对象之间的关系，费尔巴哈只是从客体的形式去理解，这只能表明外部事物的存在仅仅是来自我们对它的需要，因而对象性就流于形式，对象性关系稀疏散宕。费尔巴哈告诉我们的无非是莱布尼茨所说的"实体联系"，除此之外，就再也说不出更多确定的东西了，而这实际上也是对现实生活的再度抽象化。而在马克思那里，"当物按人的方式同人发生关系时，我才能在实践上按人的方式同物发生关系"③。就此而言，马克思采用了本体论革命的说法——只有在对象性活动即实践活动、感性活动中，才能领会到人与周围的物乃至整个自然界的对象性关系。这也意味着，现实世界并不仅仅被我们的感觉所反映，还通过感性活动被规定和建构。通过感性活动，属人的对象世界才得以不断地创建，人与对象之间的关系才得以丰富和全面地发展，世界才能向人呈现并在人的活动中发生着改变。因此，"被抽象地理解的、自为的、被确定为与人分隔开来的自然界，对人来说也是无。不言而喻，这位决心转向直观的抽象思维者是抽象地直观自然界的"④。虽然马克思的这句话主要针对黑格尔抽象的思辨理性本体论，但是也蕴含着对费尔巴哈感性直观本体论的批判。在费尔巴哈那里，自然是脱离于人之外的抽象物，也就是"形而上学化了的脱离了人的自然"，而马克思摆脱形而上学的关键就在于本质性地把握住

---

① 《马克思恩格斯文集》（第1卷），人民出版社2009年版，第209页。
② 《马克思恩格斯文集》（第1卷），人民出版社2009年版，第209页。
③ 《马克思恩格斯文集》（第1卷），人民出版社2009年版，第190页。
④ 《马克思恩格斯文集》（第1卷），人民出版社2009年版，第220页。

了"对象性活动"之本体论定向。费尔巴哈指出:"只有一个感性的实体,才是真实的,现实的实体。"①在费尔巴哈"感性本体论"的视野中,现实事物就是感性事物,但这样的感性事物是意识到了的存在,却不是实践建构的历史产物。当马克思站在对象性活动的立场之上,对于自然界与物质重新加以审视时,他就以"新唯物主义"从本体论上翻转了这种旧唯物主义。

  费尔巴哈的感性直观本体论只是停留在自身内部的感觉,只能"静观"感性世界,并不能真正地通达主体和客体的内在关联。而马克思的实践本体论指向外在的某一对象,这就意味着人必须"出离"自身,将人的对象性本质力量作用于人之外的对象,使得外部对象成为人感性活动的产物。在马克思而言,对于对象的理解依托于人们活动的结构和现实的社会关系。人在感性活动中具有了"属世界性",世界也就拥有了"属人性";人与世界的关系也不是现成的,而是由感性活动所引发的一体性关系,即"环境的改变和人的活动或自我改变的一致,只能被看做是并合理地理解为革命的实践"②。可见,马克思的本体论足以冲破近代思辨哲学的纯粹理性本体论,使得对象和人真正地关联在一起。

  那么,为什么马克思的对象性活动能击穿意识的内在性,而费尔巴哈的感性直观却不能?因为从费尔巴哈感性直观本体论出发去理解"存在",所代表和体现的是"旁观者"的理论哲学立场③,表明费尔巴哈的感性直观本体论对现实社会并没有产生任何批判性的力量,只是重新解释了现存的世界,其实并没有走出意识内在性的返想。虽然借助于说明人的"感性存在"之感性本体论,费尔巴哈实现了对传统形而上学的颠覆式的批判,确证了人与自然、精神与物质的统一关系。在这个意义上,费尔巴哈以感性本体论在哲学史上开启了哲学现代性的新视域。但是,费尔巴哈的感性直观还不是现实的人的感性,他没有从感性活动来理解现实的人及其活动,这就意味着他不是从感性活动即实践来理解感性的现实性,而是囿于人自身的内在性来说明感性世界、自然界的形成。也正是这一缺陷导致他未能将对形而上学的批判贯彻到底。而在马克思那里,实践本体论使得人从自身中走出来,与周围环境打交道,并将属人的本质力量作用于整个自然界,从而建构起"生活世界",这样就摆脱了以往哲学仅仅"解释世界"而没有"改变世界"的困境。

---

① 费尔巴哈:《费尔巴哈哲学著作选集》上卷(荣震华等译),商务印书馆1984年版,第166页。
② 《马克思恩格斯文集》(第1卷),人民出版社2009年版,第500页。
③ 贺来:《哲学"立脚点"的位移与马克思的哲学变革》,载《南京社会科学》2017年第1期。

（二）对象性活动走进了社会现实

马克思提出的"对象性活动"无疑有别于费尔巴哈的感性直观原则，马克思提出的"现实的人"真正做到了"出离"自身，将自己的对象性本质力量作用于外在的对象，从而形成对象化产物，而对象性产物证实了现实的人的对象性活动，也证实了这种活动是对象性的自然存在物的活动。这里的人并不是处在封闭的自我意识区域之内，而是通达了对象性领域。因此，自柏拉图以来的感性世界与超感性世界的二分以及近代认识论主客体的二元对立也就结束了。

对于联结人与"存在物"之间的关系，马克思判定它只有在对象性活动中才得以呈现："只有当物按人的方式同人发生关系时，我才能在实践上按人的方式同物发生关系。"[①]马克思主张只有在实践活动中，才能领会人与周围的物之间的对象性关系亦即现实的存在；如果以直观的方式去观察外部存在，实则是从客体的形式去理解。关于此，马克思犀利地批评道："被抽象地理解的、自为的、被确定为与人分隔开来的自然界，对人来说也是无。不言而喻，这位决心转向直观的抽象思维者是抽象地直观自然界的。"[②]虽然这种批评主要针对黑格尔的"绝对主体"，但其中也蕴含了对费尔巴哈感性直观的批判性翻转，因为在费尔巴哈那里，自然是脱离于人之外的，具有优先地位，人只是被动消极地去适应自然。显然，自然在费尔巴哈那里是外在于人的抽象存在。因此，理解马克思瓦解"意识内在性"的关键，就在于本质性地把握"对象性的活动"之存在论定向。

在马克思看来，主体与客体的共在性关系是在对象性活动中表现出来的。人的对象性本质力量通过实践活动作用于人之外的对象，才使得人与外在对象处于原初关联中，并随着对象性活动不断扩展，对象性关系不断生成。因为实践活动是指向外在活动的某一对象，所以主体不得不先"出离"自身，实践活动导致外在赖以生存的环境发生改变，并且促使人自身的本质不断地生成和开显，即"环境的改变和人的活动或自我改变的一致，只能被看做是并合理地理解革命的实践"[③]。

毋庸置疑，马克思的"对象性活动""感性活动"或"实践"，足以冲破近代哲学的意识内在性的基本建制，将对象和"我"真正地关联在一起。此时的对象不再是自在的存在，而是被实践活动中介了的存在。换言之，对象

---

① 《马克思恩格斯文集》(第1卷)，人民出版社2009年版，第190页。
② 《马克思恩格斯文集》(第1卷)，人民出版社2009年版，第220页。
③ 《马克思恩格斯文集》(第1卷)，人民出版社2009年版，第500页。

不是天然地具有"直接同人的存在物相适合存在的"的特性,它只有在对象性活动中才成为人的对象,就像费尔巴哈所依赖的"可靠的感性"也是由于感性活动才被提供给主体的,其实就连其所倚重的"感性直观"也是由感性活动带来的。费尔巴哈的"旁观者"的理论哲学立场,并没有使现存世界发生彻底的革命化,这就导致他不得不停留在原有的基本建制中,他的感性直观也就无法击穿意识内在性。唯有对象性活动、实践,才能使人类社会不断地生成和发展。这充分表明人走出了意识内在性的遐想,开始走进现实世界中了。马克思说:"理论的对立本身的解决,只有通过实践方式,只有借助于人的实践力量,才是有可能的。"①这意味着各种抽象的对立在实践过程中都失去了其独立存在的性质,观念的冲突与矛盾就能在社会现实中得以解决。

(三)"革命化"的对象性活动超越了感性直观的理论批判

就马克思本体论革命的主旨而言,马克思并不局限于形而上学或对形而上学的颠覆和瓦解,而是立足于感性对象性活动,对当时资本主义社会的异化状况进行一种整体性的透视和批判,为人类摆脱这种异化状态、走向彻底的解放提供充分的理论论证并指明方向。②当费尔巴哈对宗教异化进行批判时,他所做的工作是把宗教世界归结于它的世俗基础,也就是说,费尔巴哈仅仅做到了将"感性"带进了人们的视线,告诫人们这才是宗教的真理,并要求人们学会抨击宗教的虚伪性、欺骗性。这表明费尔巴哈和其他的理论家一样,只是停留在了世俗世界面前,无法解答马克思指出的"这个世俗世界的自我分裂和自我矛盾",因此对"实践中的革命"只会感觉到匪夷所思。这意味着,费尔巴哈批判的只是当时的意识形态幻觉,并试图通过确立所谓的正确思想对其加以修正。费尔巴哈的修正表现在要建立起没有上帝的、以人和人之间感情关系为基础的"爱"的宗教,希望借此来达到人的本性的复归,实现人类的解放的目的。其实这不过是一句空谈。因为"爱"的宗教只能是一种呓语,费尔巴哈没有揭示出宗教产生的世俗基础的自我分裂和自我矛盾,世俗基础本身是费尔巴哈不能通达的领域,他当然也不会提出如何变革世俗基础来实现"爱",更没有理解世俗基础自身及其矛盾,遑论在实践中使之革命化了。

马克思毫不留情地揭示了这种扬弃仅仅是对思想上的本质的扬弃,只是在道德的思想中进行自我扬弃,还误以为自己的活动也是感性的现实的

---

① 《马克思恩格斯文集》(第1卷),人民出版社2009年版,第192页。
② 张守奎:《"意识的内在性"之批判及其限度》,载《学术研究》2014年第10期。

活动:"这种思想上的扬弃,在现实中没有触动自己的对象,却以为实际上克服了自己的对象。"①而马克思对于社会异化的批判,率先要做的工作是对意识的内在性的消解,使"社会现实"和"事情本身"得以真正呈现出来,从而才能改变其从中产生的世俗生活基础,铲除其赖以存在的现实生活土壤。"不是人们的意识决定他们的存在,而是相反,他们的存在决定他们的意识。"②也就是说,仅仅囿于观念领域的变革是无法实现社会的变革的,而不得不从世俗世界的"自我分裂"和"自我矛盾"来说明异化产生的原因。在马克思而言,"社会生活在本质上是实践的"③。实践就是感性的生活世界的自我批判、自我革新,观念的批判只是对生活世界自我批判的表达,而不是其原因和动力。换言之,社会生活本身进行着自我批判,这也就意味着全部社会的本质是不断地改造社会关系,而实践推动了社会关系的改变。由此,我们应该在对实践的理解和探寻中追问这世界的由来以及在世界中的我们的命运。

  从上述分析中我们可以看出,费尔巴哈意图通过感性直观原则对形而上学意识内在性的基本建制予以消解和批判,但是他仅仅实现了与意识的对立,而没有真正走出意识内在性,接触到现实世界,更无法对宗教异化的问题进行彻底的解决,只能停留在宗教道德的批判中。而马克思的实践本体论则彻底地揭示了被意识所遮蔽着的现实生活,这就意味着人们能够变革既定社会状况和"使现实世界革命化"。如此,马克思哲学的当代价值就清晰地呈现了出来:既意味着整个形而上学——意识内在性的思维方式——的崩塌,也意味着实践纲领——历史唯物主义——的生成与显扬,而这从根本上显现出了马克思本体论革命的伟大之处。或许我们可以说,面对今天人类的生存境况以及摆在我们面前的各种挑战与问题,我们比以往任何时候都更迫切地需要准确地理解马克思的本体论革命。

  纵观马克思卷帙浩繁的思想成果,"对象性活动"原则是十分重要的哲学术语,是开启马克思新世界观的钥匙,构成了马克思本体论的枢轴。每一次新思想的出现,必然会历经长久的"思想博弈",同样,"对象性活动"原则也是马克思数次思想转变之结果。从初期对于青年黑格尔派"自我意识"的青睐,到因物质利益的困惑转向费尔巴哈"现实的人",而后对于活动原则的批判性吸收提出"对象性活动",不难看出,在思想的折返中,马克思

---

① 《马克思恩格斯文集》(第1卷),人民出版社2009年版,第216页。
② 《马克思恩格斯文集》(第2卷),人民出版社2009年版,第591页。
③ 《马克思恩格斯文集》(第1卷),人民出版社2009年版,第501页。

对于前人思想进行了数次翻转,又再次予以重新建构,最终"对象性活动"得以实现自身的蜕变,走向"实践"。

马克思构建的"对象性活动"原则完成了德国古典哲学与费尔巴哈人本学的有效整合,弥补了二者的缺陷,并清算和超越了自己的哲学思想,将哲学从抽象思辨拉回到了社会现实之中。理念只有通过"对象性活动"才能在现实中得到印证与实现,马克思借助"对象性活动"达成了对于现实世界的重新理解与构造。至此,从"对象性活动"原则入手理解世界,摆脱了仅用知性范畴方式对现实世界的认知,突破了从单一受动性方面去把握现存世界。感性世界与现实的人并不是两个割裂的整体,世界本就内化于人的对象性活动之中。由此,人与世界实现了整体融合,主体得以重新构建与世界的联系,并采取更加合理的方式改造当下世界。

从"对象性活动"原则出发,马克思站在一个不同于前人的全新视角理解现实世界,即通过"实践的思维方式"来解读世界。可以说,这是一场不同以往的本体论革命。从探求抽象思辨的超验性存在到回归具体生活的现实性存在,马克思最终揭示出了哲学的目的不在于解释世界,而在于改造世界。

第四章　本体论革命的理论成果
——以"对象性意识"终结"自我意识"

马克思的本体论革命提出了实践本体以取代与感性活动分离的精神本体,即由纯粹的自我意识转变为实践——感性的对象性活动。马克思主张现实的个人既创造了对象,也创造了自己,同时还对人之为人的类特性有自觉,这种伴随人们的对象性活动而生成的自觉意识就是对象性意识。"意识在任何时候都只能是被意识到了的存在,而人们的存在就是他们的现实生活过程。"[①]即意识都是关于对象的意识,人类的历史其实就是对象性意识的历史。马克思的对象性意识立足于现实生活,从现实的个人出发,彻底颠覆了从纯粹意识出发来理解生活世界的近代思辨哲学。由此,马克思解答了从柏拉图以来直至黑格尔的形而上学建制中的意识内在性问题——意识如何贯穿外在的社会现实。

第一节　对象性意识的本体论意涵

马克思在批判费尔巴哈直观唯物主义哲学的过程中,创造性地提出了"对象性活动"这个概念。在马克思看来,世界是人的对象性活动所创造的结果,不是由思辨理性设想出来的。对象性活动是人的自由自觉的活动,或者说是有意识的活动。有意识意味着人的自觉性、主体性,这种意识即为对象性意识。自从笛卡尔以"我思故我在"确立了人类的主体意识,其后对于"自我意识"的探索成为西方哲学发展的主流,尤其是以黑格尔为集大成者的近代思辨哲学使得社会现实成了无法触及的彼岸。马克思不满于以往哲学家们如此这般地解释世界,力主要改变世界,因此,马克思的本体论革命便不可避免地展开了对以"自我意识"为出发点的近代思辨哲学的批判,"对象性意识"便是其中重要的理论成果。然而,人们容易将之与费

---

① 《马克思恩格斯文集》(第1卷),人民出版社2009年版,第525页。

尔巴哈的"感性直观"或是思辨哲学的"自我意识"做出相近的意义上解读，但这是对马克思的本体论革命理解不彻底所造成的误读。因此，通过对"对象性意识"进行解读，我们不仅可以更加全面地了解近代西方近代思辨哲学的困境，而且能够深入领会"对象性意识"所包含的马克思本体论革命的意涵，同时，这也将成为我们准确理解历史唯物主义学说的理论前提。

一、对象性意识的生成

西方近代思辨哲学从笛卡尔的"我思"开始，便进入了对于自我意识的探究之中。由于"自我意识"的觉醒，对于这一概念的研究成为其后许多哲学家的逻辑起点，在近代思辨哲学的发展进程中蔚为大观。应当说，"自我意识"一词是近代思辨哲学的核心概念，思辨哲学家将世界二重化，从纯粹的"自我意识"出发去说明和构造世界，不是使概念去适应客观现实，而是使客观现实去适应纯粹概念。在思辨哲学那里，"自我意识"是所有"存在"的规定者，那么，自我意识如何从自身中出来到达外部世界？思辨哲学意识的内在性问题必然造成其最大的理论困境："思维"与"存在"的二元对立。

"近代哲学并不是淳朴的，也就是说，它意识到了思维与存在的对立。必须通过思维去克服这一对立，这就意味着把握住统一。"①黑格尔对于思维与存在这种二元对立的局面有着清晰的判断，在他看来，想要解决这种"对立"，需要使思维与存在有个统一的归宿。为此，黑格尔借助了绝对者的自我活动来实现"实体即主体"的目的，重新建立了"上帝"或"绝对精神"这个无限者的存在。"实体在本质上即是主体，这乃是绝对即精神这句话所要表达的观念……惟有精神的东西才是现实的，精神的东西是本质或自在而存在着的东西。"②在绝对精神的展开过程中，思维与存在便具有了同一性的归属。按照黑格尔的设想，由绝对精神出发似乎就能解决二者对立的矛盾。但是，这一解决途径仍然局限于自我意识内部，依然难以逃离抽象的思辨哲学基地。

对于黑格尔的解答，马克思说："意识的存在方式，以及对意识说来某个东西的存在方式，就是知识。知识是意识的唯一的行动。因此，只要意识知道某个东西，那么这个东西对意识来说就生成了。知识是意识的唯一的对象性的关系。——意识所以知道对象的虚无性，就是说，意识所以知

---

① 黑格尔：《哲学史讲演录》第4卷（贺麟、王太庆译），商务印书馆1978年版，第7页。
② 黑格尔：《精神现象学》上卷（贺麟、王玖兴译），商务印书馆1979年版，第15页。

道对象同它之间的差别的非存在,对象对它来说是非存在,是因为意识知道对象是它的自我外化,就是说,意识所以知道自己——作为对象的知识——,是因为对象只是对象的外观、障眼的云雾,而就它的本质来说不过是知识本身。"①在《1844年经济学哲学手稿》的这段话中,马克思揭示了思辨哲学的"意识"的存在方式及其固有的局限性:意识的存在与意识对于对象的认知是同一件事,最终得到的认识仍然为意识本身,或者称为虚无的"知识",而"知识"本身是在意识建构对象中的经验积累。在马克思看来,"自我意识"其实是与意识之外的"存在"脱离的"纯粹意识",而知识则是纯粹意识的表现形式,是一种"纯粹知识"。换言之,黑格尔只不过是从绝对精神出发对世界进行抽象把握,由于自我意识仍然处于意识内在性之中,因此黑格尔的哲学也不能不是"抽象的"。为了更深入地批判"纯粹意识"这一概念所具有的内在性、抽象性,进而打破长久以来局限于纯粹观念的思考,马克思立足于现实生活本身,提出了意识都是关于对象的意识——"对象性意识"。

即便马克思本人没有明确提出"对象性意识"这个概念,然而,我们可以从马克思的"对象性活动"思想中合乎逻辑地推导出来。"对象性"与"意识"看似不相关的两个概念,在马克思的思想中为何要组合在一起,难道仅仅是为了批判纯粹意识而进行的随意组合吗?考察哲学史,我们发现这一概念并不是马克思率先提出的,费尔巴哈和黑格尔都有所提及,但是他们赋予这一概念的含义却与马克思大相径庭。在黑格尔看来,这个概念仍然是为"自我意识"服务的,"只是作为自我意识、思想的对象,它只是自我确认范围内的思想的外化"②。对于"对象性意识"这一概念,黑格尔并没有深入地观察与思索过,费尔巴哈的理解也仅仅局限于"感性存在"在人们头脑中的直观对象,是与"感性直观"联系在一起的。

马克思曾经使用过"感性意识"概念,我们经过分析发现:"感性意识"与"对象性意识"这两个概念的内涵与外延完全一致。然而,使用"对象性意识"能更精确地阐明马克思思想中的实践本体论和辩证法因素,因此,我们更倾向于使用"对象性意识"这个概念来阐明马克思思想中实践的革命性和否定性意涵,还能避免仅仅从理性的对立面立场来理解马克思的"感性意识"。值得注意的是,马克思的"感性意识"中的"感性"不是指人的感

---

① 《马克思恩格斯文集》(第1卷),人民出版社2009年版,第212页。
② 费尔巴哈:《费尔巴哈哲学著作选集》上卷(荣震华等译),商务印书馆1984年版,第70页。

知能力意义上的感性,而是指感性活动,也就是对象性活动、实践。马克思多次清晰地阐明了意识与人的对象性活动之间的关系,在马克思看来,意识的来源就是人的对象性活动,只有成为对象性活动的对象,才能进入人的意识,不是人的对象人就无法去意识它。因此,马克思批判了思辨哲学无对象的纯粹意识的抽象性:"非对象的存在物是一种非现实的、非感性的、只是思想上的即只是想象出来的存在物,是抽象的东西。"①进而,马克思揭穿了思辨哲学连同费尔巴哈哲学中的一切幻想,反驳了黑格尔哲学中由自我意识的外化来设定物性,抽象的思维俨然以现实性自居。其实,抽象的思维与感性的现实是对立的。

马克思一针见血地指出:"意识——作为知识的知识——作为思维的思维——直接地冒充为它自身的他物,冒充为感性、现实、生命,——在思维中超越自身的思维。(费尔巴哈。)"②由此可见,马克思哲学与思辨哲学的不同之处在于:"感性意识不是抽象感性的意识,而是人的感性意识。"③在马克思的本体论革命语境中,意识的概念中天然地含有感性对象性。马克思阐明了这一意识并非人的与生俱来之物,而是与人的对象性活动有所关联,是在对象性活动中被构造而成的。

为了便于对这一概念展开深度解读,我们需要把握人的行为——对象性活动。对于"活动"一词的理解,思辨哲学将其看作纯粹主体的精神性活动,这是一种缺失"对象性"的活动,是一种观念上的设定、虚幻的存在。与之相反,在马克思而言,活动是一种感性的、存在于现实世界中的人的实践行为。由于人类不会被动地接受周遭的一切,为了不断满足自身增长的需求会主动与周围环境建立联系,并逐步将其现实化,因此,人的对象性活动的由来并不是偶然的、随机的,更不是一种头脑中的纯粹观念。"对象性的存在物进行对象性活动,如果它的本质规定中不包含对象性的东西,它就不能进行对象性活动。它所以能创造或设定对象,只是因为它是被对象所设定的,因为它本来就是自然界。"④由此,对于对象性活动,我们不仅要看到人类满足了自身的需求,还要看到人类在创造对象的同时也被对象所规定。人类在其本质上也是自然界的产物,人对自然界中的对象所产生的意识就是对象性意识。

---

① 《马克思恩格斯文集》(第1卷),人民出版社2009年版,第211页。
② 《马克思恩格斯文集》(第1卷),人民出版社2009年版,第213页。
③ 《马克思恩格斯文集》(第1卷),人民出版社2009年版,第204页。
④ 《马克思恩格斯文集》(第1卷),人民出版社2009年版,第209页。

通过对对象性活动的阐发,马克思进一步展示了人的主体性作用。在对象性活动中,自然界中的一部分进入人的实践活动范围,成为人的实践活动的对象。这种对象性原则无疑表现在人的物质性实践活动中,该对象并非主体纯粹意识的活动对象。至此,马克思与近代思辨哲学的边界就清晰地呈现了出来。进而,从马克思的对象性活动入手,对象性意识也能合乎逻辑地被推导出来。当人们创造所需之物时,他们一定是在与外部对象产生对象性关系;此时,为满足人的需要不得不对对象有所理解和领会,这就是对象性意识。对象性意识内在地包含于对象性活动中,是对象性活动的结果之一。正如马克思在《1844年经济学哲学手稿》中所言:"因此,劳动的对象是人的类生活的对象化:人不仅像在意识中那样在精神上使自己二重化,而且能动地、现实地使自己二重化,从而在他所创造的世界中直观自身。"[1]人类在创造出所需的对象物时,也直观到了自身的存在,随之对象性意识在创造活动中被建构;对象性意识是人类作为社会存在物伴随对象性活动自然而然出现的意识。因此,对象性意识是人类感知到自身与对象的存在而出现的意识,是人类所独有的。随着人们新需求的不断出现并且在对象性活动中被满足,人们会不断产生新的对象性意识代替旧的对象性意识。

概而言之,马克思的"对象性意识"终结了近代思辨哲学纯粹的"自我意识"概念,二者的根本分歧在于起源不同。对于思辨哲学而言,纯粹意识是世界存在之根据,人对于世界的理解是由纯粹意识所创造出来的。与纯粹意识的对象具有这种先验性相反,马克思的对象性意识所反映的对象具有现实性,是人的对象性活动创造出了对象世界,同时,人的意识在对象性活动中也直观到了自己,所以,意识只能源于被意识到了的人们的实际生活过程。在马克思的本体论革命中,意识不应当脱离人的对象性世界而被抽象地谈论,"意识在任何时候都只能是被意识到了的存在,而人们的存在就是他们的现实生活过程"[2]。显然,在马克思那里,人们的意识是与现实世界的对象紧密相连的,因而不能不是对象性意识。换言之,对于对象性关系的自觉意识就是对象性意识;如果抛开对象空谈意识,意识就不能不退化为思辨哲学的纯粹意识。

---

[1] 《马克思恩格斯文集》(第1卷),人民出版社2009年版,第163页。
[2] 《马克思恩格斯文集》(第1卷),人民出版社2009年版,第525页。

二、对象性意识是人对自身的领会

通过仔细考察,我们发现在马克思那里,对象性意识是人在自己所创造的对象世界中对自身与外部世界以及二者关系的观念自觉。那么,何为"自身"?是不是人类在自己所创造的对象性活动中发现的自己的个体特征?如果按照这样的定义,关于对象性意识的解释就更多地偏向了心理学原则。其实,对于"自身"可以理解为"类"、人之类。"类"概念的形成则是马克思对于意识内在性展开批判性反思的成果。依循思辨哲学,从"我思"出发来理解的人自身只能是一种抽象的主体性,并导致思维与存在二元对立的局面。与之相反,马克思重视人的现实性而提出了"类"这一概念。人通过自身的对象性活动与世界融为一体;"类"原本就内在于人类自身,而人的对象性活动就是其呈现方式。在马克思看来,当我们实际地改变自然物时,这个自然物就进入我们的视野而成为实践活动的对象,成果是由对象性活动带来的,其中包含的并不是单个人的对象性活动的成就,而是带有人之"类"的对象性活动成果。

马克思说:"通过实践创造对象世界,改造无机界,人证明自己是有意识的类存在物,就是说是这样一种存在物,它把类看做自己的本质,或者说把自身看做类存在物。"[①]马克思在这里所谓的"看做"事实上表明了人的类意识、人的对象性意识。人的意识首先是类意识,其核心内容就是人对自身的领会,而不是被类所规定。人类的个体之所以成为个体,在于人把自身所属的类当作对象,人在创造对象的过程中也创造着自己所属的类,同时还意识到自己作为类的存在物本身。简言之,在马克思看来,人既在创造对象,也在创造着自己——对人之为人的类特性有所领会。

显然,人领会到自身为"类"存在的可能性是由人的对象性活动所提供的;只有通过人的对象性活动才能创造出属人的对象性世界,对象性意识便是对对象性世界的领会。可以说,人的对象性活动的意义便是人作为"类"的生存。由此,人们才能不再被封闭于纯粹意识所构造的空间去解释人自身以及世间万物,而是由对象性意识走向对象性世界。在对象性世界中,人直观到自我的类存在,人对自我的类意识首先是感性的、直观的,而不是思辨的、理性的。类是人感性的、直观的对象。那么,类何以成为人类自身的感性直观的对象?其前提是对象性活动创造出属人的对象性世界,在此直观中,人对人的自我、对类的领会便得到了充分展开。

---

① 《马克思恩格斯文集》(第1卷),人民出版社2009年版,第162页。

马克思关于"类"的表述,很容易引起误读。第一种误读是将之理解为理性思维的产物,认为"类"是单纯的总括性范畴,是完全冲刷掉感性的思维活动的结果,代表的不是活生生的、从事实践活动的人之类。此种关于"类"的解释是属于生物学的范围,将"类"范畴固定化、静止化。相比于此,马克思的"类"概念截然不同。"通过实践创造对象世界,改造无机界,人证明自己是有意识的类存在物,就是说是这样一种存在物,它把类看作自己的本质,或者说把自身看作类存在物。"①这是马克思在《1844年经济学哲学手稿》中对于人的"类"特性所作的描述。这句话充分说明了人的"类"本性只能体现在人类的对象性活动中,因为只有在这一活动中才可留下人类共同劳动的痕迹,人才能领会到自身为人的存在。这种领会就是对象性意识,这一活动的结果是人类共同活动的结晶。因此,与生物学定义的"类"概念相比,马克思对于"类"的规定体现了人的本质——自由自觉的活动,带有鲜明的实践品质,与马之类、树之类等作为物种的类不同。

第二种误读是将马克思的"类"概念与费尔巴哈所提出的"类"混为一谈。费尔巴哈的人本主义思想中强调着人的"类存在",主张正是因为拥有"类意识",人才得以成为与动物相区分的存在。费尔巴哈对于"类"的理解冲破了之前思辨哲学"类"概念定义的局限性,达到了感性的类意识。这无疑是费尔巴哈的理论贡献。马克思对于"类"概念的使用借鉴了费尔巴哈对于"类"概念的理解,然而,马克思认为虽然费尔巴哈对于"类"的定义达到了人与人之间彼此的直观,领会到了人的社会存在,但是费尔巴哈的直观却将只能将人的本质认定为抽象化的存在。马克思在《关于费尔巴哈的提纲》中说:"人的本质不是单个人所固有的抽象物,在其现实性上,它是一切社会关系的总和。"②这句话有力地批判了费尔巴哈对于"类"的理解——将人的本质视作感性之物,并对其思辨化、非历史性地看待。换言之,费尔巴哈将人的"类"本质实体化,最终只能返回到感性直观的抽象理解中去,而马克思的"类"概念清洗掉了其中感性直观的特征,使其进入了社会历史领域。简言之,费尔巴哈的感性直观无法直观到人类的历史性——人类的辩证运动过程。由此,我们可以发现费尔巴哈哲学中存在的弊端:在历史领域依然没有脱离思辨哲学,没有形成具有革命性、否定性、历史性的对象性意识。如此,我们也就能理解为什么马克思将费尔巴哈的哲学归类到旧唯物主义,并在其旧唯物主义止步的地方开启了新唯物主义。

---

① 《马克思恩格斯文集》(第1卷),人民出版社2009年版,第162页。
② 《马克思恩格斯文集》(第1卷),人民出版社2009年版,第501页。

马克思在本体论革命视域中,为"类"这一概念赋予了新的内涵,使其带有了人类特有的实践性。马克思主张人之"类"是现实的人作为社会存在物的呈现与表达。人作为"类"的证明只能存在于对象性活动中,人们的对象性活动会随着实践能力的变化而变化,这也进一步说明人类所独有的类特性不是一成不变的,而是与人类的实践活动密切相关。因此,人虽然意识到自身为"类"的存在,但是不会被"类"的尺度所规定,而是会不断突破人类自身的局限性,最终实现人的类特性——自由自觉的活动。正如马克思所言,"一个种的整体特性、种的类特性就在于生命活动的性质,而自由的有意识的活动恰恰就是人的类特性"①。其实,这也是人较之其他动物的高明之处,因为其他动物的活动是由其所属的那个物种所决定的,它们只能在自然界限制的条件下被动地适应自然并繁衍后代,而人类却可以在一定程度上脱离自然法则的限制,因为人作为类存在物,其类本质是自由的、有意识的活动,人的一切生产活动都是遵循其自由意志和自然规律的合一而展开的。人发现自身为"类"的同时便领会到了自身在社会中的存在,由此产生的"类"意识正是对象性意识。人们在与人所创造出的对象物打交道之时,感知到了自身为"类"之存在,而后所萌发的一系列意识便是对象性意识。可以说,一切属人的意识都是类意识,而类意识也就是对象性意识。

马克思的对象性意识的第一层含义就是类意识,第二层含义是社会存在。在第一层含义中,如果将人的对象性意识理解为人的感官、直观,人感知到外部的事物,那对象性意识就变成了认识论概念。对象性意识是马克思的本体论概念,是类直观与类的创造。对象性意识同时是指领会到了人自身、人与人的关系,这是一种社会存在。换言之,马克思的对象性意识既是类意识,也是社会存在,二者是密不可分的。

在马克思看来,人类现有的社会生活还不是真正的人类生活,因为现在还不得不服从于自然规律。人原本是自由自觉活动着的类存在物,自由自觉本是人的本质特征,现在却变成了手段。人把自己当类看,"动物只是在直接的肉体需要的支配下生产,而人甚至不受肉体需要的影响也进行生产,并且只有不受这种需要的影响才进行真正的生产;动物只生产自身,而人再生产整个自然界"②。人将周遭外部自然物都放到类里面去,生产使人摆脱了个别性。马克思认为人在改造自然界、创造属人的世界的同时,

---

① 《马克思恩格斯文集》(第1卷),人民出版社2009年版,第162页。
② 《马克思恩格斯文集》(第1卷),人民出版社2009年版,第162页。

也在建构着人类社会。人在自己所创造的对象世界中直观自身,这就是类意识。类意识也是人与人存在关系的根据,是人与跟自然界打交道的方式,同时也是人与人打交道的方式。由于类意识的存在,每一个个体都在生产中充分领会到了自身作为社会的存在物。

在这里,我们还应当对"社会人"与"自然人"加以区分,而这就不能不涉及费尔巴哈。为了对思辨神学和唯心主义的人学理论加以批判,费尔巴哈从人所具有的一般属性(生理的、生物的)对人的本质做出了说明,这种自然属性虽然从人的存在和需要出发对人的本质做出规定,但是由于是站在自然观的立场上,就仅仅是完成了自然科学所要完成的任务,未能真正将人同动物相区别开来。在马克思看来,"人的本质不是单个人所固有的抽象物,在其现实性上,它是一切社会关系的总和"①。马克思尽管没有详细列举事例对人的本质加以说明,但以简短的一句话一针见血地说出了人的本质。在马克思看来,只有从社会历史观的视域出发,才能够真正认识人的本质。一方面,人不是纯粹自然观中的动物,而是有实践能力与对象性意识的存在物。自然界作为人不可或缺的感性对象,以其先在性赋予了人类生存发展的基础条件,但也日益受到人类活动的影响而同人的发展紧密相连。处于社会历史中的人在与自然界物质交换的实践活动中,把自然界的"人的无机身体"塑造为"人的有机身体",从而实现自身存在的意义和价值。另一方面,人以物质实践生成着人类社会,而人类社会正是由人的交往活动所构成的。人不是孤立存在的抽象物,而是处在一定社会关系中的社会存在物,人正是通过社会交往和实践活动创造着新的生产方式,以自身的实践尺度——物质生产活动——推动着社会历史的前进。显然,在马克思那里,社会人的感觉不同于非社会人的感觉,对象性意识是在社会中从事实践活动的人的感觉。

马克思主张社会存在决定社会意识,这种被社会存在决定的社会意识就是指人们对自己生活的理解。社会存在指的就是对象性意识,不是非意识的无意识。在这里我们需要注意,第一,社会存在一定不是非意识,即社会存在专指成为意识对象的社会物质生活条件,没有进入意识范围的自然界不属于社会存在;第二,意识必定有其内容,不存在无内容的意识,其内容就是社会存在,意识产生于人类的社会实践,反映的是不断变化发展的社会存在。也就是说,人在改变自然物的同时,领会到了自己的存在以及人与人的关系。人对自然界的意识与人对人的关系的意识实质上是同一

---

① 《马克思恩格斯文集》(第1卷),人民出版社2009年版,第505页。

个意识。离开人对自然界的意识,也不会有人对人自身、对人与人之间关系的意识;人们的意识与人们的自然劳动关联在一起生成的便是对象性意识。

三、对象性意识的本体论意涵

对象性意识概念是马克思本体论革命的基本概念。本体论的革命性突破意味着,迄今为止的人类知识的根基要被重新讨论和审视。马克思的本体论思想就是本体论革命的体现,其范式性概念就是"对象性活动"。研究马克思的本体论革命是为了解决两个问题:真正的人类知识的性质是什么?人类生活的价值从何而来?"对象性活动"概念是马克思本体论革命的范式性概念,马克思拒绝了理性形而上学。在马克思而言,要从生命活动出发看待世界,人的生命活动是有意识的、自由自觉的生命活动,是在对象性关系中展开的活动。

我们需要从马克思"对象性活动"概念走向关于"对象性意识"概念的讨论。"对象性活动"概念已经准备了理论基础,表明自由自觉的活动不是纯粹意识的活动,而是对对象性关系的自觉。但是历史性隐藏在这个概念里,"对象性活动"概念本有的历史性维度需要由"对象性意识"概念来阐发。只有在"对象性意识"概念里,我们才能看清马克思的本体论是历史本体论,才能把握一切事物的历史性本质。对象性活动用对象性原则把活动限制为主体性,这个被对象性所规定出来的主体性就是对象性意识。"意识"概念自身确认了主体性,否则不可言"意识"。马克思在《关于费尔巴哈的提纲》里说:"从前的一切唯物主义的主要缺点是:对对象、现实、感性,只是从客体的或直观的形式去理解,而不是把它们当做感性的人的活动,当做实践去理解,不是从主体方面去理解。"[1]在这里,马克思说对事物要从主体方面去理解,也就是指事物是被建构的;从"主体方面"不是从"主体",因为如果从主体去理解将会走进唯心主义。马克思认为"和唯物主义相反,唯心主义却把能动的方面抽象地发展了"[2],"抽象地发展"就是指从主体本身去理解;因为唯心主义是不知道现实的、感性的活动本身的,于是它只能从抽象主体的先在性去理解事物的被建构。而马克思说从主体方面也就是从对象性活动的主体性方面去理解,就是从对象性意识方面去理解。从主体方面加以研究,那就必须研究马克思的"对象性意识"概念。

---

[1] 《马克思恩格斯文集》(第1卷),人民出版社2009年版,第499页。
[2] 《马克思恩格斯文集》(第1卷),人民出版社2009年版,第499页。

马克思的"对象性意识"概念本身就清晰地表明了对"纯粹意识"的批判。"纯粹意识"是人自身内部的意识,而马克思的"对象性意识"是产生于关于对象性关系的自觉中。对对象性关系的自觉是对象性活动的前提,对象性意识的最初形态就是对对象性关系的自觉,因为有对象性关系的自觉才有对象性活动。人并不是直接与自己的生命活动融为一体;人只有把自己的生命活动当成自己的对象,也就是对自己和他物的对象性关系有了自觉才与自己的生命活动融合在一起。对象性关系的自觉展开就是对象性关系的对象化,对象性活动就是人把自己跟外部事物的对象性关系对象化;人并没有创造出自然物,所谓人的创造就是人把自己与外部事物的对象性关系做成了对象的存在的新形式。随着对象性活动的展开,也就实现了对象性关系的对象化;从对象性关系的对象化的产物中人直观到自身,即直观到自身之为类存在。因此,对象性关系的自觉,通过对象性活动的成果的直观而被建构为对象性意识。从对象性意识即人的类意识中,可以分析出人类历史的起点。最初的对对象性关系的自觉引发出对象性活动,然后产生对对象性活动的产物的直观,这种自觉就被建构为对象性意识。

马克思本体论革命把握了一种不可还原为思想的绝对被给予之物,即对象性活动。人正是通过改造对象性世界的活动,证明自己是类存在物。正是通过实践创造出一个对象性世界,人才是有意识的类存在物。我们不能把人与自然界抽象掉,因为人就存在于属人的自然界中。人通过实践创造了物质世界;人要证明自己是有意识的类存在物,就不得不通过对象性活动。在马克思那里,实践使得人同世界产生了二重化关系。这主要体现在:人通过对象化的实践活动使得先在的自然界具有了属人的属性,成为被人的主体化所改造的世界则反之影响和制约人的实践活动。可以说,实践既是人同世界建立统一关系的基础,也是人与世界相分化的根源。哲学所探讨和专注的是人存在的生活世界,这就是说,哲学本体论应该以研究人的存在为基点,而这种存在的本质正是人的感性生活过程。

马克思的对象性意识显然不是思辨理性所设想出来的,而是实际地创造对象性世界过程中的成果。虽然动物也生产,但是"动物只是按照它所属的那个种的尺度和需要来构造,而人却懂得按照任何一个种的尺度来进行生产,并且懂得处处都把固有的尺度运用于对象"[1]。在马克思看来,动物的生产是片面的,而人的生产是全面的;动物的生产是受其肉体需要的

---

[1] 《马克思恩格斯文集》(第1卷),人民出版社2009年版,第163页。

支配,生产的是它自己或它的幼崽所直接需要的东西,而人不受肉体的支配也能进行生产。只有不受肉体需要支配的生产才是真正的生产,人生产的全面性、人生产历史的变迁,都不是思辨之物。今天人们所处的世界是对象性活动的结果,对象性活动变化的历史是真实存在的。如果我们仅仅根据灵长类动物的直接肉体的需要从事生产,这将是非常狭隘、极其有限的,实际上人生产的全面性证明了人类摆脱了直接肉体的需要。人创造物质世界的活动并不局限在有限的物质环境范围内,人对世界的改变证明了人在从事着对象性活动。假如不是对象性活动,按照黑格尔的观点,世界来自人的精神,人是理性的自我意识,这就将对象性活动解释成了纯粹精神的活动。这是思辨理性本体论对于世界的解释,马克思对于精神本体显然是不认同的。

何为精神?理性虽然通过人达到自我认识,但是仍然是被设定的东西。证据在语言中,我们先把语言看成范畴形式。对语言的解释,起源于古希腊,海德格尔认为形而上学过早地霸占了对语言的解释,对象性活动是被构建起来的,它仍然可以被还原。胡塞尔的本质直观不是概念,也不是经验意识,而是纯粹意识自身。本质直观本身应当加以说明,它也不是一成不变之物,也会有历史性变迁。本质直观的发展不可取消,人的五官感觉是全部历史的产物。胡塞尔的现象学中历史性是进不去的,现象学不能把握事物世界的历史性。而在马克思看来,对象性存在物是有生命的存在物或是关联生命的,对象为其本质对象,本质力量指向外部的、它的生命表现所需要的对象,这种本质力量就是对象性本质力量。人的理性能力向来被看作人的本质力量,这种纯粹理性力量是非对象性的。因此,马克思提出了对象性本质力量的主体性。

要准确理解马克思的本体论革命,我们需要高度关注的是它的关键——对象性与主体性的统一。人可以创造或设定对象,因为人也是被对象设定的。我们要承认人的创造是一种对象性创造,对象性的主体性其实就是对象性创造,而不是在意识自身的内部进行的纯粹思辨理性的创造;创造一定是对象性的活动。如果对象性与主体性不能统一,创造就变成了虚幻的东西。如果只有对象性,没有主体性,就谈不上创造;反之,如果只讲主体性,创造就是虚幻的。这种创造活动是对象性存在物,人并没有创造事物本身,而是改变事物的存在方式,创造出属于人的事物。这种形式不是来自理性,而是感性形式。人把自己或者对象性关系做成了一个对象,对象性关系被人所自觉,并实现为对象性自身的形式。对象性并不是人创造的,人只是赋予了对象性事物以新的形式,这种新的形式是对象性

第四章 本体论革命的理论成果——以"对象性意识"终结"自我意识"

关系所给予的。

对象性意识的历史就是实践、感性活动、对象性活动的历史。对象性活动含有四层意思。其一，对象性活动是什么？其二，为什么自为存在是人的生命表现力？这两层意涵前文已有说明。其三，这里的自为存在指什么？是指对人生命活动本身的自觉。动物跟生命活动融为一体，而人的生命活动为自由自觉的生命活动，这里的自觉指人对于自身与外部事物的对象性关系的自觉。人在对象性关系中对这种关系有自觉；如果我们只是在他物的对象性关系中，就如同我们被限定在物质环境中，对于对象性关系没有产生自觉。其四，什么叫活动？对象性意识并不是德国古典哲学所谓纯粹主体的纯粹思辨理性的活动，而是真实的活动。"活动"在西方哲学中的含义就是做出规定，即规定事物的存在。如果缺失了对象性，那么，这个活动就会变成虚幻的。所以，唯一真实的活动是对象性自觉的外化，即把对象性关系做成对象。我们并不是创造一个原本不存在的东西，我们创造对象就是被对象所设定，就是对象性活动的结果，这种满足并不是观念的满足。当对象性关系被做成了对象，那么，这个对象就变成了属人的对象。对象性关系自觉的外化就是对象性活动，对象性关系被做成了对象，就成了人化自然界，人对对象性关系的自觉就使世界成了人的对象世界。这四层意思想说明的是：对象性活动是有意识的活动，或者说对象性活动是自由自觉的活动，这种自由自觉即为对象性意识。

对主体性进行展开意在确立马克思的本体论概念——对象性意识。对象性包含着主体性原则，否则就不能称其为对象性。意识与对象相连，这个提法违背了近代形而上学原则。因为在近代形而上学哲学家看来，意识是属于主体的，对象本身无意识。其实，对象性表明人也是受动的，受制于外部事物。我们将这两个词连用，构成一个新概念，即使在近代西方哲学那里会被认为是自我矛盾的概念。

马克思为了批判纯粹思辨的理性意识，提出了很多命题来揭示意识的本质。在《德意志意识形态》中，马克思说："意识［das Bewußtsein］在任何时候都只能是被意识到了的存在［das bewußte Sein］，而人们的存在就是他们的现实生活过程。"[①]马克思认为存在不是处在意识内部之中，而是被意识到了的存在。在《1844 年经济学哲学手稿》里，马克思揭示了意识的本原性存在——意识是人在自己所创造的对象世界中直观自身。意识的本原性存在是直观的，不需要借助其他任何范畴、概念。就其本原性存在

[①] 《马克思恩格斯文集》（第 1 卷），人民出版社 2009 年版，第 525 页。

而言,意识是人在自己所创造的对象世界中直观到了自身,这就是人的意识。纯粹思辨理性的意识的主体被先行设定了范畴,如康德的先天的直观形式时间、空间被设定为先验自我的统觉。为了说明这个经验世界被构造的过程,康德运用西方哲学中已有的范畴加以证明,认为这些范畴在我们的言说方式中、在语言中。在康德那里,每一个判断成为判断句是根据范畴而来的,在语言当中就可以找到范畴,以往的逻辑水平已经做好了准备。显然,康德并没有跳出柏拉图的形而上的超感性世界与形而下的感性世界二分的本体论体系。

而马克思哲学基本的本体论概念——对象性活动——是指自由自觉的活动、有意识的活动。其实这也就是人的自我直观,我们不能脱离人所创造的世界来分析人的自我直观。在对象世界中直观就反驳了抽象的思辨理性概念。思辨理性的概念中无对象,其中的对象世界反而变成了纯粹的意识自觉创造出来的东西。而在马克思看来,人的意识其实是人在对象世界中直观自身,对象性世界中有自身是对对象性关系的自觉,一切人所创造的产物都是属人的自然存在物,其中包含着对象性关系。

自然科学所表达的概念是人已经与自然物打交道后采取的那种方式。科学概念是对象性关系的抽象化,是人对自身生命活动的领会,是前认识、前逻辑、前理性的,并非纯粹意识的活动。对于对象性关系自觉的意识就是对象性意识,不能抛开对象性空谈意识,否则就变成了纯粹思辨理性的意识。人是在自己所创造的对象世界中直观到了自身。所谓直观自身并不是人类个体发现了自己;人类个体在自己创造的对象性活动中发现自己的个体特征,这只是心理学的原则。我们实际改变自然物有所创造的活动,总是与个体的活动分不开的;如果只是个体自身的意识的活动,那也认识不了自身为类。人是在对自己所创造的对象性活动直观中,发现人是类的存在。直观自身,也就是人之类在对象世界中的自我直观。

马克思提出对象性意识的目的是对纯粹意识展开本体论批判。对象性意识是在对象世界中的直观,对象性意识表明了意识的本原性存在是直观——直观自身为类。对象性意识一定是类意识,但不是抽象的、超感性的。颇为吊诡的是,当前人与人的社会关系却是超感性的规定性。人的劳动的社会性本身是感性的,人与人之间感性的相互需要在感性上彼此创造,人与人的社会关系却托付给一个超感性的东西,如此才能实现人与人之间感性的交往。这个超感性之物就是货币。类意识是人意识到自己在社会中,不是个体存在于社会中。对象性意识揭示了意识的本原性存在,表明了人对于类的发现其实是人之类在对象世界中的自我直观;类的自我直观为类意识,作为类意识,人确证了自己的现实的社会生活。

马克思在《1844年经济学哲学手稿》中说:"思想的生命表现的要素,即语言,具有感性的性质。"①感性的自然界是自然界的社会的现实。类意识确证了人的现实的社会生活,人的语言可以证明这一点:"语言和意识具有同样久远的历史。"②自然科学家所用语言本身便是感性的自然界,他们对自然界量化的研究的前提是资本主义社会资本要求增殖的现实。人的社会生活跟人的自然科学研究活动共享着这个基础,资本主义要求人把自己的劳动抽象化,因为感性财富为抽象劳动的积累即资本的增殖。在资本逻辑之下,资本增殖左右着人与人的关系,也左右着人与自然的关系。资本要求对自然界抽象化,以自然科学的方式量化地、精确地控制自然,以便于使自然服务于资本增殖的要求。

第二节 对象性意识的建构

马克思在创立历史唯物主义之后,就不再用这种本体论语言说话了,但其实质并没有改变。在《德意志意识形态》中,马克思说:"已经得到满足的第一个需要本身、满足需要的活动和已经获得的为满足需要而用的工具又引起新的需要,而这种新的需要的产生是第一个历史活动。"③这显然不是经验地描述历史的起点,而是本体论地描述历史的起点。"第一个需要"即人的本能需要,它会引起对象性活动的需要,这叫对对象性关系的自觉,对象性活动的展开满足了需要;满足需要的活动本身、满足需要所用的工具会引起新的需要,"引起新的需要"就是对象性意识的建构。对象性活动创造了对象世界,人在这个世界中直观自身,直观自身的活动就是对象性意识的建构。对象性活动的历史性体现为它对对象性意识的建构,即新的需要的形成。历史是对象性意识的不断被建构。唯有"对象性意识"这个概念才能说明历史的起点,因为对象性意识是被对象性活动建构的。

一、对象性意识的主体性建构:属人的感觉

从马克思的"对象性活动"这个概念可以本质地分析出"意识"这个概

---

① 《马克思恩格斯文集》(第1卷),人民出版社2009年版,第194页。
② 《马克思恩格斯文集》(第1卷),人民出版社2009年版,第533页。
③ 《马克思恩格斯文集》(第1卷),人民出版社2009年版,第531—532页。

念,因为其中关涉到了自为的存在,对象性活动本身就表明了对象性活动的自为存在。马克思说人是有意识的类存在物,"类存在物"这个术语来自费尔巴哈。马克思既然提出了"对象性活动",说明在本体论层面,马克思并没有止步于费尔巴哈。马克思指出人是有意识的"类存在物",其内涵与费尔巴哈不同。马克思说:"正是在改造对象世界的过程中,人才真正地证明自己是类存在物。这种生产是人的能动的类生活。通过这种生产,自然界才表现为他的作品和他的现实。因此,劳动的对象是人的类生活的对象化:人不仅像在意识中那样在精神上使自己二重化,而且能动地、现实地使自己二重化,从而在他所创造的世界中直观自身。"①马克思认为人是有意识的类存在物,显然受到了费尔巴哈的启发。人作为有意识的类存在物的前提是什么?是人能动地、现实地使自己二重化。人将自己的对象性本质力量外化为外部世界,这就是二重化。考察这种二重化的方法是直观,直观人自己所创造的世界其实就是直观自身。何为自身?是"类",而不是个体自身。假如人在自己所创造的东西之中看到了人自己,这不是类意识,因为这还停留在心理主义的层面。人在其所创造的对象世界中直观自身,这个"自身"是指类自身,而不是个体自身。

依照马克思,人的类特性是自由自觉的活动。那么,人作为自由自觉的活动主体,为了自身的生存与进步,就不会停止改造世界的对象性活动,因此,与对象性活动相伴而生的对象性意识同样处于不断的生成之中。其实,在讨论对象性意识的建构之时,我们便已进入了对象性意识的历史性。"已经得到满足的第一个需要本身、满足需要的活动和已经获得的为满足需要而用的工具又引起新的需要,而这种新的需要的产生是第一个历史活动。"②这句话本身就是本体论的判断。"第一个历史活动"不是经验地描述历史的起点,也不是把新的需要的产生归结为认识论上的成果或心理主义的东西。在这个意义上,如果本体论地讲历史的起点,这个起点应当被理解为对象性意识的最初建构,最初建构就是对对象性关系的自觉。按照海德格尔的表达方式就是:对存在的领会被建构为对存在者存在的领会。对象性意识的历史性有主体的一面和客体的一面,"对象性意识"概念本身表明了主体和客体并不是外在对立的,而是对象性意识的两个方面。

对象性意识的主体性建构即构建属人的感觉。在解读这一概念时,需要先行澄清其前提,界定其边界。心理学中的感觉与哲学中属人的感觉是

---

① 《马克思恩格斯文集》(第1卷),人民出版社2009年版,第163页。
② 《马克思恩格斯文集》(第1卷),人民出版社2009年版,第531—532页。

两个不同的概念。心理学中对于感觉的解释是大脑对外部对象作用于感觉器官后所产生的反应以及对于感觉这一反应的生物性来源的揭示,人与动物皆有。而马克思为感觉这一范畴赋予了"属人"的标签,说明它超越了心理学所划定的范围,由人类的实践活动建构而成。属人的感觉是人类个体把"类"看作自己存在的本质需要,是对象性意识的进一步延伸,并非生而有之。因此,属人的感觉的建构是对象性活动在历史展开过程中必然伴随左右的。

对象性意识是类意识的重要证据。在人类的情感里,爱或恨就是存在于个体身上的感性的类。费尔巴哈提出的爱的宗教有着深刻的来历,它证明人是类存在物;个人对他人的需要是一种社会需要,确证个人自己的社会存在;所以个体身上体现的爱恨都是社会情感,人类的爱的感觉是类的感觉在个体身上的呈现。而马克思与费尔巴哈不同,他关注的是人的感觉的实践来源。"我的对象只能是我的一种本质力量的确证,就是说,它只能像我的本质力量作为一种主体能力自为地存在着那样才对我而存在,因为任何一个对象对我的意义恰好都是以我的感觉所及的程度为限。因此,社会的人的感觉不同于非社会的人的感觉。"①马克思认为人的感觉的产生有个前提:对象性活动实际地创造出一个对象世界,人的本质力量实际地发生了对象化,才会有属人的感觉的生成。

马克思说:"那些能成为人的享受的感觉,即确证自己是人的本质力量的感觉。"②我们可以把这句话看作马克思对"属人的感觉"的定义。马克思所谓属人的感觉也就是对象性意识的主体性建构,并非直接存在于人身上的感觉;自在存在的自然界并不是人的对象。属人的感觉是被建构起来的,这种建构的活动是历史的对象性活动或感性活动。在对象性意识的主体性建构上,首先要确认的是人类个体把"类"看作自己存在的本质需要。每一个人类个体在感性上都把自己看作社会存在物,属人的感觉是社会的感觉,包括爱恨,也包括对于自然物的感性的需要。我们每个人作为社会存在物,意味着在每个人身上都有感性的类,所以马克思说:社会的人的感觉不同于非社会的人的感觉。马克思讲人与物的关系在资本的时代被异化了,人本应该以人的方式与物打交道,物才能以人的方式与人打交道、与人相关联;但是在资本主义条件下,物只是被当作肉体享受的对象,而不是人的本质力量的自我确证。其实,属人的感觉确证的就是人的本质力量。

---

① 《马克思恩格斯文集》(第1卷),人民出版社2009年版,第191页。
② 《马克思恩格斯文集》(第1卷),人民出版社2009年版,第191页。

所谓对象性意识的主体性建构,一方面是把类存在看成人自身存在的本质需要,根据这种需要,人在感性上把自己看作社会存在物。如果不能在感性上实现自己为社会存在物,就有一种被抛离社会共同体的感觉。贫困不仅是一种自然的感觉,更是社会的感觉,是被抛出人类共同体的感觉。另一方面,人需要对象性活动的历史性展开产生人化的自然界,同时通过对人化的自然界的不断建构,属人的感觉逐渐发展起来、生成出来。因此,历史性的事物是感性的,而不是被逻辑构造的。"只是由于人的本质客观地展开的丰富性,主体的、人的感性的丰富性,如有音乐感的耳朵、能感受形式美的眼睛,总之,那些能成为人的享受的感觉,即确证自己是人的本质力量的感觉,才一部分发展起来,一部分产生出来。"①从马克思关于属人的感觉的描述中,我们可以得出有关于它的第一个重要特征,即属人的感觉确证着人的本质力量。何为人的本质力量?这是指人明确自身为社会存在物而迸发出的力量,是人去创造所需之物所产生的力量,不仅包含对对象物的需要,也包含对美的需求。正是因为明确了人的本质力量,人们才会进一步拥有有音乐感的耳朵、能感受形式美的眼睛,而这些无疑都是属人的感觉。当然,属人的感觉也不是一成不变的,它自产生之日起,便会随着人的对象性活动不断扩充与更新。所以,马克思说:"五官感觉的形成是迄今为止全部世界历史的产物。"②显而易见,属人的感觉是在历史中形成和演变的,这个过程同时就是对象性意识的过程,是人类对象性活动的产物。

关于属人感觉的重要特征是:属人的感觉属于社会的感觉。前已述及,人类自身存在便是"类"存在。正因为人类个体将"类"存在看作自身的确证,人类才认识到自身为社会存在物,为了更好地融入人类构建的社会共同体中而不得不与同时代的他人达成共识。"有音乐感的耳朵""能感受形式美的眼睛"成为人证明自身为社会共同体成员之一的标志。可以说,属人的感觉其实也是社会的感觉,即人类所共有的对象性意识,是人这种社会存在物所独有的。

二、对象性意识的对象性建构:社会存在

在马克思本体论领域中,"对象性意识"这个概念非常重要,离开了它就无法讨论人的历史性存在,也会导致将人类的知识看成非历史的东西。

---

① 《马克思恩格斯文集》(第1卷),人民出版社2009年版,第191页。
② 《马克思恩格斯文集》(第1卷),人民出版社2009年版,第191页。

当理性形而上学统治了西方近代以来的思想和文化,某种社会制度也被看成是一种不朽的、永恒的社会形式。这种对社会制度的认证就是在近代以来的知识原则中建立的,因为这种知识本身就是非历史性的。社会存在是由对象性意识建构起来的,社会存在在语言中,但是对语言的理解又受制于近代理性形而上学。如果我们把语言看成对象性意识的家,就意味着我们随着马克思展开了本体论革命。"对象性意识"概念的获得是因为马克思在本体论意义上揭示了"对象性活动"的含义:"对象性本质力量的主体性"这个对概念把"对象性"和"主体性"关联起来,关联的实质是用对象性的原则把活动限制为主体性,而不是把活动理解为主体。马克思说要从主体方面理解,就是从感性方面去理解;如果没有对象性意识,马克思就等同于旧唯物主义者。在《关于费尔巴哈的提纲》的第一条中,马克思批评了从前的一切唯物主义,也指出了唯心主义思辨哲学的优点是发展了主体的能动方面,但其缺点是抽象地发展,因为"唯心主义是不知道现实的、感性的活动本身的"①,也就是把主体性理解成了主体本身。只要谈论人的意识,人的意识的概念本身就需要先确认主体性,离开主体性就无法讨论人的意识。

历史是人的自我诞生的过程,对象性活动的意义指向人作为类的生成,人不是现成地被自己的类特性先行规定的,人的类特性其实是自己活动的结果,因此,马克思把人的生命活动看成是自由自觉的活动。对象性意识的历史性就说明了人的历史性存在,所以,当我们在讨论对象性意识的建构时,也就是在讨论对象性意识的历史性。

对象性意识的对象性建构的结果是社会存在;社会存在不能仅仅从主体性方面理解,还应当从对象性方面来理解。作为对象性存在的社会存在如果压抑了属人的感觉和属人的需要的形成和发展,就会导致社会存在的变革。社会存在的变革就是生产力和生产关系的运动,生产力的变革和生产关系的变革相互依存。社会存在的变革是不能主观选择的,社会存在是对象性意识的对象性建构,是一种对象性的力量,拥有这种力量的一部分人支配着另一部分人。迄今为止,人类的社会存在同时是社会权力的演变史。换言之,人类的历史是对象性意识的历史,而不是意识形态的历史。事实上,社会存在与自然存在具有统一性。人既是自然存在者,又是社会存在的主体。一方面,人作为自然存在物是自然界中的一员,自然界为人的生产、生存和生活提供必需的物质资料,人类的生存发展既需要这些物

---

① 《马克思恩格斯文集》(第1卷),人民出版社2009年版,第499页。

质资料的补给,同时又受到客观自然规律的制约,自然界作为人的"无机的身体"影响着人的生产生活状态;另一方面,人又是社会存在物,通过社会交往创建着人类社会的生成。人利用自然界的物质资料将自身目的对象化于其中,人类社会正是由作为主体的人及其活动组成的。伴随着人的生产活动有序开展和运行,人的有目的的对象化活动也催生了社会规律的形成,人类正是在遵循自然规律与发现社会规律的进程中以自身主体性地位追求着人的自由自觉的生存状态。

对象性意识的对象性建构的结果是社会存在。在马克思那里,语言是对象性意识的表述,对象性意识不是个人的心理状况;对象性意识都会进入语言,语言是对象性意识的家。马克思在《1844 年经济学哲学手稿》里说:"思维本身的要素,思想的生命表现的要素,即语言,具有感性的性质。"[1]海德格尔认为形而上学过早地霸占了对语言解释,也就是说,不能把语言看成是对象性意识的住所、范畴的住所,语言表达的是存在对人的本质的生成关系。而马克思认为语言所表达的是人对对象性关系本身的自觉;人对对象性关系的自觉就保存在语言中,对象性关系的自觉实现为一个人所创造的对象世界,它的意义全部都存放在语言中。语言作为对象性意识的住所,建构了社会存在,人与人的关系建构离开了语言是不可思议的。其中我们需要区分两种语言:前科学的、作为对象性意识之家的语言和科学的语言。在马克思之前的思想家主张语言不可能建构社会存在,而马克思认为具有感性性质的语言建构了社会存在,我们在改变自然物的同时也在"说"这个改变。

现实的社会生活由人所创造的对象物构成,对象性意识是一种具有向外性的意识。对象性意识是如何确证人的现实社会生活的?二者之间是如何产生联系的?在马克思那里,意识显然不是思辨哲学的纯粹意识,而是包含着对实践对象有所领会的对象性意识。也就是说,对象性意识与语言具有相通性,语言就是对象性意识的外在表现形式。此外,马克思曾经论述过语言与对象性意识的渊源,认为二者具有同样长久的历史,人的对象性意识的形成同时就是语言的形成。这又进一步确证了语言与对象性意识的关系,即语言是对象性意识的住所。同时,我们也应注意到,马克思对于对象性意识与语言关系的探讨也是对费尔巴哈的一种超越。因为在

---

[1] 《马克思恩格斯文集》(第 1 卷),人民出版社 2009 年版,第 194 页。

费尔巴哈那里,"对于感性意识来说,语言正是不实在的东西,虚无的东西"①。感性意识与语言是割裂的双方,感性意识仅仅是对感性存在的直接反映,而语言作为一种中介,起到的只是"以最快捷的方法来达到意识的目的"②的作用。

我们明确了马克思的思想——对象性意识通过语言来建构,那么,这一对象性建构的产物为什么是社会存在呢？在此之前,我们需要为"语言"正名。关于语言,大多数人仅仅会把它当作相互之间交流的工具、信息传递的工具。这种看法看似不错,然而,还没有看到语言与人类生活之间的关联。就语言形成的来源而言,语言是人类对于存在的共同领会,否则,语言便是个人的独白,无法令同时代的人所理解。可以说,语言就是人类的对象性意识的展现。因为在语言中,人类保存着对存在的共同领会,这种领会无疑就是对象性意识。语言还保存了他物与我们在生存上的关联,而并不仅仅是信息传递的工具。马克思说:"思维本身的要素,思想的生命表现的要素,即语言,是感性的自然界。"③这是马克思在《1844年经济学哲学手稿》中对"语言"所做的判定,从中我们可以发现:语言作为人与人之间物质交往的纽带,加速了人与人之间物质交往关系——社会存在——的形成。

这也就意味着,在人与人物质交往的过程中必然夹杂着人与自然的交往,因为人改变自然界的活动从来不是单个人在面对自然界,其中必定伴随着人与人的交往活动。这二者是共时的,此时必定需要人与人交往的中介——语言。"思想、观念、意识的生产最初是直接与人们的物质活动,与人们的物质交往,与现实生活的语言交织在一起的。"④因此,按语言的本性来说,作为对象性意识的要素,向来就包含着感性活动,植根于人所创造的现实世界,因而,马克思将语言视为"感性的自然界"。同样,马克思这里所谓的"感性"是指感性活动,感性的自然界是指成为人的感性活动对象的那部分自然界,马克思不会讨论非对象的自然界。马克思的这个论断着重体现了语言的对象性特征,正因为如此,语言这种对象性意识与社会存在息息相关。对象性意识中蕴含着对过去和当下的领会以及对未来的筹划,

---

① 费尔巴哈:《费尔巴哈哲学著作选集》上卷(荣震华等译),商务印书馆1984年版,第68页。
② 费尔巴哈:《费尔巴哈哲学著作选集》上卷(荣震华等译),商务印书馆1984年版,第68页。
③ 《马克思恩格斯文集》(第1卷),人民出版社2009年版,第194页。
④ 《马克思恩格斯文集》(第1卷),人民出版社2009年版,第524页。

这种筹划引领着对象性活动不断建构着人与人的关系、人与自然的关系，这些关系的形成也就建构起了人们现实的社会生活——社会存在。简言之，社会存在是对象性意识通过实践建构而成的产物。

三、对象性意识的住所：语言

关于对象性意识的主体性建构与对象性建构，马克思在《政治经济学批判》序言中有一段关于历史唯物主义的经典表述："不是人们的意识决定人们的存在，而是人们的社会存在决定人们的意识。"[①]简言之，社会存在决定社会意识。思维本身的要素，即语言，是感性的自然界，这是对语言的本体论性质的揭示；在语言中就是在世界中，世界是感性的自然界。这个说法是马克思在本体论上的重大突破。自然界是一种社会的现实，我们所面临的自然界都是人与人交往的感性中的自然界，在人与人的感性交往中，自然界才被我们把握；而人与人的感性交往在语言中。在海德格尔看来，我们之所以在语言中，不是因为我们在范畴思维中，而是指我们在对存在的共同领会中；在对存在的共同领会中，我们即便还没有说话就已经在语言中了。语言绝不是个体的发明。一旦人成为共同体，同时就表现了人在语言中，也就表现了人在对存在的共同领会中。语言如何产生是无法追问的，因为语言不可能追问到某个个体身上。马克思主张"语言和意识具有同样长久的历史；语言是一种实践的、既为别人存在因而也为我自身而存在的、现实的意识"[②]，人的意识产生的同时语言也得以出现；意识是对存在的领会，而不是范畴思维的意识。语言是实践的意识，不是理论的、范畴的、逻辑的意识，所以既不能对语言做形而上的预先说明，也不能把语言逻辑化。对象性意识的最基本的维度是语言，语言就是人的感性交往，人在语言中获得了一个世界——感性的自然界。

马克思认为"思维本身的要素，思想的生命表现的要素，即语言，具有感性的性质"[③]。也就是说，语言是感性的自然界，而感性的自然界就是自然界的社会的现实。社会就是人与人的交往，自然界始终在我们的言说中存在。人在语言中才有一个世界，要把语言领会为对象性意识的居所，而不是领会为范畴的居所。语言是对象性意识对象性建构的要点。前已述及，语言具有感性的性质，语言是实践着的感性的对象性意识，此外，语言

---

① 《马克思恩格斯文集》(第 2 卷)，人民出版社 2009 年版，第 591 页。
② 《马克思恩格斯文集》(第 1 卷)，人民出版社 2009 年版，第 533 页。
③ 《马克思恩格斯文集》(第 1 卷)，人民出版社 2009 年版，第 194 页。

还建构了社会存在。这也就意味着语言本来就是人与人的感性交往。马克思在《德意志意识形态》中说:"在我们已经考察了原初的历史的关系的四个因素、四个方面之后,我们才发现:人还具有'意识'。但是这种意识并非一开始就是'纯粹的'意识。'精神'从一开始就很倒霉,受到物质的'纠缠',物质在这里表现为振动着的空气层、声音,简言之,即语言。换言之,语言是一种实践的、既为别人存在因而也为我自身而存在的、现实的意识。语言也和意识一样,只是由于需要,由于和他人交往的迫切需要才产生的。"①通常被理解为感性的自然界的语言、被理解为对象性意识的语言其实是实践的,而且是这种实践建构了社会存在。

关于语言产生的历史而言,马克思主张人的意识的形成同时也就是语言的形成;语言就是人与人之间的感性交往,没有交往也就没有语言的产生,所以意识也是人与人之间的交往。在马克思看来,人与人的交往一定包含着人与自然的交往,二者是同一件事,所以语言具有感性的性质。在感性的自然界中有人与人的关系,即交往;在人与人的感性交往中,一定有自然界在,除非是纯粹观念的交往。语言作为交往活动,就是在人与自然的关系中建构出了人与人的关系。所谓建构人与人的关系就是社会存在的建构;人改变自然界的对象性活动,从来不是单个人面对自然界的活动,总是在人与人的交往中与自然交往。

语言按其本性来说是对象性意识的要素,语言中向来就有自然界,而语言又是感性交往,也就同时建构社会存在。当人们在言说时,既在说着人们与自然的关系,也在说着人与人之间的关系。马克思在《德意志意识形态》中有一句话值得我们关注:"思想、观念、意识的生产最初是直接与人们的物质活动,与人们的物质交往,与现实生活的语言交织在一起的。"②在马克思看来,在人们改变自然物的活动中,人与人的感性交往同时就在生产思想、观念和意识,在言说中就在进行着思想、观念和意识的生产。就此而言,作为对象性意识住所的语言就是语言建构社会存在,建构人与人的关系的形式,即交往形式。

马克思指出,语言作为思维活动的重要要素,既是思维的表达和表现形式,又是被思维化、意识化了的物质存在。首先,就语言与阶级意识形态的关系而言,马克思认为,语言并不能完全还原为某种意识形态,因为语言作为实践之产物,其诞生和发展于长期历史发展的物质生产的实践之中。

---

① 《马克思恩格斯文集》(第1卷),人民出版社2009年版,第533页。
② 《马克思恩格斯文集》(第1卷),人民出版社2009年版,第524页。

语言不仅仅是用以进行意识形态与阶级斗争的工具,语言也不是所谓的"精神狂想症",更不是"思想之实体",而是在存在中确证自身的"感性自然界"。语言是在历史发展着的交往实践过程中所形成的,植根于社会历史中展现人类生活的感性活动。事实上,只有在资产阶级逐渐取得主导地位,私有制的生产方式逐步占据社会主导时,语言才会具有体现阶级思想意识的属性。可以说,意识即社会意识的内容承担着一定的社会存在的物质内容,马克思站在感性活动原则与实践立场上对"语言"真正"去弊",揭开了传统哲学对语言形而上学认识的神秘面纱,说明了语言作为意识与物质相统一的总体性质。

马克思所强调的是语言的"实践性",即语言产生于实践的需要。马克思从劳动入手深入探讨了语言的缘起,指明人类是在生产活动即劳动中创造了语言。而在马克思看来,语言在实践中也有着不可取代的必要性。整个人类社会的物质生产离不开人与人之间的交往实践,人借助语言作为交流工具建立和发展社会关系。"人是最名副其实的政治动物,不仅是一种合群的动物,而且是只有在社会中才能独立的动物,孤立的一个人在社会之外进行生产——这是罕见的事。"[①]人不是孤立的抽象物,处于一定社会环境中的人必须进行集体活动和集体生产,语言正是为满足这种生产需要应运而生的。语言包含着人的目的意志和自我意识,又孕育于实践之中,推动着实践进步和社会发展。

语言作为对象性意识的住所,建构的并非意识形态。最初的人与人的关系是在人们与自然物打交道、在人与人的感性交往当中生长出来的。语言本身是一种生产性的行为,其产品是意识。社会存在的本质规定性是对象性意识,表明为我们对某种人与人的关系的认同,而这种关系在真实的认同中成为一种力量——社会权力。社会权力是一种异化了的对象性意识,不是非意识的东西。在资本主义条件下,劳动者处于异化劳动之中,异化劳动不断地巩固着资本统治劳动者的力量。劳动者生产的产品越多,越是在生产着资本对他的支配关系。社会权力如此真实,其本质依然是对象性意识;对象性意识的真实性就表现为:这是一种力量。只要新的对象性意识没有产生,我们总在既有的对象性意识中,即在既有的社会权力中。当新形成的对象性意识把不可动摇的东西看成是偶然的、要被废除的东西(比如土地所有权)时,社会革命就到来了。社会意识最初没有意识形态的层面,这意味着马克思所说的思想、观念和意识的生产与人们改变自然的

[①] 《马克思恩格斯文集》(第8卷),人民出版社2009年版,第6页。

活动以及在改变自然的活动中人与人之间的感性的活动、与人们的物质交往、与现实生活的语言是交织在一起的。可见,作为对象性意识的语言是生产性的,生产出了新的社会关系。

唯物史观的重要洞见是提出了人类物质生产活动有两个产品:被生产出来的物质生活资料和被生产出来的人与人的关系。生产关系是最基本的人与人的物质关系,生产中有语言。任何人与人的社会关系都通过语言被生产出来。意识形态的语言是无法生产出社会关系的。无论社会意识以何种方式被发达的意识形态所蚕食,社会意识都紧密地连接着对象性意识,所以社会意识会不断地生长出来。如果把社会意识抽象化,意识形态家就为其赋予了哲学的理念或宗教的信仰形式。语言的含义就是意义的生成,对象性意识是对类本质的直观,社会意识把这种类直观置入了语义形态。现实生活的语言就是意识、观念的生产,同时也就是意义的生成。由此可知,社会意识是生产关系本身的语义维度。社会意识要有不断表达、展开的可能性,不能被意识形态淹没。

在社会意识作为生产关系的语义维度上,生产关系的语义并不是经济理性,而是对当下劳动的社会性质的价值意识。当我们普遍地认同一种人与人的关系的时候,这种关系一定有被语言所表达的价值认同,因为语言本身就包含着价值认同。经济学家们认为自己给出的语言是客观中立的,其实他们掩盖了讨论的对象本有的价值维度。马克思在《哲学的贫困》中认为经济学家是资产阶级的学术代表:"这些理论家不过是一些空想社会主义者,他们为了满足被压迫阶级的需要,想出各种各样的体系并且力求探寻一种革新的科学。……当他们还在探寻科学和只是创立体系的时候,当他们的斗争才开始的时候,他们认为贫困不过是贫困,他们看不出它能够推翻旧社会的革命的破坏的一面。"[①]在马克思而言,一旦看到了贫困能够推翻旧社会的革命性,这门由历史运动产生并且充分自觉地参与历史运动的科学就不再是空论,而是革命的科学了。

第三节　历史是对象性意识的历史

"对象性意识"作为马克思本体论革命中的重要理论成果,需要我们准确理解、掌握精髓、消解歧见。与近代思辨哲学的纯粹意识相比较而言,在

---

① 《马克思恩格斯文集》(第1卷),人民出版社2009年版,第616页。

对象性意识中,对象才是真实的存在;因为对象性意识,人们才能领会到自身作为类存在物,进而产生出属人的感觉,建构社会存在。对于社会革命而言,对象性意识作为不可或缺的重要角色,是社会革命产生的重要动力,进而推动社会历史的不断进步。简言之,人类的历史就是一部对象性意识的历史。

一、对象性意识确证现实的社会生活

马克思的对象性意识是针对纯粹意识提出的。纯粹意识是西方近代思辨哲学概念,马克思批判纯粹意识是要揭示意识的本源性存在;意识作为本源性存在就是类的直观——人对自己所属的类的直观,直观的可能性建立在人所创造的对象性世界中。对类的直观实际上是每个人对自己作为社会存在物的领会。所以马克思主张,人通过类意识确证着自己的现实的社会生活。语言就是这种确证的成果,是人与人之间的感性交往。马克思所说"思维本身的要素,思想的生命表现的要素,即语言,具有感性的性质"[1],表明类意识是社会存在的意识,并非抽象的类意识。费尔巴哈也提出了类意识,这个类意识不是理性形而上学、思辨唯心主义的类意识,而是感性直观的类意识;费尔巴哈认为由于人与人之间彼此的直观,因此人领会到了社会存在。诚然,费尔巴哈在批判思辨理性本体论时贡献丰硕,然而,费尔巴哈的感性直观的类意识仍然可能被抽象化,类意识的抽象化并不等于一定变成范畴、变成理性的形式。费尔巴哈强调历史是被直观的,实际上是把类意识抽象化了,所以马克思在《关于费尔巴哈的提纲》第六条中讲:人的本质不是单个人所固有的抽象物[2]。而在费尔巴哈这里,人的本质虽然被看作感性的东西,但是仍然成了一个抽象物。费尔巴哈没有对这种现实的本质进行批判,因此,他不得不撇开历史的进程,把"宗教感情固定为独立的东西,并假定有一种抽象的——孤立的——人的个体"[3]。费尔巴哈在感性领域里强调类意识,因此,本质只能被理解为"类",被理解为一种内在的、无声的、把许多个人自然地联系起来的普遍性。[4] 这样的类意识虽然是感性的,但本质上依然是抽象的。当然,我们每个人都有类本质,每个人的类意识实际上就是每一个个体都具备的,不

---

[1] 《马克思恩格斯文集》(第1卷),人民出版社2009年版,第194页。
[2] 《马克思恩格斯文集》(第1卷),人民出版社2009年版,第501页。
[3] 《马克思恩格斯文集》(第1卷),人民出版社2009年版,第501页。
[4] 《马克思恩格斯文集》(第1卷),人民出版社2009年版,第501页。

同于其他物种，它不是把许多个人自然地联系起来的普遍性。所以，类意识在感性的层面上被确定下来，这是它的本原性存在；但是它仍然可能被抽象化，这种对于费尔巴哈抽象的类意识的批判就是马克思的"对象性活动""感性活动"概念的重大意义，因为这种把许多个人内在的、无声的联系起来普遍性其实是人的对象性活动的产物，而不是本来就被给予的。马克思所谓属人的感觉来自对象性活动，这个对象性活动的社会性质才是"类意识"，类意识是社会存在的意识，社会存在是人们相互交往的活动而不是先行给定的某种类本质。

"类"概念作为马克思主义哲学的重要概念，首先与人的"类本质"相关联。马克思从对费尔巴哈"类本质"的认识上，批判了费尔巴哈把人的本质理解为一种内在的、无声的、把许多个人自然地联系起来的普遍性，费尔巴哈由于脱离实践和社会关系来理解人的类本质，就抽象化地处理了人的本质。马克思通过对费尔巴哈的批判性继承，克服了对于"类本质"的抽象认识，重新赋予了"类"以实践的内涵。"类意识"作为人的"类本质"的重要体现，代表的是一种关于人的思想视野和思维能力的思想方式。首先，必须看到，"类意识"所强调的是一种人类的统一性意识。人虽然来源于自然界，但是人类同动物的区别就在于：人能够通过实践活动建立起人与自然界、人同人、人同社会的关系，从而构建起一个具有统一关系的世界整体，这种统一关系正印证着统一性的"类意识"。其次，这种"类意识"体现的是"个人意识"与"社会意识"的统一。在社会中，个人作为独立的个体具有个人思想和彰显个体"个性"的独立意识，正是这些独具特色和差异的个性构成了思想的多样性。但是，对于人类这一物种来说，从整体来看具有着抽象的普遍性，人的"个人意识"同"社会意识"具有辩证统一的关系，二者并非不可兼容。一方面人通过社会性、在社会中彰显着个性，另一方面个性的显现和发挥也不断融汇形成了更加丰富、更加多元的社会性。最后，"类意识"所体现和追求的价值目标是实现人的"自由自觉"的生命本性。人的"自由自觉"的思维意识必须通过人以自由自觉的活动即实践活动才能够建立和生成，这也是人区别于动物的根本所在。正如马克思所指出的那样，"动物和自己的生命活动是直接同一的。动物不把自己同自己的生命活动区别开来。它就是自己的生命活动。人则使自己的生命活动本身变成自己意志的和自己意识的对象"[1]。人正是通过对象性意识而展开活动，不断创造着人的物质生产资料，从而在实践中不断确证和进一步追求

---

[1] 《马克思恩格斯文集》(第1卷)，人民出版社2009年版，第162页。

着生命的自由自觉。由此可见,马克思视野之中的"类意识"体现的是人的"类本质"特性,这种"类本质"以社会性、实践性将人的本质归结为一种具有相互依存、相互关联的对象性存在。

但是,必须看到,人在实践中确证着人的本质和生命存在,由于人的实践是动态的生成性,是一个以人为主体、以物质世界为对象的历史性的发展过程,因而人类的存在状态从来就不是静止不变的。实践既是人类本身自觉的活动,也是人类历史积累的成果。从社会历史领域来看,人类所运用和生存的物质环境,包括制度、文化等都是历史性的存在,它们伴随着实践这种动态生成过程而更加顺应人的发展目的。正如马克思批评费尔巴哈所说的那样,"他周围的感性世界决不是某种开天辟地以来就直接存在的、始终如一的东西,而是工业和社会状况的产物,是历史的产物,是世世代代活动的结果"①。由实践所创造的世界正是马克思哲学所关注的对象,必须认识到这种世界是在实践中不断生成和发展的,作为哲学根基的本体论也必须是在社会历史和社会存在中所生成的。社会存在正是这样一种实践生成的过程,人类世界正是在这样的历史实践中不断产生演变并得以前进发展。因此,离开了人的实践活动,脱离了社会存在和人的存在就不能理解历史,不能理解整个世界,也就不能就本体论问题进行探索和反思。任何关于自然界、人类社会等本体论问题的讨论实际上都隶属于人的实践活动范畴,也必须伴随着人的生产活动的深入开展才能够得到展开。马克思所立足的实践不是一成不变的范畴,而是具有历史性、开启性特征。也就是说,实践具有开启历史和未来、开启人类崭新感性生存世界的可能,而这也必须依赖于实践的对象才能够实现。实践正是通过对外界自然物的转化而使其成为生活资料并由此开启了存在者的存在。

因此,马克思说:"不是人们的意识决定人们的存在,相反,是人们的社会存在决定人们的意识。社会的物质生产力发展到一定阶段,便同它们一直在其中运动的现存生产关系或财产关系(这只是生产关系的法律用语)发生矛盾。"②唯物史观的"社会存在"一方面是感性的自然界,另一方面是人与人的感性交往的关系;感性的自然界在语言中,语言就是人与人之间感性的交往。一切人与人的关系都通过语言表达,并非通过意识形态的语言表达,也未必需要哲学的、宗教的表达。一切社会实践同时就是语言的实践。我们需要区分两个层面的语言:其一是作为感性的自然界的语言,

---

① 《马克思恩格斯文集》(第1卷),人民出版社2009年版,第528页。
② 《马克思恩格斯文集》(第2卷),人民出版社2009年版,第591页。

即人与人的社会关系;其二是作为意识形态的或者说作为科学的语言。作为对象性意识的语言不断被纠正为意识形态的语言或科学的语言。我们一方面把社会存在看成感性的自然界,另一方面也看作人与人的感性交往关系即生产关系。所谓的经济关系其实是生产关系的抽象化,这是经济学研究的对象,而生产关系是《资本论——政治经济学批判》研究的对象。

关于"感性"概念,按照马克思的说法,"说一个东西是感性的即现实的,是说它是感觉的对象,是感性的对象"①。这种东西不是仅仅通过感性直观获得的,而是人的实践活动的对象。以费尔巴哈为代表的旧唯物主义却恰恰相反地误解了"感性"。马克思批评费尔巴哈道:"他没有看到,他周围的感性世界决不是某种开天辟地以来就直接存在的、始终如一的东西,而是工业和社会状况的产物,是历史的产物,是世世代代活动的结果……甚至连最简单的'感性确定性'的对象也只是由于社会发展、由于工业和商业交往才提供给他的。"②费尔巴哈哲学的失误之处是:把一切都看作自然界的物质规定,而且是与人的实践活动毫不相干的物质规定。

但是,社会存在的这两个方面会发生矛盾,感性的自然界的展开是人类历史的内在的动力,它向来是在一定的社会关系中展开的。感性的自然界得以在其中展开的社会关系,并不是意识形态的关系、观念的关系,而是人与人之间真实的感性关系,将其固定下来就是生产关系。生产关系是人改造自然界的共同活动的方式,把共同活动去掉就无所谓生产关系。机器作为感性活动的成果,甫一发明就体现了人与人的关系,机器天然带有资本的属性。这是同一个事物的两个方面,这两个方面会出现冲突:机器作为感性的自然界这一面与作为社会关系即资本的一面冲突时,结果可能是机器被毁掉,因为机器的社会属性的一面、资本增殖的一面实现不了。如果资本增殖的要求实现不了,这种矛盾就会导致从普遍的富裕倒向普遍的贫穷、战争,"于是这些关系便由生产力的发展形式变成生产力的桎梏。那时社会革命的时代就到来了"③。在马克思看来,社会革命不是政治革命,政治革命只是社会革命的手段。社会革命是对象性意识的变革,对象性意识的革命不是意识形态发动的,否则社会革命便成了意识形态的革命,因为关于乌托邦的思想曾经被表述过千百次,但对于现实的历史进程却毫无影响。

---

① 《马克思恩格斯文集》(第1卷),人民出版社2009年版,第211页。
② 《马克思恩格斯文集》(第1卷),人民出版社2009年版,第528页。
③ 《马克思恩格斯文集》(第2卷),人民出版社2009年版,第597页。

二、生产力是对象性意识的对象性存在

历史唯物主义认为,社会革命作为促进社会发展的强心剂,推动着社会历史的不断变迁。关于社会革命产生的根源,马克思在《〈政治经济学批判〉序言》中写道:"社会的物质生产力发展到一定阶段,便同它们一直在其中运动的现存生产关系或财产关系(这只是生产关系的法律用语)发生矛盾。于是这些关系便由生产力的发展形式变成生产力的桎梏。那时社会革命的时代就到来了。"① 社会革命产生的根源在于生产力与生产关系之间的矛盾,这是在现实层面对于社会革命爆发原因的解读,但是从其源头探究,对象性意识在其中起着至关重要的作用。在一定意义上,我们可以说生产力也是对象性意识建构的产物之一。

人类智力的进步、生产工具的革新是我们通常理解的生产力得以发展的缘由,但是在此层面上探讨生产力发展的原因,在很大程度上是将生产力理解为一种工艺学。② 那么,究竟何为生产力?对于生产力的解读,需要从人类感知自身为"类"存在说起。马克思认为:"一个种的全部特性、种的类特性就在于生命活动的性质,而人的类特性恰恰就是自由的自觉的活动。"③ 因此,人作为类存在物是一个自由自为的存在物,在其不断涌现感性需求的驱使下会主动探索人与自然的关系,尝试进行创造性的活动,以便于更好地适应自然,满足自身的需要。生产力便是在探求人与自然关系之时产生的,这是一种改造自然的能力,是人作为社会存在物所诞生的力量。从中可知,人类正是因为感知到自身存在的意识即对象性意识的萌发,才能有后续的一系列创造性行为。对象性意识驱使着人们不断达到自由自觉的人之类本质的最终目的,必然包含着人们的自觉性与向外探索的需求性。就生产力而言,它作为一种人的外在行动力是人在对象性意识驱动下的外在表现,生产力水平也就是对象性意识的高低不同程度的呈现。换言之,对象性意识的历史就是实践、对象性活动、生产力水平变迁的历史。

生产力的产生与其发展的动力来源,出自人们对于"类"本质的觉醒而萌发的类意识即感性意识与自身感性需要得以实现的必然展开,生产力便是人类对象性意识的产物。正如马克思所言,"我们看到,富有的人和人的

---

① 《马克思恩格斯文集》(第2卷),人民出版社2009年版,第591—592页。
② 王德峰:《在存在论境域中领会历史唯物主义》,载《江西社会科学》2005年第8期。
③ 《马克思恩格斯文集》(第1卷),人民出版社2009年版,第501页。

丰富的需要代替了国民经济学上的富有和贫困。富有的人同时就是需要有人的生命表现的完整性的人,在这样的人身上,他自己的实现表现为内在的必然性、作为需要而存在。……贫困是被动的纽带,它使人感觉到自己需要的最大财富是他人"①。此外,对于生产力,不能将其抽象化为一种工艺学,或者片面地将其理解为人类获取生存资料的能力。生产力是人对自然界社会化的方式,是人作为社会存在物所具有的改造自然的能力。当我们探究社会革命爆发的原因时,在一定意义上,可以将其归结为对象性意识的变革。新的对象性意识如何代替旧的对象性意识,进而促使人们产生革命的萌芽,或许可以从对象性意识自身的变动性来说明。

人类的对象性意识一直处于不断的变化当中,其自身存在着一个历史性展开的过程。先前时代的对象性意识会被新的对象性意识所取代,产生这一变化的原因在于对象性意识中包含着人们的需求以及需求满足之后新需求的产生,需求的更新会不断持续下去,人们的对象性意识也会随之改变。人们的需要包含着多方面内容,对于社会革命即对象性意识的变革而言,对象性意识之间的替换是因为人们不接受原来的感性交往形式,需要寻求一种新的感性交往关系,进而对象性意识激起了社会民众的革命。关于这一例子的确证,可由欧洲第三等级即手工业劳动者和商人的革命说明。② 在封建社会内部,手工业劳动者通过自身劳动造就了手艺并积累了有限的动产,商人在广泛的贸易活动中积累了大量的货币。正是这些财富的积累,使得第三等级的民众看到了奔向个人自由劳动的未来。由于第三等级所产生的新的对象性意识即奔向个人自由劳动意识的兴起,人们想要摆脱旧的感性交往关系即摆脱封建生产关系的桎梏。因此,近代欧洲由封建主义向资本主义的转变,在很大程度上便是由革命阶级即产生新的对象性意识的欧洲第三等级推动下所促成的。马克思在《哲学的贫困》中说:"在一切生产工具中,最强大的一种生产力是革命阶级本身。革命因素之组成为阶级,是以旧社会的怀抱中所能产生的全部生产力的存在为前提的。"③何为革命阶级? 就是指这一阶级具备了新的对象性意识,并在其影响下,为实现自身理想的实现而斗争。由此可见,在社会革命中,对象性意识扮演着不可忽视的角色,成为推动社会历史发展的重要动力。可以说,人类进步发展的历史离不开对象性意识的展开及其建构作用。

---

① 《马克思恩格斯文集》(第 1 卷),人民出版社 2009 年版,第 194—195 页。
② 王德峰:《论马克思的感性意识概念》,载《云南大学学报(社会科学版)》2016 年第 5 期。
③ 《马克思恩格斯文集》(第 1 卷),人民出版社 2009 年版,第 655 页。

正如马克思所言,"全部历史是为了使'人'成为感性意识的对象和使'人作为人'的需要成为需要而做准备的历史(发展的历史)"①。对象性意识作为马克思本体论革命中产生的概念,存在于人与人的感性交往之中,与人们的现实生活过程紧密交织,是人们在对象性活动中对于对象性关系的自觉领会。将"对象性意识"仅仅当作认识论意义上的概念来理解,或者将其误认为是人类感觉器官的一种能力,这些误解的产生是由于在对物质劳动与精神劳动进行分工之后,掌控生产资料的"意识形态家"成为意识生产的掌控者,掩盖了意识"向外"的一面。

三、对象性意识的历史性向度

"历史是对象性意识史。"这个命题不仅是历史观的命题,同时也是马克思的本体论命题。马克思的哲学本体论是历史本体论,历史性是这种本体论的主题。如何解决历史性问题？黑格尔尝试解决了一次,结果却是完成了形而上学。关于历史的形而上学其实是不可能的,黑格尔的历史本体论终究没能成立。海德格尔在解释历史的时候充分重视了黑格尔哲学,特别是黑格尔把历史置于其本体论的思考,认为黑格尔领会到了历史的天命。从海德格尔的角度看,黑格尔整个历史哲学最终未能实现历史性的本体论的根源在于：他只是在存在者中把握历史事物的本质性。在存在者中把握历史事物的本质性,黑格尔做到了;但这种在存在中把握到的历史事物的本质性复归为形而上学,复归其实是当代人类的无家可归的状态的遮蔽。黑格尔本人的表达就暴露了这一点,哲学是"密纳发的猫头鹰要等黄昏到来,才会起飞"②。也就是说,在黑格尔看来,对人类社会状况的研究要在这个社会状况已经成熟的时候才能开展。依照海德格尔的看法,黑格尔的理论困境就出在这里：从存在者中而不是从存在中认识历史事物的本质性。

恰好在这一点上,海德格尔看到了马克思的优越性,主张马克思在体会到异化问题的时候深入了历史的本质性一度,所以马克思关于历史的观点比其余的历史学优越,正因为如此,胡塞尔、萨特都没有资格和马克思对话。在《关于人道主义的书信》中,海德格尔说："因为胡塞尔没有,据我看来萨特也没有在存在中认识到历史事物的本质性,所以现象学没有、存在主义也没有达到这样的一度中,在此一度中才有可能有资格和马克思主义

---

① 《马克思恩格斯文集》(第1卷),人民出版社2009年版,第194页。
② 黑格尔:《法哲学原理》(范扬、张企泰译),商务印书馆2013年版,第14页。

交谈。"①如果没有马克思的本体论革命以及由之而来的新本体论思想,也就没有作为历史观来理解的历史唯物主义。《资本论》学说不是经济学,而是一门历史科学,让历史科学成为可能的只能是一种全新的本体论思想。因此,如果不把马克思的本体论革命诠释清楚,历史科学也就无法展开。

在马克思的本体论革命中,人的意识是关于对象性关系的自觉,通过对象性的活动,这种自觉被建构为对象性意识,按照海德格尔的表达方式就是对存在的领会。人把自己的生命活动看成是自己的对象,而动物只是现成的存在者,动物与自己的生命活动直接融为一体,动物自身和它的生命活动之间的没有区别。然而,人不是现成的存在者,所以海德格尔排斥所有关于人的形而上的定义,在海德格尔而言,视人为一种现成的存在者的说法就是形而上学的规定。

马克思把人的生命活动看成是自由自觉的活动,恰恰是这个活动使人得以自我生成。在马克思那里,人显然不是现成的存在者。对象性关系的自觉是如何被建构为对象性意识的呢?因为对象性关系的自觉的成果就是对象性活动的成果,对于对象性关系的自觉把对象性关系做成了对象,形成了人化的自然物。在人化的自然物中,人直观他人,所以对象性意识就是直观的意识,并不以任何思维范畴为前提。在这个意义上,现象学的原则是有效的。马克思当然知道这是一种直观,但马克思的直观的前提是对象性活动,对于对象性关系的自觉被建构为对象,然后对此对象进行直观。这一点正是马克思不同于费尔巴哈的地方。因此,马克思的对象性意识是直观意识,同时也是本质直观。对象性意识是类意识,直观的类意识就是本质直观。类如何可能是直观的对象呢?因为类是纯粹思维的对象、概念,西方哲学传统一向如此。

在马克思而言,对象性意识的建构就是人在对象性活动的成果中直观到自身之为类存在。仔细说来,第一,对象性意识是被建构起来的。对象性意识不是直接的,人有作为自然存在物的感官;但是人的感觉不是直接的天然的感觉,人的感觉是被建构的。第二,对象性意识的前提是对象性活动的结果。第三,对象性意识是直观。第四,对象性意识直观到的是类存在。

对象性意识是历史性的,但是对象性意识并不是现成的人的能力。费尔巴哈确认了把人和动物区分开的那种能力,把人的本质看成是把无数个

---

① 袁贵仁、杨耕主编:《当代学者视野中的马克思主义哲学》,北京师范大学出版社 2008 年版,第 39 页。

人无声地联系起来的共同性。费尔巴哈的问题是不能理解对象性意识是由人的实践活动建构而成的。也就是说,费尔巴哈的对象性意识是非历史的,马克思批评了这种对象性意识,认为费尔巴哈"撇开历史进程,把宗教感情固定为独立的东西,并假定有一种抽象的——孤立的——人的个体。"①马克思从两个方面分析了对象性意识的历史性。第一个方面是对象性意识的主体性建构。"五官感觉的形成是迄今为止全部历史的产物。"②人类实践的过程同时也是属人的感觉的形成、属人的需要的形成。人在感性上把自己看成是社会存在物,就有属人的需要。对象性意识的主体性建构是在历史中,马克思谈到了被满足的第一个需要本身以及满足这个需要的活动、为满足这个需要而使用到的工具又引起新的需要,这个新的需要的产生就是第一个历史活动,历史的起点就在此被规定了。第二个方面是对象性意识的对象性建构,即社会意识的形成和发展。马克思在社会意识的形成领域讨论了许多重大理论问题,比如在语言观领域对语言展开了哲学讨论。因为有马克思和海德格尔,我们才从关于语言的形而上学的解释中摆脱出来。这种形而上学的解释需要语言作为言说的前提,主张语言是词汇系统、句法结构,是客观思想的体系;言说是被客观思想的体系所规定出来的个别的言语活动。这种情况就是海德格尔所说的"历史地看来,由于形而上学过早地霸占语言的权利,以致今天语言拒不向我们承认它的本质:它是存在的真理之家"③。

对象性意识是对感性需要的本质直观,感性需要并不是肉体的需要,对感性需要的本质直观就是对象性意识。那么,社会意识是什么呢?就是这种本质直观的语义形态。我们从哪里去发现意识形态?在哲学典籍中或者在那些对社会科学的前提的讨论中,也可以看到意识形态。从哪里去发现社会意识呢?在人们日常生活的言说中。民众的言说就是日常语言。马克思充分认识到了意识形态的形成是在社会意识之后;在意识形态形成之前,人类已经有自己的思想意识和观念的生产。思想观念的生产最初是直接与人们的物质活动、人们的物质交往、与现实生活的语言联系在一起,观念、思维、人们的精神交往在这时还是人们物质关系的直接产物。此时并没有意识形态家,没有专门从事精神劳动的精神意识形态制作家们。对象性意识的意义规定来自语言。社会意识的生产不是意识形态的生产。

---

① 《马克思恩格斯文集》(第1卷),人民出版社2009年版,第501页。
② 《马克思恩格斯文集》(第1卷),人民出版社2009年版,第191页。
③ 《海德格尔选集》上卷(孙周兴译),三联书店1996年版,第363页。

社会意识的生产就是对象性意识的对象性建构,它赋予人与人之间感性交往的形式以原初的语义维度,否则感性交往的维度就不可能确立起来。

马克思关于历史唯物主义的经典表述是:"不是意识决定生活,而是生活决定意识。"[①]这里的意识不是社会意识,而是意识形态;能够决定人们的存在的不是人们头脑中伦理的、道德的、宗教的观念。马克思不会否认社会意识的存在,只不过在马克思那里,社会意识的重要性在下降,反而是意识形态在支配着一切。人们在进行物质生产的同时也生产着自己的思想、观念、意识,这时还谈不上意识形态;这种社会意识跟现实生活的语言交织在一起。当我们说语言建构社会存在时,其实我们是在说社会意识的生产。社会意识在言说中;社会意识是关于人与人的感性交往关系的原初的语义维度,这个维度上的语义不是经济理性的产物。生产关系的语义维度不是理性,而是人们对劳动的社会性质的感性的价值意识。社会意识是对象性意识的语义形态。社会意识在言说中,对象性意识也会走向社会意识的生产,也就是对象性意识的对象性建构,它建构的是社会存在;社会存在就是一个意义维度。在这里我们立刻可以发现:人类的价值意识的起源就在于社会意识的生产中的语义维度的呈现。

马克思在《1844年经济学哲学手稿》中说:"国民经济学虽然从劳动是生产的真正灵魂这一点出发,但是它没有给劳动提供任何东西,而是给私有财产提供了一切。"[②]社会意识是对感性交往形式的意义规定,人们不得不以共同体的方式进行感性交往,因为人要存活于自然界之中;单个的人如果还存活于自然界,就不是作为人存活的;这个共同体哪怕是原始部落,也已经是人类历史的起点了。人类要存活于自然界必须以共同体的方式存在,这个共同体就是人与人之间的感性交往。感性交往的形式不是一种任意的发明,而是受制于人与自然界的关系。最初的自然界对于人来说,始终是无法征服的强大的力量。自然宗教其实就是对人与自然关系的意义规定,这种意义规定同时就是人与人的交往形式即原始部落的交往形式的意义规定,通常以部落信仰的形式表现出来。每一种交往形式中都有其意义规定,而在资本主义生产关系中,交往形式被彻底抽象化了。直到劳动的抽象化完成了,抽象劳动的建立成为人类社会物质生产的目标,此时这种抽象化让我们看到了一种与价值规定毫无关系的生产关系。

于是,从社会意识的生产中可以发现生成对象性意识的是实践。社会

[①] 《马克思恩格斯文集》(第1卷),人民出版社2009年版,第525页。
[②] 《马克思恩格斯文集》(第1卷),人民出版社2009年版,第166页。

意识的生产不是对外部世界的客观认知活动,对象性意识并不是我们的观念和外部现实相符合,其本身是一种实践思维。所以,社会意识的生产不是认知活动,社会意识的生产是对社会存在的语言制作。马克思说:"经济学家蒲鲁东先生非常明白,人们是在一定的生产关系中制造呢绒、麻布和丝织品的。但是他不明白,这些一定的社会关系同麻布、亚麻等一样,也是人们生产出来的。"① 人们是如何生产出社会关系的?这个社会关系不是观念的关系,也不是宗教关系,而是指生产亚麻麻布的那个生产关系,生产关系中有语言,有对象性意识。语言和意识具有同样长久的历史,语言和劳动也具有同样长久的历史;从人一开始说话,社会存在就被生产了出来,这是关于社会存在的语言制作。

社会意识并非认知活动的产物,而是关于社会存在的语言建构,与认识论意义上的反映与被反映关系是不同的。关于知识的问题,一开始也是价值意识的问题,价值意识在语言中产生。语言是对象性意识的实践,语言只要被言说就是在语言中开始建构意了。我们直观到了语言的需要,在语言中言说事实上就是建构的活动。马克思认为语言是实践的,语言是既为别人存在,也为我自己存在的现实的意识。我们不是随便地进入了一种生产关系,生产关系本身就有语义维度,这是一种社会意识。"思维本身的要素,思想的生命表现的要素,即语言,具有感性的性质。"② 换言之,语言是感性的自然界,或者说是感性的社会存在。

总而言之,我们讨论马克思的本体论革命,不得不紧扣"对象性意识"这个概念,包括马克思对未来世界的展望,即人类社会的史前时期的终结。从这个意义上说,没有对象性意识这个概念就无法澄清马克思的共产主义学说。"对象性意识"概念表明:社会发展的进程不是由头脑中的合理体系推动的;对象性意识是在社会历史进程中发展起来的,理论的任务是表达它。这种表达新的对象性意识的科学本身就是历史运动所产生的,它自觉地参与了历史运动。对象性意识在真实地形成起来以后,并不能认识自己的全部性质,所以需要理论家。马克思所认可的理论并不是来自头脑中纯粹思辨的构想;那种来自头脑中的构想叫先验主义,其立场是先验理性自己可以展开事情的真相,这是黑格尔的思辨理性原则。作为革命的科学的理论家,马克思需要进入历史运动的对象性意识之中。对象性意识意味着对未来社会的感性需要,这不是生物学意义上的肉体需要,而是对未来新

---

① 《马克思恩格斯文集》(第 1 卷),人民出版社 2009 年版,第 602 页。
② 《马克思恩格斯文集》(第 1 卷),人民出版社 2009 年版,第 194 页。

的社会关系的真实需要。无疑,作为历史进程的参与者,我们只有自觉参与历史运动并领会这个进程,才能做出关于社会历史进程的客观的描述、逻辑的讨论。

通过上面的讨论,我们知道了真正的理论应该是对象性意识的自觉表达。实践就是改变社会关系的活动,而改变社会关系的活动是由对象性意识引领的;实践由对象性意识所表达,那么,这种理论根本没有与实践对立。克服理论和实践的对立,就是要把理论更好地应用于实践。其实,这个问题在马克思那里早就被取消了。坚持传统的形而上学理论一定会发生理论和实践的对立问题,而在马克思的唯物史观中就没有理论与实践的对立,因为马克思的理论本身就是关于对象性意识的表达。这就是我们讨论马克思本体论革命的核心概念——对象性意识——的必要性所在。

第五章 本体论革命的当代意义

马克思本体论革命中蕴含的批判精神是否具有当代的方法论意义,这不仅是个理论问题,也是个实践问题。我们发现,马克思本体论革命的内在理路是"立"与"破"的内在统一,即所"立"(建构深入社会现实的唯物史观)与所"破"(批判性分析近代哲学形而上学建制及其限度)的共存。不从根本处诠解出马克思批判精神的方法论意义,就不能形成方法论自觉,必然难以深入地切中中国当下的现实,无法构成独具中国特色的中国道路并解读中国经验。因此,通过与马克思文本的当代"对话",使其方法论的价值得到呈现和凸显就成为一项十分重要的理论工作。

第一节 本体论革命后的新历史观

在马克思的本体论革命中,社会权力决定社会权利,这也是马克思历史唯物主义中的重要思想。马克思写《资本论》的目的就是要揭示"资本是现代社会的权力"这个命题。当我们说一个事物具有历史性,就是在说事物自己改变了自己,经历的历程就是自我改变的过程。历史性按照黑格尔的理解就是"种子说",即人类历史展开的一系列内容隐藏在精神的种子里,一个环节接一个环节展开,精神的种子就是逻辑的东西;理性的全部形式都包含在这个种子里,历史性只是理性自身展开自己的逻辑过程。虽然黑格尔认为辩证法是自我改变,然而,这仅仅是理性逐次展开自己的方式,事物本身没有发生改变。与黑格尔不同,马克思认为事物自身在改变自己,新的形式不可能从旧的形式中推出来;旧的形式自己不能维持自己而发生自我冲突,新的形式才可能产生出来。我们不能预测未来的人类社会的模样,在马克思看来,这要留给新一代去创造。然而,创造不是任意的,而是要在当下被给予的、限制性的条件中去改变这个条件;我们既受制于当前的条件,又在创造新的事物。这些问题都与马克思的本体论革命相关,我们不得不展开关于本体论的深入剖析。

一、扬弃思辨理性解读历史的方式

我们不得不承认人类社会的历史性,因为如果人类社会没有历史性,社会的法则就是恒定不朽的。目前人类还没有发现这个社会法则。在资本主义诞生之前的人类其实是在黑暗中摸索,在摸索中提出过许多谬论。法则是非时间的,规律也不具有时间性,那么,马克思讲的历史规律是不是非时间性的呢?就一般意义而言,规律与时间无关,但马克思认为社会规律都是历史的,并非与时间无关。时间性就成了一个本体论的根本性话题,人的存在有未来向度表明人在自身的存在中领会着时间;没有对存在的领会,就没有时间的观念,也谈不上对时间的物理用法。对时间的物理用法就是把时间非时间化,时间仅仅被当作衡量变化的尺度。对存在的领会一定是意识,否则无法谈领会,而纯粹意识与时间无关。我们将纯粹意识与对象性意识对立起来是为了说明马克思的本体论革命,并不否认纯粹意识的存在,而是说纯粹意识的存在要通过对象性意识来证明。那么,对象性意识和感性关系的关系是什么?我们在分析人的感性需要时,并不是在讨论动物的肉体需要,人的感性需要的前提是对事物的对象性意识。

在马克思看来,历史是人的真正的自然史,历史在自我扬弃中展开。我们要摒弃对马克思的先验主义读法,而是需要联系对象性意识,紧扣对象性意识的历史性,因为历史性的原则会将先验主义否定掉。一旦历史性被抽象掉,就容易把马克思理解为先验主义的了。彼得堡的《欧洲通报》中说,马克思的"研究方法是严格的实在论的,而叙述方法不幸是德国辩证法的"①。伊·伊·考夫曼这样判断马克思《资本论》:"这位作者先生把他称为我的实际方法的东西描述得这样恰当。"②如果按照先验哲学的方法研究现实,还没有对材料展开深入研究之前,研究者就先行地提出了基本的范畴结构,然后再把材料塞进这些结构中。其实,基本范畴是经济学家积累出来的。

马克思显然不认同先验哲学的研究方法,他主张经济学范畴来自现实生活,即便是生产关系也是在生产过程中生成的:"随着新生产力的获得,人们改变自己的生产方式,随着生产方式即谋生的方式的改变,人们也就会改变自己的一切社会关系。"③马克思认为在资本主义社会中,人与人的

---

① 《马克思恩格斯文集》(第5卷),人民出版社2009年版,第20页。
② 《马克思恩格斯文集》(第5卷),人民出版社2009年版,第21页。
③ 《马克思恩格斯文集》(第1卷),人民出版社2009年版,第602页。

物质关系被异化了,而在未来人类社会中,人与人的关系是感性的交往关系。人在资本主义的物质关系领域中,人与人的感性交往关系是对抗性的,理性地克服这种对抗性的办法,就是用范畴加以命名和说明。马克思在《哲学的贫困》中说,经济范畴是生产的社会关系的理论表现,是由经济对抗所构成的,与对抗不可分割;蒲鲁东忽视了构成这些范畴的不可分离的对抗,其理论缺陷在于:主张现实的资本主义经济出现矛盾冲突的原因是先前的范畴失灵了,需要用新的范畴来解决冲突。马克思这样辛辣地嘲讽蒲鲁东:"经济范畴只不过是生产的社会关系的理论表现,即其抽象。真正的哲学家蒲鲁东先生把事物颠倒了,他认为现实关系只是一些原理和范畴的化身。这位哲学家蒲鲁东先生还告诉我们,这些原理和范畴过去曾睡在'无人身的人类理性'的怀抱里。"[1]"马克思所批判的重点不在于蒲鲁东那种明显的黑格尔式的观念决定论,而在于分析他的经济学方法论中隐含的深层唯心主义,这其实是一种抽象的逻辑先导性。"[2]

马克思认为每一个经济范畴本身都是由经济对抗产生的。人类社会的物质财富分配摆脱了等级权力,转而采用市场平等的原则,这就是资本主义。资本主义一定要说明市场平等是合乎理性的,市场平等对人与人的每种物质交往方式都给予了理性的范畴规定,比如社会总财富分配的根据在于资本的占有权;资本的占有不是特权赋予的,而是在市场竞争中获取了资本就拥有了分配社会总财富的权力。这些都符合理性,所以,在前资本主义阶段是不可能出现经济学的。随资本主义而来的是一系列经济范畴,这些经济范畴一个一个地被发现,这是经济学发展的早期阶段。当这些范畴业已完备,便建构出了具体的思想,即资本主义经济运作的逻辑系统,经济学范畴的体系因之得以形成。但这个经济学范畴的体系遮盖了实际经济生活中的对抗。

因此可以说,马克思的《资本论》正如其副标题所示的"政治经济学批判",是经济学的范畴批判的学说。西方经济学在成长过程中越来越明显地走向了先验主义,因为西方经济学要讨论一系列范畴之间的逻辑关系,其前提是资本系统在逻辑上是自洽的。凡是现实中发生的经济问题都是实际的经济活动对自洽的逻辑系统的偏离,需要发明金融工具来纠正,金融家的努力就是面对资本系统的紊乱,发明重建平衡的金融工具。显然,金融学正走向工具理性,金融学家不断发明金融工具表明金融资本在当前

---

[1] 《马克思恩格斯文集》(第1卷),人民出版社2009年版,第602页。
[2] 张一兵:《回到马克思》,江苏人民出版社2014年版,第498页。

面临的危机,即资本系统不断发生紊乱并且面临解体。金融工具的主要使用者是国家,国家利用各种杠杆、金融工具想要阻止当代资本主义系统的失衡甚至解体。在这种金融工具不断发明的同时,相伴而生的是国内不同利益集团的博弈,国与国之间的货币战争、贸易战争甚至军事对抗。

或许可以说,现代科学自觉或不自觉地都使用了先验主义前提,要破除先验主义不得不使用历史本体论。对象性意识的历史性的首要因素是主体性建构,建构原本就包含着历史性;人的感觉的形成和发展是历史的推动力。我们不是先验地有一个关于人类社会的理性状态的描述,我们不能建构和改变现状的原因是:需要正在成长。资本主义让人的需要充分全面地展开,属人的需要会自然地要求人解放自己,而不是停留在异化状况中。异化在特定历史阶段是不得不进行的,因为异化让人的需要和人类社会的使用价值无限多样化,一种新使用价值的出现就代表了一种新的感性需要。在马克思看来,资本主义以异化的形式打开了人类社会使用价值无限多样化的领域,人的需要的历史性展开就是历史前进的动力。人的需要在感性领域的展开要求扬弃被异化了的感性需要的满足方式,因为在这种异化方式中,人的感性需要是以被压抑的方式呈现的。如果没有对象性意识的主体性建构,我们就不知道革命的主体从何而来。

马克思批判了蒲鲁东所谓"人类理性"的思维方式,后者企图从天才的逻辑范畴中提出一套解决社会问题的方案,"他发明了一种新理性,这既不是绝对的、纯粹的和纯真的理性,也不是生活在不同历史时期的生动活跃的人们的普通的理性;这是一种十分特殊的理性,是作为人的社会的理性,是作为主体的人类的理性,这种理性在蒲鲁东先生的笔下最初或写做'社会天才'、'普遍理性',最后又写做'人类理性'"[①]。马克思认为这如同黑格尔为宗教、法做过的事情,蒲鲁东也想在政治经济学上如法炮制,"既然把任何一种事物都归结为逻辑范畴,任何一个运动、任何一种生产行为都归结为方法,那么由此自然得出一个结论,产品和生产、事物和运动的任何总和都可以归结为应用的形而上学"[②]。也就是说,先验主义的原则是纯粹思维的原则,经验的东西都是由纯粹思维所建构的;它清理了一切感觉材料,逻辑范畴不含任何感觉材料,却又是让经验得以成立的根据。所以,马克思断言,蒲鲁东与黑格尔主义一样,在他们的纯粹逻辑范畴中没有历史性:"他以为他是在通过思想的运动建设世界;其实,他只是根据绝对

---

① 《马克思恩格斯文集》(第1卷),人民出版社2009年版,第609页。
② 《马克思恩格斯文集》(第1卷),人民出版社2009年版,第600—601页。

方法把所有人们头脑中的思想加以系统的改组和排列而已。"①换言之，马克思认为，在蒲鲁东的思想里一切事物都成为逻辑范畴，现实关系也只是范畴的化身，"至多也只是观念中的历史，即反映在纯粹理性的辩证运动中的历史"②。那么，在蒲鲁东那里自然就没有与时间次序相一致的历史，只有观念在理性中的顺序。

二、对象性意识是生产方式的意义生成

不难发现，人类不断改变自己的生产方式，不是逻辑范畴带来的结果，而与对象性意识密切相关。对象性意识的历史性表明我们在这个历史阶段上的生产、物质财富的交往方式中发现了新的可能性，这种新的可能性表明人类能满足新的需要。对象性意识不是理论，也不是一套成熟的观念体系，它甚至在价值上还没站稳脚跟。人如何领会社会关系，如何领会自己作为社会存在，这种领会就是对象性意识，并非意识形态的灌输。意识形态扬弃了对象性意识本身的对象性，并且以宗教的或哲学的方式制造出价值体系，它独立于对象性意识之外，支配着对象性意识。假如我们以此来理解社会关系、属人的财富，也许我们会得出结论：历史就是意识形态史，整个欧洲的历史就是一部宗教的历史。但如果把欧洲的历史理解为一部意识形态史，其实是忘记了这些意识形态的根据是对象性意识。应当说，旧的社会不是被意识形态摧毁的，而是被新的对象性意识摧毁的。欧洲人重新领会了人与人的关系，重新领会了财富的价值。所以，马克思认为意识形态没有自己的历史，他在《德意志意识形态》中说："道德、宗教、形而上学和其他意识形态，以及与它们相适应的意识形式便不再保留独立性的外观了。它们没有历史，没有发展，而发展着自己的物质生产和物质交往的人们，在改变自己的这个现实的同时也改变着自己的思维和思维的产物。"③

我们需要注意三个层面的概念：对象性意识，社会意识，意识形态。其中对象性意识和社会意识的关系是怎样的呢？按照马克思的思想，人类一开始并没有意识形态，社会意识和人的对象性活动交织在一起；人的对象性活动是物质性生产活动，同时又是思想、观念和意识的生产，思想、观念和意识的生产与物质活动、现实生活的语言交织在一起，没有单独的精神

---

① 《马克思恩格斯文集》(第1卷)，人民出版社2009年版，第602页。
② 《马克思恩格斯文集》(第1卷)，人民出版社2009年版，第608页。
③ 《马克思恩格斯文集》(第1卷)，人民出版社2009年版，第525页。

生产、意识形态制作。一旦发生真实的分工,即物质劳动和精神劳动的分工,社会上就会出现一部分人专门从事意识形态制作,如宗教家、哲学家。

如此一来,马克思就消解了社会意识。当没有意识形态时,对象性意识的对象化建构就建构出了社会意识。社会意识作为人类对世界和自身的态度和信念的总和,是生产方式的意义生成。任何时代的人们都是在一定的意义规定中接受生产关系,也在一定的意义规定中运用了生产力;这种意义的生成推动了社会意识的生成。马克思认为,真实的分工发生后,社会意识的领域就被意识形态取代了。新的对象性意识的形成表现为它的对象性建构,它进而建构出了新的社会意识,但思想、观念和意识的生产并没有由于物质劳动和精神劳动的分工而终结。社会意识是让新的社会权力成长起来的领域,意识形态是事后建成的。人们的实践就是语言的实践,语言的实践也就是社会意识的生产。生产关系本身的语义维度是社会意识给予的,与生产力、生产关系结合的语言就是社会意识,没有脱离语言的生产力、生产关系,否则,马克思就不会说"语言具有感性的性质"[1]。

马克思在《德意志意识形态》中说:"历史不外是各个世代的依次交替。每一代都利用以前各代遗留下来的材料、资金和生产力;由于这个缘故,每一代一方面在完全改变了的环境下继续从事所继承的活动,另一方面又通过完全改变了的活动来变更旧的环境。"[2]我们可以说,没有脱离确定的对象性意识的生产力,生产力本身就是一种对象性意识。通常人们把科学技术看成是自然科学在生产领域的运用,时间上先有自然科学再有技术,但自然科学本质上就是技术,是对自然界技术的态度,技术本质上是一种对象性意识。对象性意识的对象性建构就是生产力、生产关系的建构,这种建构表明对象性意识对象化为社会意识,使生产力、生产关系语义维度、意义得以生成。马克思说要始终从主体方面去理解这个世界,也就是说从对象性意识方面去理解。生产力并不是价值中立的,它表明的是对象性意识的一种历史形态。

在马克思而言,历史就是对象性意识的历史。这个主题揭示了马克思本体论的核心内容,马克思的本体论思想是真正的历史本体论。要抓住对象性意识这个概念,我们需要从关于对象性关系的自觉出发来说明人这个存在者与其他存在者不同的地方。以往西方传统的本体论试图让本体论摆脱范畴论,用范畴的体系做出关于本体论的知识,结果只是做出了关于

---

[1] 《马克思恩格斯文集》(第1卷),人民出版社2009年版,第194页。
[2] 《马克思恩格斯文集》(第1卷),人民出版社2009年版,第541页。

存在者的基本规定。不管马克思的语言和海德格尔的语言有多大的不同,二者在本体论的思想的精神上是一致的。用海德格尔的话说,就是重新抓住那个被遗忘的存在。用马克思的话来说,人不仅是一种自然存在物,而且是自为地存在着的;人对自己的存在有领会,所以是自为的存在物,人是为自己本身的存在而存在的存在物。马克思把对存在的领会表达为对象性本质力量的主体性,对象性本质力量的主体性其实就是人的生命活动的自由自觉的特征。把自己的生命活动当作自己意识和意志的对象,这一点把人的生命活动和动物的生命活动区分开来了。由此我们就抓住了马克思本体论革命的关键概念——对象性活动。

从作为本体论革命的关键概念——"对象性活动"——中,可以合乎逻辑地引出"对象性意识"这个概念。"对象性活动"这个概念本身表明,对象性原则把活动限制为主体性。活动不是主体,如果把活动原则当成主体原则就进入了近代西方思辨哲学纯粹理性活动的原则。按照马克思,是对象性活动规定出世界来的,这就是在讨论本体论革命。虽然马克思没有完整系统地论述自己的本体论学说,但是马克思一方面批判旧唯物主义,另一方面也批判唯心主义,批判的同时其实就是在阐述他的本体论革命。

"对象性活动"这个概念最主要的含义是用对象性原则把活动限制为主体性。在马克思那里,主体性是被对象性规定出来的。被对象性所规定出来的主体性就是对象性意识。如果说按照近代哲学的思维方式,"对象性活动"这个概念本身表明了悖论,那么,在近代哲学里面,"对象性意识"同样也是一种悖论。对象性表明每一个对象性存在物都是被它所需要的对象规定的,这一个对象性存在物是另一个存在物的对象,说它有自己的对象也就说明它也是他物的对象。这是一种在近代哲学当中被视为悖论的概念,而这种悖论恰好印证了本体论革命的发生。本体论革命一旦发生,如果依然用革命前的旧理论看待此革命,那么一定会产生悖论。

一切意识概念都确立了主体性,但并非一切意识概念都确立了主体。在旧唯物主义中,意识概念为主体性反映,意识反映物质。反映的方式、形式从何而来?是属于物质的形式吗?假如意识的形式等于物质的形式,这意味着什么?马克思在《关于费尔巴哈的提纲》第一条中就指出了旧唯物主义的主要缺点:"没有从主体方面去理解对象、现实、感性。"[①]即没有从主体方面去理解世界。唯心主义尽管发挥了"主体方面",却发挥成了主体本身。马克思说从主体方面去理解是指从主体性方面去理解,虽然唯心主

[①] 《马克思恩格斯文集》(第1卷),人民出版社2009年版,第499页。

义做到了,但是唯心主义却是抽象地发展了主体的能动方面。

从"主体方面"去理解就是从由对象性所规定出来的主体性方面去理解世界,而所谓"从主体性方面去理解世界"就是从对象性意识去理解世界。难道《关于费尔巴哈的提纲》第一条只是告诉我们还应该承认人的实践的能动性,旧唯物主义不知道实践的能动性吗?《关于费尔巴哈的提纲》第一条明确用了"对象性活动",既然用了"对象性活动",也就是要揭示"对象性活动"所必然包含的一个概念——"对象性意识"。因此,我们就不得不紧扣"对象性意识"这个概念来讨论马克思的本体论革命。

三、共产主义的实践本体论论证

马克思也称历史唯物主义为实践的唯物主义,还常常将实践的唯物主义与共产主义并举。为什么马克思会把共产主义等同于实践的唯物主义?因为在马克思看来,虽然人们表达过无数次关于共产主义的思想,但这对实际的历史进程却毫无影响;因为在观念上无法破除私有财产控制人的物质力量,所以只能用感性活动的物质力量来摧毁私有制。私有财产是占有他人劳动成果的社会力量,本质上是异化了的感性力量,这种力量是无法用观念来改变的。如果不诉诸实践活动,对私有财产的扬弃就是不可能的,也就是说,共产主义只能在实践过程中逐渐向我们走来。

历史唯物主义清晰地告诉我们,观念的变革并不可能带来现实世界的任何变化,要用感性的力量来消灭私有制。这正是共产主义的目标,也是使现存世界革命化、感性世界自我批判的具体表征。因此,共产主义本质上要承认唯物主义,而且这种唯物主义只能是实践的唯物主义,既不是古代朴素唯物主义、近代形而上学唯物主义,也不是费尔巴哈的直观唯物主义。只有实践的唯物主义意味着对私有财产的扬弃,超越了以往唯物主义改造社会过程中的软弱性。与旧唯物主义不同,"新唯物主义的立脚点则是人类社会或社会的人类"[①]。在资本主义私有制条件下,资本逻辑实质上是积累起来的抽象劳动对当下具体劳动的统治,因而共同的物质生活的生产表现为人的社会性本质的异化。在资本主义生产关系中,具体劳动生产的是产品的使用价值,抽象劳动生产的是产品的交换价值。资本主义的生产以交换价值的增殖即资本的增殖为生产的唯一目的,就意味着积累起来的抽象劳动要统治具体劳动。因此,共产主义在对资本主义的批判中,

---

① 《马克思恩格斯文集》(第1卷),人民出版社2009年版,第502页。

最终要实现的是"每个人的自由发展是其他人自由发展的条件"①。

在《1844年经济学哲学手稿》中,马克思对共产主义做出了感性活动——实践——的本体论论证。现在的任务是,必须要论证共产主义从逻辑潜在到真实的感性实存转化的可能性契机。基于此,我们才有可能消解对共产主义实证化的误读。马克思提出:"共产主义是对私有财产即人的自我异化的积极的扬弃,因而是通过人并且为了人而对人的本质的真正占有;因此,它是人向自身、也就是向社会的即合乎人性的人的复归,这种复归是完全的复归,是自觉实现并在以往发展的全部财富的范围内实现的复归。"②大致看来,这段简短的共产主义论说存在着理想性和现实性双重维度。之所以说它是理想性的,主要是因为共产主义体现着对"现实的个人"的本质——感觉——的人类性的真正占有;而共产主义的现实性表现为消灭资本主义私有财产而进行的扬弃私有财产的历史运动。然而,这种理想性和现实性并不构成与人的感性活动无涉、外在于人的实证化了的共产主义。毋宁说,这是历史唯物主义本体论革命之后,建立在人的社会性本质基础之上的共产主义。

除此之外,在《1844年经济学哲学手稿》中,马克思通过对"粗陋的共产主义"和"政治共产主义"两种共产主义形式进行批判,说明了自身关于共产主义实践趋向的伟大构想。关于"粗陋的共产主义",马克思认为这种共产主义是对私有财产的最初的积极的扬弃,"不过是私有财产的卑鄙性的一种表现形式,这种私有财产力图把自己设定为积极的共同体"③。这种共产主义主张和倡导财富的平均分配,并将妇女纳入其中,声称要通过这种平均分配的方式来消灭私有财产占有的一切。而在马克思看来,这不过是向平均主义的倒退,而这种平均主义仍然是在生产资料私有制基础上进行的。对于"政治共产主义",马克思批判它"是废除国家的,但同时是尚未完成的,并且仍然处于私有财产即人的异化的影响下"④。虽然这种形式的共产主义强调消灭国家与不合理的政治制度,消灭资本主义制度下的异化与矛盾,以此高扬着民主与平等的大旗,但是在马克思看来,这种形式的共产主义依然笼罩在消灭政治制度即消灭私有财产的迷雾中,不仅没有理解私有财产的本质,还混淆了消灭政治制度与铲除私有制的关系。总

---

① 《马克思恩格斯文集》(第2卷),人民出版社2009年版,第53页。
② 《马克思恩格斯文集》(第1卷),人民出版社2009年版,第185页。
③ 《马克思恩格斯文集》(第1卷),人民出版社2009年版,第185页。
④ 《马克思恩格斯文集》(第1卷),人民出版社2009年版,第185页。

之,这两种共产主义形式虽然都已经认识到了人要向自身还原和复归,扬弃人的自我异化,但是,由于都未能站在实践立场上真正理解私有财产"物质的、直接感性"的实践属性,因而只是在不动摇私有制的基础上来理解私有财产的扬弃运动。马克思站在实践本体论的高度上断言:"共产主义是对私有财产即人的自我异化的积极的扬弃,因而是通过人并且为了人而对人的本质的真正占有;因此,它是人向自身、也就是向社会的即合乎人性的人的复归,这种复归是完全的复归,是自觉实现并在以往发展的全部财富的范围内实现的复归。"①

在马克思看来,"粗陋的共产主义"和"政治共产主义"之所以是空想而不具备实现的可能性,就是因为它们没能通过触动私有制来解决资本主义社会的固有矛盾。在对资本主义社会的考察中,马克思发现必须消灭私有制,才能够实现人的本质的真正复归,迈入展现人的真正自由发展的共产主义社会。但是,这种自由解放却不是通过改革制度、变革分配方式就能够实现的,"自我异化的扬弃同自我异化走的是同一条道路"②。也就是说,资本主义社会本身就蕴含着自我否定的潜在要素,包含着实现自我否定的必然环节,因此,共产主义的实现不是同资本主义制度和以往不符合人自身发展的社会形态相割裂,共产主义"是人向自身、也就是向社会的即合乎人性的人的复归,这种复归是完全的复归,是自觉实现并在以往发展的全部财富的范围内实现的复归"③。只有在资本主义创造社会财富的基础上,在人以社会劳动推动生产力不断向前发展的前提下,资本主义社会自身的种种矛盾才会不断激化并最终得到解决,才能够实现私有财产与自我异化的真正扬弃,实现人的本质的复归和人的彻底解放。可见,马克思的共产主义理论既不同于"平均分配"的虚幻构想,也与以往颇具形而上学色彩的空想社会主义划清了界限。在对市民社会、国家制度的考察中,马克思一方面将共产主义理论上升到了政治经济学批判的原则高度,另一方面又站在实践立场上提出了消灭私有制、实现共产主义的实践路径,不仅区别于费尔巴哈的感性直观与"爱的宗教",也同黑格尔思辨神学色彩的批判精神大相径庭。马克思在对"现实的个人"与"感性活动"的清醒认识中,真正确立了满足人类普遍利益的共产主义的科学构想。

唯有通过对社会现实的批判性变革,共产主义才能从理想的逻辑存在

---

① 《马克思恩格斯文集》(第1卷),人民出版社2009年版,第185页。
② 《马克思恩格斯文集》(第1卷),人民出版社2009年版,第182页。
③ 《马克思恩格斯文集》(第1卷),人民出版社2009年版,第185页。

过渡到现实的感性实存,因此,共产主义的任务便转化为:通过批判社会现实来揭示共产主义的合理性与现实性的双重维度。马克思认为,社会交往形式的首要意义在于以物质生活资料生产为中心进行着的感性交往活动。正是在这个意义上,马克思的共产主义理论不是实证化了的历史终点、历史等待和历史乌托邦,相反,我们需要从物质资料生产方式的变动结构中理解和领会其对资本主义的批判意义。

马克思的共产主义理论体现了对资本主义私有制的消解,体现了重建有"个性的个人"的自由和解放的理想。共产主义对私有财产的积极扬弃,解除了人的无家可归的生存状态,使人成为不依赖于私有财产而存在的、自由人的联合体,社会性的物质生产活动自发地强化了人的社会性联系。为了实现自由人的联合体,保证其生存和自主活动,就必须通过社会的、普遍联合的物质生活的生产与再生产占有以往生产力的总和,消除旧有的生产方式,回归人的社会性本质。因此,"建立共产主义实质上具有经济的性质,这就是为这种联合创造各种物质条件"①。也就是说,共产主义一开始就与社会的物质生活资料的生产活动存在必然关联。一言以蔽之,唯有从感性的物质生活的实践本体论维度考察共产主义,才是符合唯物史观的表达方式。

显然,阐释这样一个消灭资本主义私有制、重建有个性的个人、回归人的社会性本质的共产主义社会,马克思是建立在揭示唯物主义"物"的本体论内涵基础上的,正如马克思所说,"我们判断这样一个变革时代也不能以它的意识为根据;相反,这个意识必须从物质生活的矛盾中,从社会生产力和生产关系之间的现存冲突中去解释"②。矛盾、冲突即是从社会的物质资料的生产活动中生长出来的。这意味着我们并不是在理论思维的活动中获得人的意义的世界的,而是在感性的人的活动中获得的。毋庸置疑,马克思给我们留下了一笔丰厚的遗产。"正如共产主义的历史所证明的,尽管这种变革的观念已经表述过千百次,但这对于实际发展没有任何意义。"③由此,马克思从物质生产方式及其变动结构的基本内涵出发,对于共产主义做出的是实践本体论论证。马克思以其本体论革命之后的历史唯物主义理论告诉我们,对于共产主义,任何试图抛弃感性活动的理解、任何想超出现有物质生活资料生产方式的理解都将沦为主观的臆想。

---

① 《马克思恩格斯文集》(第 1 卷),人民出版社 2009 年版,第 574 页。
② 《马克思恩格斯文集》(第 2 卷),人民出版社 2009 年版,第 592 页。
③ 《马克思恩格斯文集》(第 1 卷),人民出版社 2009 年版,第 545 页。

因此,我们要从本体论革命的维度来理解共产主义。马克思说:"因而是通过人并且为了人而对人的本质的真正占有。"①马克思要实现的是为了人而对人的社会本质的真正占有,扬弃人与人之间的对抗,因而共产主义是人向自身、向社会的合乎人性的人转变。在共产主义的转变实现之后,个人作为社会的人才合乎人性。马克思提出的人向自身、向社会的复归是完全自觉的,是在以往发展的全部财富的范围内生成的,这种共产主义作为完成了的自然主义等于人道主义,是对私有财产的扬弃。

假如我们仅仅把共产主义看成是实现社会财富的平等分配,就无需深入讨论马克思的本体论革命;共产主义在本体论意义上被理解为人的自我异化的积极的扬弃。也就是说,本体论意义上的共产主义针对着本体论意义上的私有财产。私有财产本身并不是邪恶的,我们不是对私有财产进行道德评价,我们要揭示的是私有财产与人的生活的本体论性质。人以私有财产的方式展开人与自然的关系,因为人与自然的关系是人与人的关系的基础。在这个领域里,私有财产意味着生活的本体论性质是斗争的,是矛盾的。人与人斗争的源头在私有财产阶段,这个阶段处在真正的人类社会的史前阶段,在这个阶段里合乎人性的人即社会的人无法实现。我们使用的并非通常的道德标准,我们期望实现的是原则高度的变革。虽然有一些具有博爱精神的人为穷人说话,把穷人提高到跟富人差不多的情况,其实这是将私有财产平均化,但是,问题依然没有得到解决,私有财产始终不断地产生新的不平等,产生个体与类的对抗、自由与必然的对抗、对象化与自我确证的对抗、存在与本质的对抗。

因此,对私有财产的本体论讨论就意味着对共产主义的本体论讨论。共产主义作为私有财产的对立面,应该在本体论上得到揭示,所以共产主义其实是历史之谜的解答,而这个历史充满了斗争,表现在四个方面:个体与类、自由与必然、对象化与自我确证、存在与本质。现存的状况与人的本质的可能性是矛盾的。我们承认现存的东西,但我们发现人的本质没有实现。劳动不是人的本质力量对象化,对象化的产物反过来否定人作为人的力量;劳动不应该否定人,劳动应当是人的自我确证。如果对象化成为异化,就意味着对象化和自我确证有斗争。

人们在社会生活中服从必然——盲目的、不以人的意志为转移的力量,但是人是要自由的,人的本性是要求自由自觉的活动,自由与必然就形成了一种对抗。共产主义意味着历史之谜的解答,整个历史就是共产主义

---

① 《马克思恩格斯文集》(第1卷),人民出版社2009年版,第185页。

诞生的过程。共产主义不是被我们描述为悬在未来的理想状态，否则只是先验地构造了人类的理想状态，而我们要在现实的历史进程当中看到共产主义的诞生过程。

共产主义作为一种人类崭新的社会生存状态，是消灭阻碍人的一切自由发展障碍的尖锐武器和现实道路。从私有制的铲除和消灭来看，共产主义就是扬弃私有制、扬弃异化的历史运动。早在《德意志意识形态》中，马克思就说明了共产主义作为现实历史运动的性质。在马克思看来，共产主义从来不是一种理论原则，它是在社会现实中生长和发展起来的；它不是脱离现实的空想，而是与现实相适应的理想，这种理想区别于虚妄幻想的"乌托邦"。当然，共产主义从来都不是无选择地消灭一切，而是在一切物质文明发展的基础上铲除阻碍人类社会继续前进的绊脚石。从共产主义的实现来看，共产主义不是根据现有条件所做出的设想，而是将通过人类以实践活动推动生产力发展而得到实现。这一伟大目标的实现从来不是一个理论问题，而是一场历史性的实践运动。

可以确定的是，马克思在对费尔巴哈感性直观本体论和黑格尔的辩证法的双重批判中，确立了历史唯物主义的感性活动即实践的本体论立场，敞开了历史唯物主义理解社会的钥匙——物质资料的生产方式及其变动结构。这是理解共产主义的不二法门，同时，也构成了理解整个马克思主义的本体论境遇。总之，马克思的本体论革命关乎马克思主义理论的宏富思想，唯有从现实的感性活动——对象性活动——本体出发，才能真正通达和切中共产主义思想的理论内核。

第二节　本体论革命中的批判精神

马克思本体论革命的当代意义几乎是每一个马克思主义理论工作者所关注的首要论题，这也是一项宏大的时代任务。在马克思主义理论体系中，批判精神是马克思主义充满活力的精神，越来越呈现出真理性，也越来越呈现出成为我们思想武器的必要性。显然，目前重要的工作就在于清晰地阐释马克思批判精神在当代的方法论意义，因为它联系着我们时代的现实境况，应该得到清晰的阐明和真切的把握，并在思维方法中巩固下来。然而，眼下却存在着对马克思批判精神有意无意的遮蔽，这种遮蔽使其方法论意义处于晦暗不彰之中。这种遮蔽大致表现为对马克思主义的抽象化、形式化的教条主义理解，其导向是完全无批判的或庸俗化的，例如对第二国际理论家"经济决定论"的无反思的接受、对马克思主义的"知性科学"式误解以及只是在经验实证主义范畴内对"唯物主义"的认同。真正的理解就是要敞开这些遮蔽,惟其如此,马克思本体论革命的当代性才有可能"在场"与我们相遇。由于这一主题是哲学性质的,我们不得不在哲学的高度上加以阐明。可以肯定的是,我们只有在深刻领会这一伟大思想资源并将其吸纳为自己的思维方法之后,才能将马克思本体论革命中蕴含的批判精神内化为我们的方法论自觉。

一、对批判精神应有原则高度的估价

批判精神无疑是马克思首要的精神品格,这种精神自始至终贯穿于马克思的理论与实践活动之中。马克思建构未来美好生活的途径就是从批判旧世界中发现新世界,并将批判精神作为辩证法的本质属性。"辩证法不崇拜任何东西,按其本质来说,它是批判的和革命的。"[①]列宁在评价马克思的理论时,将批判精神这种优秀的理论品质毫不迟疑地赋予了马克思。我们发现,马克思批判精神的内在理路是:所"立"(对社会现实的切入)与所"破"(批判近代哲学形而上学建制及其限度)的共存,其理论建构依循所"立"与所"破"作为两翼而展开。就马克思主义整体而言,理论层面囊括对哲学、社会学、经济学、历史学等学科中的批判性分析,同时,也包含实践领域中的批判与革新,通常是理论与实践二者的合一。在理论建构的意义上,批判就是深入分析、论证、反复辩驳,帮助我们澄清自己的思想,不断反思我们思想中未经审视的前提预设。在马克思看来,那些未经批判的东西只是独断的意见,不具有真理性和理论说服力。简言之,作为哲学概念的批判可以说是澄清前提、划定界限。

就其本质规定性而言,批判精神是一种自由的精神,正如黑格尔所说,自由的思想就是不接受任何未经审查其前提的思想。这种看法显然也深刻地影响了马克思,马克思的理论志向实质上是:澄清资本主义经济——政治经济学——只是其理论表现之现实的历史前提,并通过批判性分析这种有效的思维方法,把握资本主义经济生活的本质,进而揭示其历史的限度。换言之,我们只有通过批判性分析才能深入社会现实。若要阐发马克思批判精神的方法论意义,就必须对当代资本主义条件下人类生存境况进行具有原则高度的揭示。应当说,真正属于当代的思想只有在不断的重新开启中才能彰显其意义,而这种重新开启只能存在于当代社会现实与文本

[①] 《马克思恩格斯文集》(第 5 卷),人民出版社 2009 年版,第 22 页。

的对话中,因此,我们不得不断地展开与马克思文本的无隔阂对话。无疑,缘于社会现实的变动不居,阐释马克思批判精神的当代意义的过程将是无止境的。

正如马克思所指出的,"新思潮的优点又恰恰在于我们不想教条地预期未来,而只是想通过批判旧世界发现新世界"①。可以说,批判精神是马克思辩证法及其整个哲学体系的重要属性,而马克思批判精神形成的核心支点就在于实践。在拒斥和批判以往形而上学的基础上,马克思主义在其创建、形成的进程中走向的是一条实现人类解放的道路,而对于实现人类解放、发展的目标,马克思不是在哲学体系中闭塞地加以说明,而是在对资本主义社会的考察中,立足于资本主义物质生产的社会现实来进行说明。马克思认识到,资本主义世界的社会生产与再生产带来了人与自然、人与人、人同自身的普遍异化,也就是说,虽然资本主义社会的强大生产力有力地推动了物质文明发展,带来了物质财富和社会进步,但是异化的现象也揭示出了资本主义社会的内在矛盾。正是基于对资本主义社会的全面认识,马克思在对资本主义社会制度做出深刻批判的基础上,对资本主义生产方式进行反思,进而在批判资本逻辑的理路中揭示出资本主义自我否定与实现人类解放的历史道路,形成了具有现实批判精神的马克思主义社会批判理论。

马克思的批判精神是在本体论革命中展开的,最简要的表达是在《关于费尔巴哈的提纲》中:"全部社会生活在本质上是实践的。凡是把理论引向神秘主义的神秘东西,都能在人的实践中以及对这个实践的理解中得到合理的解决。"②这其实是指社会生活本质上是自我批判的,所谓"实践的"就是自我批判;不是黑格尔式的"主观见之于客观",而是理论运用于改变自然物或者改变社会生活。马克思就是在这个意义上运用"实践"这个概念的。依据马克思,社会生活本质上是实践的;世界的改变和社会形态的演变不是观念的变革造成的,观念的变革只是社会生活自我批判的反映。从实践本体论出发,马克思批判了青年黑格尔派的概念立场,他们所代表的近代德国哲学的根本错误是主张思想统治世界,思想观念的变革才是世界的进步。青年黑格尔派的理论困难在于思想被封闭在思想自身内部,无法解决纯粹思维的自我运动如何贯穿对象领域的问题。可是,这个在主观范围内兜圈子的观念却被许多人不自觉地接受。倘若我们追寻思想解放

---

① 《马克思恩格斯文集》(第10卷),人民出版社2009年版,第7页。
② 《马克思恩格斯文集》(第1卷),人民出版社2009年版,第501页。

运动的来历,就一定要去追问生活世界本身。也就是说,思想解放实际上是生活世界的感性冲突以及这种感性冲突必然带来的自我批判。在马克思那里,理论应当是对实践的本质构造和必然趋势的批判性分析——社会生活的自我批判——的结果。

应当说,马克思批判黑格尔的思辨理性本体论立场是从哲学自身的规定性——把握在思想中的时代——这个意义入手的。黑格尔从作为哲学基本理念的"思维与存在的统一"出发来把握现实世界,遗憾的是他没有深入现实这一度,而是置身于精神的一方,马克思则将现实的根据追寻到了物质资料的生产方式及其变动结构中。由此,马克思开启了历史唯物主义这种切中社会现实的有效的方法论体系。今天,当我们反思社会现实时,我们不能不依旧作为马克思的继承人。

然而,要理解马克思的批判精神对社会现实的方法论意义,并没有想象中那样容易。在当代给予马克思以高度肯定的并不少见,但附饰其上的极度抽象和空疏却令人警醒。如此理解马克思,其实在本体论根基上就已经疏离了社会现实,忘却了实践本体。同时,对马克思也不乏类似"过时论"般的激烈攻讦,我们应当有理论的勇气和自信去应对,因为这种攻讦事实上表现为对马克思思想的缺乏原则高度的估价。我们从来都不是孤单的,即便是解构主义的创始人德里达都这么说:"要想继续从马克思主义的精神中汲取灵感,就必须忠实于总是在原则上构成马克思主义而且首要的是构成马克思主义的一种激进的批判的东西,那就是随时准备进行自我批判的步骤。这种批判在原则上显然是自愿接受它自身的变革、价值重估和自我再解释的。"①不消说,正像黑格尔在《精神现象学》序言中所举的一个关于"花蕾是被花朵否定的"和"果实是作为植物的真实形式出现而代替花朵的"的例子所蕴含的自我批判精神一样②,马克思正是由于能够从思辨理性本体论内部进行自我批判,才能随着时代的发展不断开出灿烂的"花朵"和结出胜利的"果实"。更不消说,马克思也正是在批判性分析现实问题的过程中,经由青年黑格尔派和黑格尔哲学,而实际地跨越了近代思辨哲学,找到了实践本体这个切入社会现实的方法。

显然,这种批判精神在马克思的理论和革命实践活动中贯穿始终,马克思也始终在追求对社会现实的批判和自我批判达到有机的统一:"光是

---

① 雅克·德里达:《马克思的幽灵》,中国人民大学出版社 1999 年版,第 21 页。
② 黑格尔:《精神现象学》上卷(贺麟、王玖兴译),商务印书馆 1979 年版,第 2 页。

思想力求成为现实是不够的,现实本身应当力求趋向思想。"①毋庸置疑,这种批判精神不论在当代还是在未来都是极具强大生命力的。如今,我们不得不处在由现代性所支配的现代世界中,只要我们的社会主义实践积极筹划着未来,当我们面对着社会现实的重大问题时,马克思的由本体论革命带来的批判精神就将不被察觉地充实着我们的思维方法,成为我们解决问题的方法论指南。

二、对现代性的批判

可以确定的是,由马克思的本体论革命带来的批判精神是我们不能不倚重的哲学方法论资源,如同凯尔纳所言,"马克思主义包含着发展现时代的一种批判理论的源泉"②。自工业革命以来,人类遇到了前所未有的现代性问题,而我们只要依旧处在全球化的时代中,就离不开马克思对现代化、现代性和资本全球化发展趋势的批判性论述,就不能不了解马克思、学习马克思,深入地研究马克思的本体论革命。对于一种思想、一种学说、一种理论,判断其是否具有当代意义,不是依据其被提出的年份来确定的,而是看其是否依然是活着的传统,是否依然能有效地作用于人们的现实生活。历史发展呈现出了其复杂性和难以预料的一面,马克思也没有提供解决当前问题的现成答案,我们不得不承认,马克思本体论革命的方法论意义是一件尚未完成的作品,像所有真正的思想一样,需要新的解读和诠释。正如卢卡奇在《历史与阶级意识》中告诉我们的,"假定新的研究完全驳倒了马克思的每一个个别的论点,即使这点得到证明","每个严肃的'正统'马克思主义者也无需片刻放弃他的马克思主义正统",因为"马克思主义问题中的正统仅仅是指方法"③。马克思的方法便是辩证法,是主体的思维过程与现实的批判过程二者的有机统一,"因为辩证法在对现存事物的肯定的理解中同时包含对现存事物的否定的理解,即对现存事物的必然灭亡的理解;辩证法对每一种既成的形式都是从不断的运动中,因而也是从它的暂时性方面去理解;辩证法不崇拜任何东西,按其本质来说,它是批判的和革命的"④。而马克思革命的辩证法对于现代性的有原则高度的批判精神显然是没有过时的。

---

① 《马克思恩格斯文集》(第1卷),人民出版社2009年版,第13页。
② 俞可平:《全球化时代的"马克思主义"》,中央编译出版社1998年版,第30页。
③ 卢卡奇:《历史与阶级意识》,商务印书馆1992年版,第48页。
④ 《马克思恩格斯文集》(第5卷),人民出版社2009年版,第22页。

马克思在原则高度上对现代性的本质根据——资本和现代形而上学——展开了批判性分析,而其当代意义也取决于对现代性的批判及其批判的原则高度和深入程度。马克思批判现代性的方法是:从其本质根据去把握现代世界的前提条件和历史的限度。对于现代世界,应从其"暂时性"去理解,视其为一种历史的过程性,它是特定历史条件下的形成、发展及其完成的过程,而非永恒不变的东西。在这个意义上,马克思高度肯定了以资本和现代形而上学为原则的现代世界为人类带来的成就和贡献。大体说来,第一,现代世界极大地扩大了人的社会性存在;第二,生产效率的提高为自由王国的打开提供了物质前提,社会必要劳动时间的降低为自由发展留下了空间;第三,使用价值的无限丰富为未来每个人的全面发展准备好了物质条件。

从"暂时性"去理解,那么,现代世界作为一个历史过程也必定会遭遇历史的限度和完成的命运。只要现代性的统治未曾完成,资本逻辑作为现代性的基本支柱之一,就必然继续构成现实的本质根据。资本是物质的动因,也是一种欲望,它要求不断的价值增殖和获利,它使现代世界表现为进步和不断发展。这也就是海德格尔所揭示的"进步强制"(Progressionszwang)原理;而现代形而上学是使资本的欲望得到实现和满足的必要条件。"真正说来,资本和现代形而上学两者之间是彼此支撑、彼此拱卫的,正像前者构成后者的世俗基础和强大动力一样,后者乃成为前者的观念领域,成为它的理论纲领、它的'唯灵论的荣誉问题',以及它获得慰藉和辩护的总依据。"[1]马克思敏锐地捕捉到了现代性与资本之间的内在关联。在马克思看来,批判现代性如果不触及资本逻辑,就只是一种皮相之见。为了避免对现代性的具有原则高度的批判成为隔靴搔痒,批判现代性的同时必须关联对资本的批判。在这个意义上理解马克思的本体论革命,其真正的当代意义方能凸显出来;它应当成为当代人分析和批判现代性的强有力的思想武器。

批判地分析现代性需要深入考察资本逻辑的展开过程,我们发现马克思在《共产党宣言》中所预见的受资本支配的世界与当下全球化的世界在本质上是如此相似。如今,我们置身于全球化的快速进程中,资本原则依然不顾一切地普遍展开。资本天然地有使自身增殖的要求,其中的关键就是通过提高劳动生产率来获得剩余价值。如何提高劳动生产率?就是依靠科学的生产性应用。

---

[1] 吴晓明:《论马克思对现代性的双重批判》,载《学术月刊》2006年第2期。

资本增殖在现代性框架之中还要求什么？它要求对自然界进行精确控制和统治。这一点成为统治自然原理最基本的要求。自然界也不可避免地受资本的普遍控制,被纳入为可计算的范畴。因此即便是在科学领域,资本也大显身手。在马克思看来,如果没有工业和商业,就没有现代自然科学。要使资本实现增殖,就需要从自然界中榨取尽可能多的剩余价值,自然环境的限度已经不可遏制地呈现了出来,因此,控制无限制的经济增长成为越来越迫切的需要。然而,这种需要与资本追求剩余价值最大化的"天然使命"出现了对立。不消说,这就是资本主义的"阿喀琉斯之踵",只是我们现在还不知道那支致命的箭将由谁射出。

为进一步地理解马克思的现代性批判精神,我们可以通过《关于费尔巴哈的提纲》第十条来理解。马克思指出:"旧唯物主义的立脚点是'市民'社会;新唯物主义的立脚点则是人类社会或社会化了的人类。"[1]这里引申出两个值得思考的问题:第一,所谓"旧唯物主义的立脚点"该如何理解？第二,如何理解马克思在这里指出的"人类社会或社会化了的人类"？

首先,马克思这里所指出的"立脚点"是哲学的基本立场问题。在旧唯物主义那里,他们的哲学立脚点就是市民社会。关于市民社会,黑格尔指出:"市民社会是个人私利的战场,是一切人反对一切人的战场,同样,市民社会也是私人利益跟特殊公共事务冲突的舞台,并且是它们二者共同跟国家的最高观点和制度冲突的舞台。"[2]马克思对黑格尔进行了批判,认为"真正的市民社会只是随同资产阶级发展起来的;但是市民社会这一名称始终标志着直接从生产和交往中发展起来的社会组织,这种社会组织在一切时代都构成国家的基础以及任何其他的观念的上层建筑的基础"[3]。虽然马克思在这里对黑格尔进行了深刻批判,说明哲学包括一切观念性的上层建筑都是伴随着人的生产实践而形成的,但是从对市民社会的原则性认识上来看,马克思认同了黑格尔的看法,认为正是利益关系将人与人之间联结起来形成市民社会,而"他们之间的现实的纽带是市民生活,而不是政治生活。……他们不是超凡入圣的利己主义者,而是利己主义的人"[4]。在马克思看来,如果以市民社会为立脚点来探讨人与自然的发展问题,实际上就是像资产阶级经济学家一样,把现实的人看作以经济利益状况来衡

---

[1] 《马克思恩格斯文集》(第1卷),人民出版社2009年版,第506页。
[2] 黑格尔:《法哲学原理》(范扬、张企泰译),商务印书馆2013年版,第309页。
[3] 《马克思恩格斯文集》(第1卷),人民出版社2009年版,第582—583页。
[4] 《马克思恩格斯文集》(第1卷),人民出版社2009年版,第322页。

量自身发展的"经济人",仿佛人仅仅是为了满足物质需要而进行生产,这就把资产阶级的统治原则和资本主义生产的剥削本质视为了常态。这种哲学实际上就是为资产阶级的统治做积极辩护,丧失了哲学应有的"改变世界"的现代性批判。

其次,"人类社会或社会化了的人类"是马克思所预见的理想的人类社会,即共产主义社会。实现自我的全面解放,是作为现实的人的真正目标,也是哲学应有的追求。马克思"新唯物主义"的出发点正是"从事实际活动的人",由此出发实现人的自由解放是马克思主义哲学的最终归宿。在马克思看来,想要实现人的自我的全面解放,实现真正的"人类社会或社会化了的人类",必须克服不符合人发展的消极状况,在生产力创造"全部财富"的物质基础上实现异化与对异化的积极扬弃,不仅要站在实践基础上对意识形态进行批判,同时还要以实践创造生产力动摇直至消解私有制的生产关系,实现对资本逻辑的理性与现实的双重批判。当马克思从"认识世界"转向"改变世界",马克思"新唯物主义"即"实践的唯物主义"被赋予了新的历史使命:推翻不合理的现存状况,建立真正合理的理想社会——共产主义社会。早在《论犹太人问题》中,马克思就已经认识到,犹太人问题不仅仅是宗教问题,其本质实际是政治问题,因此,必须在同资本主义的坚决对抗与斗争中实现政治解放,才能真正实现人的解放与自由发展。马克思的共产主义思想表征着整个人类社会的政治解放,而只有实现人的全面发展才是政治解放之最终目的。相比之下,黑格尔的逻辑批判与道德批判、费尔巴哈的人本主义批判,都不过是以形而上学的姿态做出了意识形态上的批判,这样的批判受到理性的束缚与桎梏,注定是虚假的、消极的。

实事求是地说,马克思对资本主义本质的批判性揭示在今天看来依然如此深刻和有效,我们可以断言,马克思对现代性的批判性思考在当今远远没有过时。只要还存在着利用资本奴役和剥削他人劳动的权力,马克思对资本主义的批判性反思和实践就不能不成为我们的思想武器。或许,随着时代的变迁,马克思的一些具体结论是可以进行讨论的,但其由本体论革命所带来的批判精神,我们必须加以重视和采纳,否则我们就无法在哲学上全面把握社会现实,无法洞穿资本主义的本质,更无法进行深入批判或者至少在思想中超越。

三、批判精神意味着切入社会现实

如何切入社会现实?首先不能绕过的应该是近代哲学的集大成者——黑格尔。黑格尔的先行意义不可忽视,正是他第一次把理解社会现实的哲学的真正价值揭示了出来。在黑格尔看来,只有客观的思想才能使客体自由地从自己本身来规定其自身,这就意味着思想必须深入作为事物实质的内容,而这内容就是合理的现实。然而,黑格尔却把经验神秘化,现实与理性被完全等同视之,这样便陷入了"非批判的实证主义和同样非批判的唯心主义"①。黑格尔的哲学本体论具有思辨神学的性质,客观的思想要被追究到绝对精神的自我活动,否则无法解决完全无广延的意识如何推动并作用于有广延的对象这个理论困难。马克思的方向与黑格尔不同,马克思以其实践本体论彻底批判了黑格尔的概念立场。马克思主张客观思想的根源在人们的现实生活过程中,即物质资料的生产方式及其变动结构中。在马克思看来,哲学是时代精神的精华,是把握在思想中的时代,然而,恰恰是因为这种非批判哲学的存在,时代没有被把握在思想中,思想只是在主观范围内兜圈子,因此导致了社会现实被忽略。马克思对此展开的本体论革命,正是对近代哲学背离社会现实的一种矫正。

今天,我们该如何面对黑格尔哲学背离社会现实的问题?其实,马克思早在《德意志意识形态》中就为我们提供了明确的方法论指引:"意识[das Bewußtsein]在任何时候都只能是被意识到了的存在[das bewußte Sein],而人们的存在就是他们的现实生活过程。"②即社会现实决定意识,如果意识离开了现实就没有任何价值。只有从这里开始,我们才有可能真正触及并深入社会现实本身。如果我们过于轻率地设想社会现实是某种偶然的或现成的由感官赋予我们的东西,或是与我们毫不相关的外部事件,那么,社会现实就不会出现,也终究不会出现。而马克思对黑格尔哲学决定性的本体论革命,即对抽象的思辨理性本体论的坚决拒斥,正是积极回到社会现实本身的根本方法。无疑,这也是历史唯物主义的精义之所在,即抛弃主观思想,揭示和切中社会现实。

可以肯定的是,马克思本体论革命的方法论要义在于颠覆近代哲学主客二分的形而上学建制。在这个意义上,近代哲学与其说是主观思想的终结者,不如说是主观思想在形而上学建制内的完成者。只有从根本上把握了这一点,我们才有可能真正理解马克思的实践本体对黑格尔思辨理性哲学的批判性扬弃。我们发现,历史唯物主义已经突破了意识和现实关系的二元论的形而上学建制,思维和存在的一致乃是其基本特征。马克思是以历史唯物主义作为其探究一切问题的前提和出发点的,他反对以抽象的自

---

① 《马克思恩格斯文集》(第1卷),人民出版社2009年版,第204页。
② 《马克思恩格斯文集》(第1卷),人民出版社2009年版,第525页。

然界和抽象的社会现实作为研究的对象,因为抛开人和社会历史,"存在"和"思维"都不过是抽象的。马克思在批判黑格尔的"思维"概念时说:"黑格尔为什么把思维同主体分隔开来;但就是现在也已经很清楚:如果没有人,那么人的本质表现也不可能是人的,因此思维也不能被看做是人的本质表现,即在社会、世界和自然界生活的有眼睛、耳朵等等的人的和自然的主体的本质表现。"①

从唯物史观出发来切入社会现实,即从物质资料的生产方式及其变动结构这个本体出发,唯有如此才能真正进入社会现实,或者说这才是切中社会现实的真正入口。唯物史观的相关理论成果体现的是马克思对于以往哲学具有高度革命性的本体论批判。这种革命性的本体论批判所具有的当代意义,我们可以用海德格尔的这段话来概括:"因为马克思在体会到异化的时候深入到历史的本质性的一度中去了,所以马克思主义关于历史的观点比其余的历史学优越。"②而这本质性的一度不是指别的,正是指社会现实,所以他又谈到:"现今的'哲学'仅只满足于跟在科学后面亦步亦趋,这种哲学误解了这个时代的两重独特现实:经济发展与这种发展所需要的架构。马克思懂得这双重现实。"③我们可以说,马克思的本体论革命所达到的高度,甚至对于20世纪众多思想家来说,都是难以企及的。

我们关于由马克思本体论革命所带来的批判精神的方法论意义的讨论,足以说明:马克思依然是我们的同时代人。就依然具有当代性的马克思主义而言,问题的关键是在对话过程中使其当代意义不断地开显出来。文本解读作为一种对话,是从这个时代的生存境况出发的,任何一种学说的当代意义都居于世界本身的历史性之中。只有从具体的社会现实出发的文本解读,才能使马克思批判精神的当代意义得到历史地揭示和阐明。当然,必要的前提是:必须摒弃教条主义、本本主义的立场,实事求是地开展与马克思文本的当代对话,以便使这种寻根究底的对话能敞开文本中深刻的内涵和意蕴,进而构成我们强大的分析和批判的思想武器。若如此,其作为思想资源的方法论意义便会不可遏止地呈现出来。

---

① 《马克思恩格斯文集》(第1卷),人民出版社2009年版,第220页。
② 袁贵仁、杨耕主编:《当代学者视野中的马克思主义哲学》,北京师范大学出版社2008年版,第38—39页。
③ 海德格尔:《晚期海德格尔的三天讨论班纪要》(丁耘译),载《哲学译丛》2001年第3期。

第三节　由本体论革命带来的新世界观

事实上,本体论问题是哲学无法绕开和回避的根本问题,它直接关联某种哲学理论思想的本性和思维方式。同样地,脱离本体论立场思考马克思主义哲学思想也不可能实现。也就是说,马克思哲学作为一种哲学,特别是一种兼具科学性与革命性的哲学,在回答和解决现实问题的思考中必须涉及和围绕本体论。正如卢卡奇所强调说明的那样,"本体论的地位,是通过人类存在的存在特性自身所具体确定的"[①]。从马克思哲学的总体和根本特征来看,其在根本上是从实践哲学的视野出发,在生产实践的历史视域中,通过揭示人的存在、社会历史的前进发展,在本体论的根本立场下融入了对现代社会和人类未来发展的伟大追求。这充分彰显了强调人的存在、秉持以人为本发展理念的马克思主义研究范式。

一、拓展了本体论研究的问题域

作为人类哲学史上的伟大变革,本体论问题同样在马克思主义哲学中占据重要位置。马克思从未对以往哲学本体论,特别是对他产生巨大影响的黑格尔思辨哲学本体论采取回避和忽视态度,而是在批判和改造传统意义上的本体论之时建立了自己哲学领域内的实践本体论。事实上,传统本体论本身具有丰富内涵,大致包括以下三方面。

第一,对世界存在的探寻。哲学之为哲学,即是对世界的整体之把握,而唯有探寻和确认世界存在才能对世界进行进一步认识和把握。形而上学的哲学家们试图从人类理性出发追寻世界的理性存在,从而通过抽象的统一性证明世界的发展演化。可以说,对于世界存在的探寻问题,启发和鞭策着人们不断走向通往终极存在、终极真理的哲学道路。

第二,对终极存在的追寻。本体论问题作为哲学的基础,自西方哲学史伊始就发展为一个根本性的哲学问题,这一问题在理论向度上具有追求世界之终极存在的维度。通过思维的方式、思维的哲学追求世界之本源、万物之根源,是哲学家追寻终极存在的方式。这一问题的答案不仅回答了世界运行的终极因,也启发了我们如何解释世界万物。

第三,对终极价值的探索。自古希腊哲学特别是苏格拉底开始,哲学

[①] 卢卡奇:《社会存在本体论导论》,华夏出版社1989年版,第3页。

家们就开始从对自然世界的认识拓展到对人自身的关怀上,试图通过对价值尺度的认识来探索规范和评价人自身行为的尺度和标准。人与世界的存在密切相连,价值论的问题也脱离不开关于世界的本体论问题,而如何实现自我、超越自我为本体论哲学真正奠定了人性基础,人与世界的统一性问题逐渐进入哲学视野。

在此三方面的探寻和引领下,传统本体论伴随着哲学的发展逐渐形成了具有自身价值追求的完整体系,而传统本体论的形成也促进了哲学学科和哲学体系的不断完善。然而,传统本体论囿于纯思领域建立起了思维本体上的哲学体系,试图在闭塞的思维圆环中追求真理,最终却走向了抽象地追求终极存在、终极真理、终极价值的神秘主义。在"保留"哲学的基础上,马克思主义哲学完成了对传统本体论的批判与改造,不仅打破了传统本体论以纯粹范畴来对现存事物加以表达的方式,还在根本上改变了传统思辨哲学本体论的思维逻辑推演的认识形式。

在《德意志意识形态》中,马克思针对当时的德国哲学指出:"它谈到的全部问题终究是在一定的哲学体系即黑格尔体系的基地上产生的。不仅是它的回答,而且连它所提出的问题本身,都包含着神秘主义。"[①]在马克思看来,脱离人生存发展的生活世界来探讨哲学问题、本体论问题,最终只会将理论引向"神秘主义"。因此,马克思既反对一切从纯粹自然界出发来追溯世界本体的哲学观点,也反对以上帝神学来说明宇宙起源问题的本体论观点。马克思围绕人的实践活动,从人的生存发展观念出发来探讨本体,从根本上改变了黑格尔式"神秘主义"哲学的本体论视域,开辟了以实践为基点的本体论的新问题域,充分展现了马克思主义哲学鲜明的实践立场与以人为主体的价值取向。

以实践为基础的哲学本体论思想,诞生在马克思撰写《德意志意识形态》时期。在对人类历史的探讨中,马克思深入地认识到了人的物质生产对于社会历史生成发展的基础性作用。首先,人的生命存在和生命活动是社会历史的前提,人类活动从根本上制约着历史的生成;其次,具备生产生活资料的能力是人区别于动物的重要标志,人正是以生产的物质条件为基础创造所必需的生活与生产资料;再次,人在进行生产活动的过程中必然会依赖他人,并同他人形成一定的社会关系;最后,人在实践中创造出语言、文字等体现人的意识活动的产物,而这些意识产物又同人的生产实践交织在一起。意识作为社会活动的产物同时又是被意识到了的存在,社会

---

① 《马克思恩格斯文集》(第1卷),人民出版社2009年版,第514页。

意识来源于人的精神交往,而精神交往正是来自人的现实的实践交往活动。马克思在社会历史领域通过置换本体论的问题域,转换了传统哲学脱离实践活动探讨本体和世界的视域,从人的自然、人的世界、人的历史出发,在对物质生产的考察认识中实现了同传统本体论的本质性分离。

马克思一再强调和证明的是:现实的人是世界的基础,现实的人及其活动是社会历史的根本前提。作为整个世界的基础,人的生产活动正是哲学分析世界的逻辑基础,关于社会历史的本体论认识又可以称作人的物质生产的认识。社会历史的基础正是物质生产活动所构成的生活世界,即一切现实个人的存在和从事物质生产活动的个人以及他们所从事的物质生活的生产活动与生活过程构成了社会整体。对于存在包括自然存在、社会存在的探索,推进、促成了马克思关于实践唯物论思维方式的形成。在对感性实践和劳动主体等范畴的认识中,马克思逐渐建立起以实践为基础的本体论。当马克思以实践立场对传统本体论进行批判和超越时,这意味着传统本体论的终结。马克思改变了本体论研究的问题域,转换了本体论提问的立场和方法,最终确立了以现实的人和实践活动为根基的本体论的现代化形态。当代马克思主义研究学界在对马克思本体论问题进行探讨时,必须遵循马克思本体论的实践思维,才能展示出马克思本体论的实践性与时代性。

人类生存于自然界,必须依赖于自然界才能够获取生存发展的物质资料,这决定了人类不能脱离自然界而独立生存。正如马克思所指出的,"人本身是自然界的产物,是在自己所处的环境中并且和这个环境一起发展起来的"[1]。正是因为自然界为人类提供了生存发展的自然环境,人类才有了生存并进行生产活动的可能。事实上,人类与整个人类社会都是自然界长期发展的产物,"历史本身是自然史的一个现实部分,即自然界成为人这一过程的一个现实部分"[2]。将人与自然的关系纳入历史范畴中,马克思以此说明了人与自然界的统一关系。

但是,自然界同样不能脱离人而存在。人以生产劳动创造了社会历史,也改变着作为人类生存环境的自然界。当马克思将自己的哲学本体论建立在物质生产上,马克思的实践本体论就同以黑格尔为最终完成者的思辨哲学分道扬镳了。事实上,马克思正是通过确立以生产劳动为基石的实践观,进而实现了对以往传统本体观的根本变革。对于实践的重视虽并不

---

[1] 《马克思恩格斯选集》(第3卷),人民出版社2012年版,第410页。
[2] 《马克思恩格斯文集》(第1卷),人民出版社2009年版,第194页。

是马克思所独有的观念,但是不管是将实践限定在伦理道德的层面,还是将实践与人的生活相割裂,都没能真正理解实践的真实内涵。这意味着,他们没能理解人的生产活动同社会历史的现实关系,或颠倒了理念与生产活动的关系,或静止孤立地来理解人与自然的关系,都不能揭示人的实践活动在社会历史发展中的实践意义。

与他们不同,马克思通过实践来理解人的社会生活。在《关于费尔巴哈的提纲》中,马克思指出:"全部社会生活在本质上是实践的。凡是把理论引向神秘主义的神秘东西,都能在人的实践中以及对这种实践的理解中得到合理的解决。"[1]在这里,马克思通过对社会生活本质的认识,确立了社会生活的实践本质,指出要以"实践"作为"根据"来理解人的"社会生活"。换言之,马克思通过对社会生活实践本质的认识强调了世界的现实性,从而将哲学的立足点转向了以现实的人为主体的生活世界。事实上,人本身的存在,既是人自身的生成过程,也是自然历史的生成过程;实践所具有的本体论功能同时又是人的主体性功能,人正是通过实践活动创造并改变自然界并使之适应人的生存发展,全部社会生活才由此展开。

在马克思看来,实践是世界历史之前提,也是使人与自然相统一的基础。马克思针对传统本体论批评道:"迄今为止的一切历史观不是完全忽视了历史的这一现实基础,就是把它仅仅看成与历史进程没有任何联系的附带因素。因此,历史总是遵照在它之外的某种尺度来编写的;现实的生活生产被看成是某种非历史的东西,而历史的东西则被看成是某种脱离日常生活的东西,某种处于世界之外和超乎世界之上的东西。这样,就把人对自然界的关系从历史中排除出去了,因而造成了自然界和历史之间的对立。"[2]在马克思看来,世界历史不外乎是人以生产劳动改造世界的结果,而人与自然本身都具有实在性,自然界对于人来说是人的存在之结果,而人又依赖于自然界获取生存发展的资料。因此,世界历史的生成和人的存在有着现实的证明。"因为人和自然界的实在性,即人对人来说作为自然界的存在以及自然界对人来说作为人的存在,已经成为实际的、可以通过感觉直观的,所以关于某种异己的存在物、关于凌驾于自然界和人之上的存在物的问题,即包含着对自然界的和人的非实在性的承认的问题,实际上已经成为不可能的了。"[3]马克思通过实践本体论来理解历史和存在物,

---

[1] 《马克思恩格斯文集》(第1卷),人民出版社2009年版,第501页。
[2] 《马克思恩格斯文集》(第1卷),人民出版社2009年版,第545页。
[3] 《马克思恩格斯文集》(第1卷),人民出版社2009年版,第196—197页。

进而从生产的社会历史性来揭示人的现实本质。通过实践而深入对物质本体的认识,马克思揭示了人与自然的物质统一性,为我们认识、理解人与世界的关系提供了实践视角。实践本体论最终宣告了超自然本体论的终结,哲学由此从天国回落到人间,回落到人们的生活世界中。

简而言之,作为一场深刻的哲学变革运动,马克思在创立自己的哲学理论中试图在超越唯心主义和旧唯物主义的基础上建立起"新唯物主义"。这种"新唯物主义"既在根本上不同于唯心主义将理性思维视作人的万物和人的行为根据的哲学立场,也区别于费尔巴哈式的感性直观,即脱离人的对象性活动来理解世界与人的关系的思维方式。马克思站在感性对象性——实践——的根本立场上,使得哲学从旧形而上学的阴霾中走出来,从而走向阳光下的现实世界,进入人的感性实践的生活世界,在对实践的认识中实现了对传统哲学的批判与改造。

二、在实践中确证了人类解放的价值旨归

不难看出,传统本体论对世界本原和终极存在的追寻,其目的在于为人类的存在寻找根据,从而对人类生存发展找寻理想状态,实现终极关怀。不过,对于世界结构、发展趋势和规律的认识,传统本体论却只是在把社会现实及其问题转化为观念问题,从而在观念中建立起宗教、上帝等"超验本体"来"解释世界"。但是,只有现实问题得到解决,才能够实现哲学的终极关怀之目的,才能够发挥哲学应有的理论和现实的双重价值。马克思一针见血地指出:"哲学家们只是用不同的方式解释世界,而问题在于改变世界。"[1]哲学不是封闭幽寂的空中楼阁,它只有在关注人与现实并指导现实中才能够形成具有人性价值的体系。

在马克思看来,传统本体论哲学的终极追求是对世界的终极存在做出阐释,为人的生存提供依据,但是这种解释却由于首先预设了一种理想的终极本体和人类生存模式,不能不禁锢人的自我发展、自我超越的实践本性。事实上,与传统哲学不同,马克思主义哲学不在于为"解释世界"找寻"终极本体"进而追求世界"终极真理",而是在实践的立场上、在人与世界的统一关系中建构起了以实践活动为基础的真正关心人类发展和命运的哲学体系,这在根本上区别于追求"终极真理"的传统本体论哲学。在对资本主义社会的考察中,马克思不仅通过对现存世界的反思揭示出社会体系的内在矛盾,而且在这一理论前提下展开了对现存世界"无情的批判"。形

---

[1] 《马克思恩格斯文集》(第1卷),人民出版社2009年版,第502页。

而上学的哲学家特别是作为德国古典唯心主义者的黑格尔,他们将自我意识视作整个世界的最高原则,试图在自我意识和思维世界中完成对理想世界的重建,实现和达成人类的自由发展状态。然而,精神上的自由并不意味着人的自由的真正实现,只有作为主体的现实的人通过实践改变世界,才能够实现人的现实自由。

实现人类的解放是马克思全部思想的终极归宿。怀着实现人类解放的坚定信念,马克思建立起了以实践为基础的关于人类生存发展的、关乎人类命运的哲学理论,使哲学成为发现新世界、改造旧世界的理论武器。当马克思以"关于现实的人及其历史发展的科学"——实践本体论——将哲学植入人的生存世界中时,理论的力量才真正掌握群众并转化为物质的力量。马克思指出:"我们看到,理论的对立本身的解决,只有通过实践方式,只有借助于人的实践力量,才是可能的;因此,这种对立的解决绝对不只是认识的任务,而是现实生活的任务,而哲学未能解决这个任务,正因为哲学把这仅仅看作理论的任务。"①以往的哲学家由于把问题禁锢在纯粹理论中来看待,仅仅试图局限在观念论的层面内去解决问题,这种研究取向使得他们忽视了生产实践的先在性。而在马克思看来,"全部社会生活在本质上是实践的"②,凡是理论所带来的神秘主义问题都能在实践之中得到合理解决。

在对德国现实问题的分析中,马克思从国家哲学特别是黑格尔法哲学入手,在剥开黑格尔法哲学的宗教外壳中发现了政治解放与人的解放的真正路径。从宗教批判走向政治批判,从德国的解放走向整个世界的人类解放,马克思从对宗教的关注转向了对市民社会的关注。在《论犹太人问题》中,马克思就提出了关于"人类解放"的任务:"对德国来说,彻底的革命、普遍的人的解放,不是乌托邦式的梦想,相反,局部的纯政治的革命,毫不触犯大厦支柱的革命,才是乌托邦式的梦想。局部的纯政治的革命的基础是什么呢?就是市民社会的一部分解放自己,取得普遍统治,就是一定的阶级从自己的特殊地位出发,从事社会的普遍解放。"③在批驳了这种不触及社会制度的解放手段之后,马克思指出:"德国人的解放就是人的解放。这个解放的头脑是哲学,它的心脏是无产阶级。哲学不消灭无产阶级,就不

---

① 《马克思恩格斯文集》(第1卷),人民出版社2009年版,第192页。
② 《马克思恩格斯文集》(第1卷),人民出版社2009年版,第501页。
③ 《马克思恩格斯文集》(第1卷),人民出版社2009年版,第14页。

能成为现实;无产阶级不把哲学变成现实,就不可能消灭自身。"①马克思深刻地揭示了黑格尔以自身的理论逻辑将哲学独立化,将社会问题的解决禁锢到这种独立化哲学体系中,消灭剥削和实现人类的解放最终沦为了宗教与政治幻想。宗教批判不改变政治制度和生产方式,寄托于宗教神学而不是现实的人,黑格尔最终是为宗教神学和德国制度辩护。当马克思对宗教神学展开无情的批判,在破解资本逻辑中试图开辟人类解放的实践逻辑时,他在对资本主义社会乃至整个人类社会的考察过程中确立了历史唯物主义的观点,不仅在超越黑格尔的国家哲学的基础上确立了哲学改变和指导变革世界的重大历史任务,而且更是在对资本主义社会、资本逻辑的历史批判中找到了实现人类解放的历史道路。

事实上,马克思同以往旧哲学类似,将哲学的基本问题与人类的自由解放问题紧密相连,使哲学致力于实现人的自由解放的目标。但是,只有马克思的实践哲学站在人的感性活动的立场上解决了个人与社会、个人与自然的统一问题,并在现实历史中挖掘到了人的类本质,从而真正解决了哲学的基本问题,确立了哲学的实践本体论立场。在马克思看来,历史唯物主义具有不同于以往哲学的历史使命:在实践中完成对未来理想社会的构想,而这种理想社会却并不是脱离现实的观念世界,而是作为社会历史形态的共产主义社会。马克思正是在以实践本体论深刻剖析和揭示资本主义社会矛盾的基础上,确立了共产主义的伟大目标,进而为实现这一目标提供了理论依据。马克思通过对现实的人及其实践活动的规律性认识,为人类克服异化、走向自由解放的实践目标指明了道路。

三、确立了以人的对象性活动为根基的新世界观

马克思高度关注主体与主体活动,其哲学就是以人为主体的哲学;以实践为基石的本体论所立足的基点就是人这一自由生命体的主体活动。传统哲学虽然也从主体方面来理解人,试图解释人及其活动与世界的关联,但是却由于沉溺于主体性的精神世界而错失了对人的客观存在的认识。当马克思以"现实的人""感性活动"来证明人作为社会历史和自然界生成的主体时,他一方面通过说明人的思维的客观性来证明"人的思维是否具有客观的真理性,这不是一个理论的问题,而是一个实践的问题"②,另一方面则通过对社会历史领域的考察说明了社会生活中人的主体性问题。

---

① 《马克思恩格斯文集》(第1卷),人民出版社2009年版,第18页。
② 《马克思恩格斯文集》(第1卷),人民出版社2009年版,第500页。

当然,这并不证明人由于具有自然存在属性而丧失了区别于动物的精神属性。事实上,人作为社会存在是具有双重属性的存在物。从人改造自然的过程可以发现,人在对自然界的改造不是全然依据自然物的属性,而是带有人自身的目的性与计划性,依据自身尺度有目的地开展活动。人正是在这样的实践活动中确证了自身作为有意识的类存在物这一主体属性。具体来说,首先,人作为自然存在物以实践活动的方式参与到自然界与社会存在的生成过程中,创造和生产自身实践活动的产物以满足需求,并在实践活动中确证着自身的感性存在;其次,人作为区别于动物的社会存在,具有超越于一般动物所特有的精神本性,人正是通过自我意识指导实践而建立起人与自然的关系,从而在感性活动中实现对"超感性世界"的祛魅。也就是说,并不能因为人具有独有的理性的思维力量而将人定义为"理性主体",人的思维主体性其实是通过实践主体性得以实现和发挥的。

然而,虽然自近代哲学以来,人的主体性得到了确立,但是,近代哲学家们在其思想体系中都始终围绕着"理性主体"展开对现实和市民社会的思考,从而构建起了以"理性主体"为中心的思维模式和哲学体系。特别是到了黑格尔那里,他以"绝对精神""绝对者"将"理性主体"的统领地位发展到了顶峰。在马克思看来,自我意识并不等同于现实的人,二者是相区别的两个概念,这种以"绝对精神"为理性主体的自我活动虽然强调了人的理性能力的发挥,却企图以自身的理性特性成为主导世界的根本原则,最终必然会陷入理性的泥潭而不可自拔。当马克思以实践观点为轴心确立的思维方式将理性与现实的主客关系重新颠倒过来时,马克思在坚持人的主体能动性这一理性原则基础上,以实践观重新说明了人的实践主体性,从而赋予了人这一主体在社会历史中更为真实丰富的现实内涵,既坚持了主体的能动性原则,又充分肯定了人的客观实践属性,克服了理性形而上学及其所坚持的理性主体的抽象性与形而上学性。马克思由此真正确立了以现实的人为主体的哲学世界观,在对人的本质、人的存在思考的过程中实现了对理性形而上学的正本清源。

马克思所理解的主体——现实的人——是处在一定的自然关系、社会关系中的个体,是使整个社会历史得以发展的真正主体。正是在实践活动、交往活动中,在对象性关系中,人以自身的主体性发挥确证了自己的主体性地位。当然,在马克思看来,人的主体性不仅具有基本的实践特性,还必须具有历史性。主体性所具有的历史性特征,归结于实践的历史性。由于实践水平、实践方式等不同,主体能力所创造的对象和实践活动也存在差异。"已经得到满足的第一个需要本身、满足需要的活动和已经获得的为满足需要而用的工具又引起新的需要,而这种新的需要的产生是第一个历史活动。"①这种需要就是人的主体性发挥的重要体现,而人的需要又是实践需要,既是从实践中所得来,又因人的目的性需要推动着人以实践活动改造自然界,以生产活动变革生产关系,推动社会历史的发展。历史发展的规律性正是作为历史主体的人前进发展的规律性。正是基于人对自身生存发展的追求,社会形态才得以不断更替,生产方式才得以变革,历史才得以依照人的目的而前进,因此,历史正是人的主体性的最好确证。

马克思的本体论思想始终是基于人的实践活动出发的,作为具有变革性的实践力量——生产劳动——无疑在人与自然、人与社会的关系中占据主导地位。马克思正是生产劳动对"人化自然"、社会历史做出了思考,在马克思看来:"在人类历史中即在人类社会的形成过程中生成的自然界,是人的现实的自然界;因此,通过工业——尽管以异化的形式——形成的自然界,是真正的、人本学的自然界。"②这意味着,哲学体系中所牵涉的一切范畴、概念都有其实践与现实基础,马克思因此对试图以意识把握世界之本体论的哲学观点予以拒斥。在马克思看来,以思辨形而上学立场展开对"第一因"的追问,不仅不能够为解决现实问题寻求出路,还限制了人们脱离思辨迷雾、形成理性思考的能力。马克思在直面资本主义社会现实的境遇下,不再执迷于世界的终极存在问题,而是将矛头对准人类活动的重要问题——本体论领域的重大转变。

可见,马克思的本体论革命所强调的是一种生存路向。马克思主义哲学围绕现实的人的生存与发展为目标内容,使得哲学从思维与理论王国的视野转向人类世界。马克思不是以哲学来思考人如何产生并依赖于自然界这一过程,而是反过来从人的立场出发说明人对自然界、社会历史的创造过程。正是立足于"创造和改造世界"的视角,马克思抓住了历史变迁和社会生成的根本,充分显现和发挥了"改变世界"的哲学精神。也就是说,虽然必须在根本上承认这种本体论哲学的"唯物性",但是也必须看到"实践性"所呈现出的价值导向和"人道性"。这种符合人的发展方向的"人道性"充分展示了马克思哲学鲜明的价值取向,不仅从实践立场表明了马克思哲学对人的本质、地位等层面的关注和认识,还体现出其对于实现人类解放与自由发展的实践追求。

正是基于这种本体论的立场,马克思哲学体系中的"实践"意蕴才得到

---

① 《马克思恩格斯文集》(第1卷),人民出版社2009年版,第531—532页。
② 《马克思恩格斯文集》(第1卷),人民出版社2009年版,第193页。

呈现和诠释,马克思的本体论革命由于实践的引入而实现了对传统本体论的颠覆性改变,为转向探讨人类自身的生存问题拓宽了思路。在关于本体论和哲学理论的思考中,马克思将存在视为人的存在,通过人的实践确证人的社会存在,人又在实践中将自身根植于现实的实践本性展现出来,在自身活动中展开对自由自觉的本质的追求。遵循和反思马克思的本体论理论,有助于我们把握反思人与社会、人与自然的关系,思考人类的生存发展问题,对当代促进人与自然、人与人的和谐发展问题,构建和谐社会具有重要的理论与现实价值,这也是马克思哲学本体论的应有之义和价值取向。

总之,马克思在本体论基础上所发起的哲学革命是哲学范式的巨大转向,它要求哲学走出理性的遮蔽和意识内在性的阴霾,从人的现实生活和实践活动出发,在对象性世界中领会人同社会、自然界的"存在意义"。也就是说,这种范式强调的不是在凝固的物质实体中寻求物质存在的价值,而是在以人为主体的视角中发现这种"存在"的历史性意义。马克思对从古希腊以来哲学对于世界"终极存在"与"终极真理"的关注中,将哲学的关注点转向了在实践活动中认识存在、发展"存在"即改变世界的问题上。秉承着"存在"是如何在人的实践生命活动中彰显出来的这一问题,马克思哲学已经不满足于在理论层面解释世界的问题上兜圈子。在马克思看来,一切自然和人类的历史都是在人的实践活动中被开启出来的。正是依赖于这种活动,人与人、人与社会、人与自然界、自然界同人类社会才会有机地关联起来,才得以充分证明了自身的"存在"。回归人的生活世界,关注人的"生存"和发展,正是马克思哲学本体论的基本精神。当马克思从人的生存活动来探讨整个世界,把人的实践活动视为社会关系形成的根本,马克思就以这种动态的、实践的、历史性的本体论取代了强调凝固实体的本体论。总之,马克思从"谁是第一性,谁是第二性"这一形而上学问题中走出来,不是去一味追问世界的终极本体,而是将人的现实存在和发展作为本体论的追求,将人的存在作为哲学理论的本体。马克思本体论革命的根本旨趣在于将"实体"或"物质"的概念从实践来理解,说明一切理论思维都来源于生活实践。

参考文献

(一)著作类:

[1]《马克思恩格斯文集》(第1卷),人民出版社2009年版。

[2]《马克思恩格斯全集》(第2卷),人民出版社1957年版。

[3]《马克思恩格斯选集》(第1—4卷),人民出版社2012年版。

[4]《1844年经济学哲学手稿》,人民出版社2014年版。

[5]阿多诺:《否定的辩证法》,上海人民出版社2020年版。

[6]阿尔都塞:《保卫马克思》,商务印书馆2016年版。

[7]安启念:《通往自由之路》,中国人民大学出版社2016年版。

[8]包大为:《从启蒙到解放》,上海社会科学院出版社2020年版。

[9]鲍金:《〈资本论〉哲学的新解读》,中国人民大学出版社2016年版。

[10]陈秉公:《结构与选择》,中国人民大学出版社2017年版。

[11]陈光绪、席娟、石帅锋、冯冠华:《"存在"的路标》,四川文艺出版社2020年版。

[12]陈士聪:《黑格尔早期辩证法思想》,人民出版社2020年版。

[13]陈先达:《被肢解的马克思》,中国人民大学出版社2016年版。

[14]陈先达:《马克思和马克思主义》,中国人民大学出版社2016年版。

[15]陈先达:《马克思早期思想研究》,中国人民大学出版社2016年版。

[16]陈先达:《思想中的时代和时代中的信仰》,中国人民大学出版社2018年版。

[17]陈先达:《哲学与文化》,中国人民大学出版社2016年版。

[18]陈先达:《走向历史的深处:马克思历史观研究》,北京师范大学出版社2017年版。

[19]陈学明、姜国敏:《马克思主义哲学与中国道路》,中国人民大学出版社2019年版。

[20]陈学明、王平、孔明安、王治东:《人的存在方式研究》,人民出版社2018年版。

[21] 陈忠:《在历史与解释之间:马克思哲学再理解》,人民出版社 2016 年版。

[22] 成中英、杨庆中:《从中西会通到本体诠释》,中国人民大学出版社 2013 年版。

[23] 程志敏:《西方哲学批判》,中国人民大学出版社 2016 年版。

[24] 崔唯航:《马克思哲学革命的存在论阐释》,中国社会科学出版社 2005 年版。

[25] 戴晖:《费尔巴哈、马克思和尼采》,人民出版社 2015 年版。

[26] 邓晓芒:《哲学史方法论十四讲》,重庆大学出版社 2015 年版。

[27] 董振华:《创新实践与唯物史观形态研究》,中国人民大学出版社 2019 年版。

[28] 费尔巴哈:《费尔巴哈著作选集(上卷)》(荣震华等译),商务印书馆 1984 年版。

[29] 费尔巴哈:《费尔巴哈著作选集(下卷)》(荣震华等译),商务印书馆 1984 年版。

[30] 冯波:《马克思与斯宾诺莎》,江苏人民出版社 2019 年版。

[31] 高清海:《哲学与主体自我意识》,北京师范大学出版社 2017 年版。

[32] 顾海良、陈学明、王凤才:《20 世纪马克思主义发展史》,中国人民大学出版社 2020 年版。

[33] 顾海良:《马克思与世界》,中国人民大学出版社 2018 年版。

[34] 顾海良:《马克思主义如何改变世界》,中国人民大学出版社 2012 年版。

[35] 顾伟伟:《我国马克思主义哲学史研究范式的嬗变》,人民出版社 2015 年版。

[36] 关锋:《实践的理性和理性的实践》,人民出版社 2009 年版。

[37] 广松涉:《物象化论的构图》,南京大学出版社 2002 年版。

[38] 海德格尔:《存在与时间》,生活·读书·新知三联书店 1987 年版。

[39] 郝立新、吴向东:《马克思主义哲学史研究(2017)》,人民出版社 2018 年版。

[40] 何锡蓉:《哲学理论前沿》,上海社会科学院出版社 2016 年版。

[41] 黑格尔:《历史哲学》(王造时译),上海书店出版社年 1999 版。

[42] 洪汉鼎:《斯宾诺莎哲学研究》,中国人民大学出版社 2013 年版。

[43] 胡大平、周嘉昕、杨乔喻:《西方马克思主义哲学概论》,南京大学出版社 2018 年版。

[44] 胡为雄:《马克思主义哲学在中国传播与发展的百年历史》,百花洲文艺出版社 2015 年版。

[45] 黄继锋:《西方左翼学者的马克思主义观》,中国人民大学出版社 2018 年版。

[46] 黄建都:《"苦恼的疑问"及其解决》,中国人民大学出版社 2015 年版。

[47] 黄其洪:《时间与实践:一种生存论的元实践学导论》,人民出版社 2016 年版。

[48] 纪佳妮:《重释人的解放》,复旦大学出版社 2015 年版。

[49] 康德:《未来形而上学导论》,中国人民大学出版社 2013 年版。

[50] 李彬彬:《思想的传承与决裂》,中国人民大学出版社 2015 年版。

[51] 李兵:《生存与解放》,人民出版社 2007 年版。

[52] 李朝东:《形而上学的现代困境》,人民出版社 2019 年版。

[53] 李成旺:《实践·历史·自由:马克思哲学本真精神的当代追寻》,人民出版社 2018 年版。

[54] 李荣:《马克思实践哲学的他者阐释》,人民出版社 2011 年版。

[55] 李双套:《马克思的实践哲学转向》,人民出版社 2017 年版。

[56] 梁树发、丰子义:《马克思主义哲学史研究(2016)》,人民出版社 2017 年版。

[57] 梁树发、郝立新:《马克思主义哲学史研究:2014—2015》,人民出版社 2016 年版。

[58] 列宁:《列宁选集(第二卷)》,人民出版社 2012 年版。

[59] 刘敬鲁:《海德格尔人学思想研究》,中国人民大学出版社 2012 年版。

[60] 刘同舫:《马克思的哲学立场》,人民出版社 2017 年版。

[61] 刘同舫:《马克思的哲学主题》,人民出版社 2017 年版。

[62] 刘秀萍:《马克思"巴黎手稿"再研究》,中国人民大学出版社 2013 年版。

[63] 刘秀萍:《思想的剥离与锻造》,中国人民大学出版社 2018 年版。

[64] 刘卓红:《历史唯物主义新形态的探索》,人民出版社 2006 年版。

[65] 卢卡奇:《历史与阶级意识》,商务印书馆 1992 年版。

[66] 罗骞:《现代性的存在论批判》,人民出版社 2019 年版。

[67] 洛维特:《从黑格尔到尼采》(李秋零译),生活·读书·新知三联书店 2006 年版。

[68] 马俊峰:《马克思主义哲学新形态探索》,中国人民大学出版社 2019 年版。

[69] 孟宪清:《解构及其超越》,武汉大学出版社 2017 年版。

[70] 聂锦芳:《批判与建构:〈德意志意识形态〉文本学研究》,人民出版社 2012 年版。

[71] 牛小侠:《马克思"实践智慧"的当代阐释》,人民出版社 2018 年版。

[72] 欧阳谦:《文化与政治》,中国人民大学出版社 2012 年版。

[73] 强以华:《西方哲学普遍性的沦落》,中国人民大学出版社 2018 年版。

[74] 秦国杨、邓小明、郑小波:《马克思哲学经典文本评价》,四川大学出版社 2014 年版。

[75] 斯拉夫斯坦:《梅林传》(邓仁娥等译),人民出版社 1989 年版。

[76] 孙伯鍨、张一兵:《走进马克思》,江苏人民出版社 2020 年版。

[77] 孙伯鍨:《探索者道路的探索:青年马克思恩格斯哲学思想研究》,北京师范大学出版社 2017 年版。

[78] 孙承叔、韩欲立、钱厚诚、罗富尊:《重建历史唯物主义》,复旦大学出版社 2015 年版。

[79] 孙小玲:《存在与伦理》,人民出版社 2015 年版。

[80] 孙正聿、杨晓、丁宁:《改革开放以来的当代中国哲学史》,人民出版社 2019 年版。

[81] 陶德麟:《实践与真理——认识论研究》,人民出版社 2017 年版。

[82] 汪行福、俞吾金、张秀琴:《意识形态星丛:西方马克思主义的意识形态理论及其最新发展态势》,人民出版社 2017 年版。

[83] 王德峰:《哲学导论》,上海人民出版社 2000 年版。

[84] 王敬华、唐明贵:《新编马克思主义哲学原著选读》,东南大学出版社 2018 年版。

[85] 王淼:《马克思形而上学批判思想研究》,人民出版社 2021 年版。

[86] 王让新、李弦:《"现实的人"的理论跃迁:历史唯物主义的深度解读》,人民出版社 2018 年版。

[87] 王晓升:《走出现代性的困境》,江苏人民出版社 2021 年版。

[88] 魏小萍:《追寻马克思》,人民出版社 2005 年版。

[89] 温权:《辩证法的不同进路》,南京大学出版社 2019 年版。

[90] 文翔:《马克思实践哲学的源流及重构思路》,人民出版社 2016 年版。

[91] 翁寒冰:《马克思对黑格尔的五次批判——一种反思性的学术解读》,东南大学出版社 2016 年版。

[92] 吴晓明、陈立新:《马克思主义本体论研究》,北京师范大学出版社 2017 年版。

[93] 吴晓明、王德峰:《马克思的哲学革命及其当代意义》,人民出版社 2002 年版。

[94] 吴晓明:《超感性世界的神话学及其末路》,中国人民大学出版社 2011 年版。

[95] 吴晓明:《形而上学的没落:马克思与费尔巴哈关系的当代解读》,人民出版社 2016 年版。

[96] 郗戈:《现代性的矛盾与超越》,中国人民大学出版社 2014 年版。

[97] 肖福平:《康德自由理念的理性基础》,四川大学出版社 2014 年版。

[98] 谢地坤:《马克思主义哲学研究》,中国社会科学出版社 2015 年版。

[99] 徐方平、陈翠芳:《马克思主义理论前沿问题研究》,人民出版社 2015 年版。

[100] 亚里士多德:《形而上学》,重庆出版社 2019 年版。

[101] 杨大春:《现代性与主体的命运》,中国人民大学出版社 2019 年版。

[102] 杨耕:《马克思主义哲学基础理论研究》,北京师范大学出版社 2013 年版。

[103] 杨耕:《重建中的反思:重新理解历史唯物主义》,北京师范大学出版社 2017 年版。

[104] 叶秀山:《哲学的希望》,江苏人民出版社 2019 年版。

[105] 余少波:《唯物辩证法新视野》,人民出版社 2017 年版。

[106] 余源培:《马克思主义哲学的理论与历史》,复旦大学出版社 2000 年版。

[107] 俞吾金:《从康德到马克思》,广西师范大学出版社 2004 年版。

[108] 俞吾金:《问题域的转换》,人民出版社 2007 年版。

[109] 俞吾金:《意识形态论》,人民出版社 2009 年版。

[110] 袁贵仁、杨耕主编:《当代学者视野中的马克思主义哲学》,北京师范大学出版社 2008 年版。

[111] 张琳:《社会有机体:马克思哲学立场的当代意义》,人民出版社 2019 年版。

[112] 张敏:《超越人本主义:马克思与费尔巴哈关系新论》,人民出版社 2011 年版。

[113] 张汝伦:《黑格尔与我们同在》,上海人民出版社 2017 年版。

[114] 张曙光:《人的世界与世界的人:马克思的思想历程追踪》,北京师范大学出版社 2017 年版。

[115] 张一兵:《不可能的存在之真》,上海人民出版社 2020 年版。

［116］张一兵：《当代国外马克思主义哲学思潮》，江苏人民出版社 2010 年版。

［117］张一兵：《回到马克思——经济学语境中的哲学话语》，江苏人民出版社 2014 年版。

［118］张一兵：《马克思哲学的历史原像》，人民出版社 2009 年版。

［119］张一兵：《文本的深度耕犁（第二卷）》，中国人民大学出版社 2008 年版。

［120］张一兵：《文本的深度耕犁（第一卷）》，中国人民大学出版社 2004 年版。

［121］张有奎：《形而上学之后：马克思的实践哲学思想及其流变》，人民出版社 2013 年版。

［122］张志伟：《形而上学的历史演变》，中国人民大学出版社 2016 年版。

［123］赵敦华：《马克思哲学要义》，江苏人民出版社：凤凰文库 2018 年版。

［124］赵景来：《马克思主义哲学的当代阐释》，人民出版社 2019 年版。

［125］中国人民大学马克思主义学院：《21 世纪马克思主义理论研究的探索与创新》中国人民大学出版社 2016 年版。

［126］朱进东、陈亚丽：《高卢的雄鸡》，南京大学出版社 2017 年版。

［127］庄福龄：《中国马克思主义哲学传播史论》，中国人民大学出版社 2014 年版。

（二）期刊类：

［1］安启念、张蝶.马克思哲学思想的系统性问题——再读《关于费尔巴哈的提纲》[J].学习与探索,2016(01).

［2］安启念.再读《关于费尔巴哈的提纲》前三条——论马克思的核心哲学思想及其方法论价值[J].马克思主义与现实,2015(03).

［3］白刚、付秀荣.马克思辩证法的本体论革命[J].西南大学学报（社会科学版）,2007(06).

［4］白刚.政治经济学批判与资本现象学——《资本论》的哲学革命[J].学习与探索,2013(02).

［5］鲍金."解释世界"与"改变世界"：马克思对"解释哲学"的批判及其超越[J].上海交通大学学报（哲学社会科学版）,2017(06).

［6］卜祥记.费尔巴哈宗教批判的真正意义与"感性对象性原则"——兼与李毓章同志商榷[J].新疆社会科学,2005(3).

［7］曹孟勤、鹿晓红.马克思主义哲学对主奴关系哲学的终结[J].马克思

主义与现实,2016(04).

[8] 陈立新.实践唯物主义研究的回顾与展望[J].社会科学辑刊,2016(03).

[9] 陈曙光."小同大异":马克思人学与费尔巴哈人学的存在论分野[J].社会科学辑刊,2014(02).

[10] 陈曙光.存在论的断裂与马克思的重建——马克思人学存在论革命研究(下)[J].探索,2014(04).

[11] 陈曙光.实体本体论人学的基本建制及其动摇——马克思人学存在论革命研究(上)[J].探索,2014(02).

[12] 陈迎、胡海波.从"抽象人性观"到"具体人性观"——《德意志意识形态》的人性观革命[J].湖北社会科学,2018(3).

[13] 崔唯航.重思"颠倒"之谜——从马克思对黑格尔的"颠倒"问题看辩证法本质[J].南京大学学报(哲学.人文科学.社会科学版),2011(06).

[14] 代建鹏.马克思哲学革命的发生路径与基本图景[J].东南学术,2014(04).

[15] 戴劲.论马克思的存在概念[J].哲学动态,2011(08).

[16] 丁立卿.马克思的哲学革命——《1844年经济学哲学手稿》的哲学观[J].学术交流,2013(01).

[17] 丁立卿.实践是人的本质"对象化"的"对象性"活动——《1844年经济学哲学手稿》的实践观探析[J].学术交流,2015(05).

[18] 董彪.从形而上学批判到资本批判——重新理解马克思的生活世界思想[J].山东社会科学,2017(04).

[19] 高炳亮.马克思生活观的哲学意蕴及其当代意义[J].东南学术,2018(03).

[20] 高广旭.从觉解的逻辑到瓦解的逻辑——马克思辩证法的本体论革命[J].社会科学辑刊,2011(02).

[21] 高广旭.空间、时间和语言——重新理解马克思哲学的存在论革命[J].内蒙古社会科学,2018(01).

[22] 郭小香.基于实践范畴的马克思主义哲学整体性解读[J].学习与实践,2011(05).

[23] 郭艳君,隽鸿飞.论《1844年经济学哲学手稿》在马克思思想形成中的基础性地位[J].理论探讨,2018(04).

[24] 郭云峰.马克思的存在概念与存在论的革命[J].南京大学学报(哲

学·人文科学·社会科学),2017(01).

[25] 韩璞庚、余根雄.早期马克思与费尔巴哈的哲学关系——《巴黎手稿》的秘密[J].浙江学刊,2018(6).

[26] 何中华.论马克思的本体论重建及其意义[J].天津社会科学,2011(6).

[27] 贺来.论马克思哲学与形而上学的深层关系[J].哲学研究,2009(10).

[28] 贺来.哲学"立脚点"的位移与马克思的哲学变革[J].南京社会科学,2017(1).

[29] 胡大平.象征之镜的生产和生产之镜的象征,或马克思和鲍得里亚[J].现代哲学,2007(2).

[30] 胡水清、雷勇.试析费尔巴哈的宗教批判思想[J].社会科学战线,2015(10).

[31] 黄顺君.马克思实践社会观的当代解读——读《1844年经济学哲学手稿》[J].求索,2013(03).

[32] 姜海波、吴晓明.论施蒂纳对哲学—形而上学的批判及其限度[J].复旦学报(社会科学版),2012(04).

[33] 姜佑福.在当代语境中重估黑格尔的哲学遗产[J].哲学分析,2021(02).

[34] 姜佑福.政治经济学批判与马克思哲学革命的究竟关联[J].马克思主义与现实,2018(06).

[35] 竭长光.马克思主义辩证法不是"实践辩证法"[J].马克思主义研究,2015(03).

[36] 隽鸿飞.论马克思哲学的历史转向[J].史学理论研究,2012(04).

[37] 雷龙乾."全部社会生活在本质上是实践的"之实践哲学解读[J].北京行政学院学报,2011(05).

[38] 李包庚.解构与超越——马克思和维特根斯坦哲学革命的价值论考察[J].西南大学学报(社会科学版),2013(02).

[39] 李彬彬.德意志意识形态批判与唯物史观的构建[J].山东社会科学,2018(4).

[40] 李基礼.实践标准的本体论反思[J].海南大学学报(人文社会科学版),2014(01).

[41] 李建平.《关于费尔巴哈的提纲》第二条别解[J].东南学术,2013(06).

[42] 李金和.从人的存在方式的历史演进看马克思主义的哲学价值论革命[J].贵州师范大学学报(社会科学版),2015(06).

[43] 李淑梅.超越对市民社会的直观理解与人类解放——马克思批判费尔巴哈哲学的社会政治取向[J].吉林大学学报(社会科学版),2016(5).

[44] 李昕桐.论"现实"何以可能——马克思早期"现实"思想探析[J].哲学动态,2017(5).

[45] 李昕桐.马克思现实性概念的本体论意蕴——现实的"劳动——经济——实践"结构[J].江海学刊,2017(06).

[46] 李毓章.费尔巴哈泛神论理论的特色[J].云南大学学报,2009(2).

[47] 李志平.马克思哲学的本体论新论[J].中南大学学报(社会科学版),2014(04).

[48] 栗永清.简论实践存在论的理论根基[J].湖北大学学报(哲学社会科学版),2011(01).

[49] 林锋.从人学视角看马克思的存在论革命[J].学术研究,2009(03).

[50] 林锋.马克思哲学革命起点新探讨[J].江汉论坛,2014(07).

[51] 刘放桐."马克思哲学进步到现代西方哲学"是一个伪命题[J].河北学刊,2011(02).

[52] 刘福森.马克思实现的哲学观革命[J].江海学刊,2014(02).

[53] 刘福森.马克思哲学研究中三个不可回避的重要问题[J].哲学研究,2012(06).

[54] 刘福森.哲学的理论特质:马克思哲学不是什么[J].江海学刊,2013(02).

[55] 刘贵祥."存在之思"还是"实践变革"?——评海德格尔论马克思的五个命题[J].陕西师范大学学报(哲学社会科学版),2015(05).

[56] 刘贵祥.历史唯物主义何以超越虚无主义?——从海德格尔对马克思的一个论断谈起[J].南京大学学报(哲学·人文科学·社会科学版),2011(01).

[57] 刘海江.主客体关系视角下的马克思哲学革命[J].吉首大学学报(社会科学版),2011(02).

[58] 刘明诗,陈占友.从人间到天国:马克思哲学的致思路向及其当代意义——重读《德意志意识形态》有感[J].武汉大学学报(人文科学版),2011(03).

[59] 刘同舫.从继承到建构:马克思以解放为轴心的哲学革命[J].江海学

刊,2016(03).

[60] 刘新刚、卢鑫、王丽莎.马克思实践哲学革命及其在《资本论》中的运用[J].东北大学学报(社会科学版),2016(02).

[61] 刘雄伟.本体的历史主义阐释及其困境——以《哲学通论》的本体观为例[J].马克思主义哲学研究,2016(02).

[62] 刘秀萍.马克思是如何通过黑格尔完成思想建构的?——以《1844年经济学哲学手稿》为例[J].哲学动态,2011(10).

[63] 刘杨.生存论视域下人的存在方式的本质道说[J].学术论坛,2014(06).

[64] 刘洋.哲学批判与资本批判的双重革命——马克思对现代性解放逻辑的批判超越[J].求实,2013(12).

[65] 刘召峰.费尔巴哈与马克思的哲学革命——对我国学者相关分歧的评析及启示[J].内蒙古社会科学(汉文版),2011(06).

[66] 柳博.马克思哲学新的起程——从《〈黑格尔法哲学批判〉导言》和《论犹太人问题》看马克思思想转变[J].吉首大学学报(社会科学版),2019(03).

[67] 龙霞."内在性自由":马克思对卢梭遗产的转化及其启示[J].学习与探索,2015(12).

[68] 龙霞.重新理解"异化劳动"与马克思哲学革命的关系——以《黑格尔法哲学批判》与《1844年经济学哲学手稿》的内在关联为视角[J].现代哲学,2016(04).

[69] 鲁克俭.超越传统主客二分——对马克思实践概念的一种解读[J].中国社会科学,2015(03).

[70] 陆杰荣、牛小侠."有限性"视阈下马克思哲学对旧形而上学的批判性超越[J].马克思主义与现实,2014(02).

[71] 路向峰.哲学思维方式与哲学变革——兼论马克思对康德哲学的继承与超越[J].教学与研究,2012(11).

[72] 罗朝慧.黑格尔的辩证法为什么是"倒立的"——马克思对黑格尔辩证法本质问题的剖析[J].人文杂志,2018(02).

[73] 罗骞."存在"在实践中成为"能在"——对历史唯物主义的后形而上学存在论阐释[J].武汉大学学报(人文科学版),2014(06).

[74] 罗秋立、扈卓然.论西方马克思主义的政治存在论路向[J].吉首大学学报(社会科学版),2012(05).

[75] 吕世荣、聂海杰.马克思哲学革命的逻辑进程及其思想内涵[J].河海

大学学报(哲学社会科学版),2017(03).

[76] 吕世荣、平成涛.从对康德哲学的批判看马克思哲学革命的实质与意义[J].哲学研究,2018(12).

[77] 马克思"新唯物主义"之"新"在何处——纪念《关于费尔巴哈的提纲》写作170周年[J].哲学动态,2016(01).

[78] 倪志安.从实践出发理解人类世界的统一性[J].哲学研究,2011(09).

[79] 聂海杰.存在论视域下康德哥白尼式革命及其困境[J].吉首大学学报(社会科学版),2013(05).

[80] 聂海杰.马克思主义哲学革命的思想脉络和变革意蕴[J].湖北社会科学,2017(12).

[81] 聂海杰.西方哲学的形而上学困境与马克思的哲学革命[J].求实,2016(05).

[82] 聂锦芳."原子论"对马克思哲学思想起源的影响——以《伊壁鸠鲁哲学》对《物性论》的摘录和评论为例[J].学习与探索,2016(06).

[83] 牛小侠、邱海天.论马克思对"形而上学"的消解与构筑[J].世界哲学,2018(03).

[84] 潘峻岭.马克思"新唯物主义"对费尔巴哈自然观的超越[J].湖北大学学报,2014(3).

[85] 祁涛.后形而上学时代的思想命运——重思黑格尔与马克思的哲学关系[J].哲学分析,2021(02).

[86] 曲达.马克思究竟颠倒了什么?——析马克思对黑格尔辩证法的超越[J].求是学刊,2017(02).

[87] 尚欢.马克思哲学实践范畴的哲学史透视[J].江苏大学学报(社会科学版),2018(05).

[88] 沈斌.劳动的异化与实践——马克思对费尔巴哈宗教异化论的批判与超越[J].人民论坛,2011(35).

[89] 石云霞."人何以为本"的存在论解答——读陈曙光教授新著《直面生活本身:马克思人学存在论革命研究》[J].学校党建与思想教育,2012(35).

[90] 叔贵峰.费尔巴哈人本学与马克思早期哲学的内在逻辑联系分析[J].社会科学战线,2011(02).

[91] 舒远招、刘丹凤.从直观到实践——马克思与康德哲学思想的一个比较[J].广东社会科学,2021(01).

[92] 孙乐强.《资本论》与马克思的哲学革命[J].天津社会科学,2014(05).

[93] 孙乐强.从哲学批判到政治经济学批判:马克思的哲学革命的再认识[J].山东社会科学,2017(05).

[94] 孙乐强.西方实践哲学传统与马克思实践观的革命[J].江西社会科学,2014(08).

[95] 孙正聿.解放何以可能?——马克思的本体论革命[J].当代国外马克思主义评论,2004(00).

[96] 孙正聿.怎样理解马克思的哲学革命[J].吉林大学社会科学学报,2005(03).

[97] 唐晓燕.马克思意识形态理解范式演变及其存在论革命[J].学术论坛,2016(07).

[98] 唐晓燕.马克思意识形态批判的存在论革命何以可能——重思马克思对黑格尔哲学三重颠倒的校正[J].学术论坛,2020(06).

[99] 唐晓燕.马克思意识形态批判的存在论革命何以实现——《资本论》及其手稿意识形态批判思想链接式解读[J].学术论坛,2019(02).

[100] 汪信砚、刘建江.论《德意志意识形态》中的感性活动概念[J].江海学刊,2017(03).

[101] 汪信砚.思入文本和时代的深处——评《直面生活本身——马克思人学存在论革命研究》[J].武汉大学学报(人文科学版),2013(05).

[102] 王德峰.从"生活决定意识"看马克思的哲学革命的性质[J].复旦学报,2005(1).

[103] 王德峰.论马克思的感性意识概念[J].云南大学学报,2016(5).

[104] 王德峰.让历史唯物主义真正出场——对"现实个人"概念的存在论探讨[J].云南大学学报,2002(1).

[105] 王国兵、雷龙乾.从"感性现实"到"自觉实践":人的存在方式的实践哲学释读[J].学习与实践,2017(12).

[106] 王利军.费尔巴哈对"意识内在性"的批判及变革企图[J].天府新论,2012(2).

[107] 王良铭.实践基础上主体与客体的辩证统一——马克思《1844年经济学哲学手稿》解析[J].理论月刊,2013(08).

[108] 王南湜、夏钊.人是对象性活动:马克思哲学本体论之第一原理[J].天津社会科学,2019(01).

[109] 王南湜.辩证法何以本质上是批判的?——孙正聿教授辩证法本质

阐释之阐释[J].哲学分析,2015(06).

[110] 王南湜.马克思哲学的近康德阐释(上)——其意谓与必要性[J].社会科学辑刊,2014(04).

[111] 王南湜.马克思哲学的近康德阐释(下)——其可能性与限度[J].社会科学辑刊,2014(05).

[112] 王南湜.思想对客观性的三种态度:康德、黑格尔与马克思——关于哲学如何切中现实的一个考察[J].哲学研究,2017(07).

[113] 王南湜.中国马克思主义哲学范式转换研究析论[J].学术研究,2011(01).

[114] 王清涛.论马克思哲学本体论的主体性特质[J].探索,2012(05).

[115] 王清涛.马克思的主体转换与哲学革命[J].求索,2021(04).

[116] 王庆丰.《资本论》与马克思的"新哲学"——从孙正聿对《资本论》思想史意义的解读说起[J].学习与探索,2016(07).

[117] 王让新,李弦.现实的人的感性活动对于世界的存在论证明——从一个知识论的难题谈起[J].甘肃社会科学,2018(01).

[118] 王天恩.马克思的哲学革命及其内在逻辑的当代展开[J].江西师范大学学报(哲学社会科学版),2019(01).

[119] 王为全,王淼.意识内在性原则的突破与形而上学的革命性变革[J].中共天津市委党校学报,2012(4).

[120] 王文臣.论黑格尔《法哲学原理》的劳动概念与马克思哲学的创立[J].江西社会科学,2012(05).

[121] 王文臣.马克思主义哲学存在论研究的当代意义[J].江苏社会科学,2009(03).

[122] 王晓朝,刘伟.从"对象性活动"到"现实的个人"——马克思关于人的本质认识过程的文本学探析[J].河北学刊,2017(5).

[123] 王一闳,胡海波.从"物的关系"到"人的关系"——《1844年经济学哲学手稿》的社会观革命[J].现代哲学,2016(05).

[124] 魏明超.实践唯物论——马克思主义理论整体性的逻辑起点[J].郑州大学学报(哲学社会科学版),2013(01).

[125] 吴向东.实践观与马克思主义哲学的根本性质[J].北京师范大学学报(社会科学版),2011(05).

[126] 吴晓明.《精神现象学》的劳动主题与马克思的哲学奠基[J].北京大学学报,2010(5).

[127] 吴晓明.论《1844年经济学哲学手稿》对思辨辩证法的批判[J].复旦

学报,2018(1).
[128] 吴晓明.论西方马克思主义存在论视域的初始定向[J].河北学刊,2008(05).
[129] 郭忠义,贺长余.论辩证法的范式变迁[J].社会科学,2013(02).
[130] 吴晓明.马克思的存在论革命与超感性世界神话学的破产[J].江苏社会科学,2009(6).
[131] 吴晓明.马克思的存在论革命与通达社会现实的道路[J].云南大学学报(社会科学版),2011(06).
[132] 吴晓明.马克思的现实观与中国道路[J].中国社会科学,2004(10).
[133] 吴晓明.马克思的哲学革命与全部形而上学的终结[J].江苏社会科学,2000(06).
[134] 吴晓明.马克思哲学与当代世界[J].世界哲学,2018(1).
[135] 吴晓明.社会现实的发现:黑格尔与马克思[J].马克思主义与现实,2008(2).
[136] 吴晓明.现代形而上学的本体论批判:马克思与海德格尔[J].现代哲学,2016(5).
[137] 吴晓明.重估马克思哲学革命的性质与意义[J].复旦学报(社会科学版),2004(06).
[138] 郗戈、张继栋.马克思对费尔巴哈"类本质"概念的扬弃及其哲学史意义——以《巴黎手稿》为中心[J].当代国外马克思主义评论,2018(01).
[139] 郗戈."后黑格尔"虚无主义境遇与马克思的哲学革命——以《关于伊壁鸠鲁哲学的笔记》为中心[J].中国人民大学学报,2014(05).
[140] 郗戈.从哲学革命到资本批判——重释马克思哲学革命的历史、逻辑与实质[J].学术月刊,2012(08).
[141] 夏巍.历史唯物主义对传统认识论的根本批判[J].学术研究,2011(02).
[142] 肖宁.论"对象性活动"在马克思早期思想中的意义[J].理论月刊,2019(05).
[143] 肖宁.作为原则的"对象性活动":《1844年经济学哲学手稿》的隐含前提[J].江西社会科学,2019(1).
[144] 萧诗美、刘锦山.马克思哲学的核心原理:实践中主客体的对立同一——马克思《1844年经济学哲学手稿》解读[J].武汉大学学报(人文科学版),2010(05).

[145] 谢翾.费尔巴哈感性哲学的再思考——兼论马克思与费尔巴哈的关系[J].现代哲学,2019(02).

[146] 许斗斗.马克思哲学的现实性和彻底性转向——马克思《〈黑格尔法哲学批判〉导言》新探[J].学术研究,2013(04).

[147] 许小委.存在论视域中的人与自然——对《1844年经济学哲学手稿》中马克思自然观的解读[J].吉首大学学报(社会科学版),2008(04).

[148] 雪婷.《资本论》透视的哲学革命[J].重庆社会科学,2014(07).

[149] 闫涛、赵立晓.走向哲学革命的理论逻辑——基于《关于费尔巴哈的提纲》[J].天津大学学报(社会科学版),2021,23(03).

[150] 阎孟伟.从"感性世界"观念看马克思与费希特的理论关联[J].教学与研究,2013(02).

[151] 杨春贵.遵循马克思开创的理论研究范式——评陈曙光新著《直面生活本身——马克思人学存在论革命研究》[J].湖北社会科学,2013(10).

[152] 杨谦、王思鸿.论马克思在《1844年经济学哲学手稿》中的哲学转向[J].中州学刊,2014(03).

[153] 杨乔乔、张连良."主体性"的三次转向——从黑格尔,费尔巴哈到马克思[J].求是学刊,2018(6).

[154] 杨仁忠、屈彩霞.马克思世界观的内涵及特点——由近年来历史唯物主义的争论说起[J].理论探讨,2011(04).

[155] 杨晓晶.从对象世界到生活世界——谈马克思的"生活决定意识哲学"[J].海南大学学报,2017(5).

[156] 杨楹.生活与自由——我所理解的马克思哲学[J].学术研究,2006(01).

[157] 俞吾金.论实践维度的优先性—马克思实践哲学新探[J].现代哲学,2011(6).

[158] 俞吾金.马克思对康德哲学革命的扬弃[J].复旦学报(社会科学版),2005(01).

[159] 俞吾金.如何理解并阐释马克思的哲学观(下)[J].江海学刊,2013(05).

[160] 翟俊刚.从费尔巴哈的"感性世界"观看其形而上学的批判深蕴[J].延边大学学报,2008(4).

[161] 张德昭、邓莉.马克思哲学革命的内在逻辑——《1844年经济学哲学

手稿》中的存在论和科学观思想[J].湖北大学学报(哲学社会科学版),2019(01).

[162] 张盾.马克思的"新唯物主义"如何可能?——论实践哲学的构成和限度[J].哲学研究,2019(02).

[163] 张盾.马克思哲学革命中的认识论问题——以康德和黑格尔为背景[J].哲学研究,2021(03).

[164] 张红岭.马克思"对象性活动"概念及其存在论境域[J].中共浙江省委党校学报,2013(04).

[165] 张琳.马克思哲学本体论的当代反思——评王南湜与吴晓明的"康德——黑格尔之争"[J].河北学刊,2019(02).

[166] 张鹏、李桂花.由理论批判到现实批判——从《〈黑格尔法哲学批判〉导言》看马克思的哲学观变革[J].甘肃社会科学,2018(01).

[167] 张青兰.主体问题的存在论本质——重读《关于费尔巴哈的提纲》[J].哲学研究,2011(08).

[168] 张守奎."意识的内在性"之批判及其限度[J].学术研究,2014(10).

[169] 张涛、陶富源.两种"海德格尔式的马克思主义"研究[J].北京师范大学学报(社会科学版),2019(02).

[170] 张婷婷.论马克思感性生存论境域的开启——《1844年经济学哲学手稿》文本解读[J].江西社会科学,2012(02).

[171] 张文喜.对马克思在《1844年经济学哲学手稿》中的费尔巴哈观的阐释[J].哲学研究,2016(3).

[172] 张雪魁、吴瑞敏.在问题域转换中重新理解马克思——从俞吾金《问题域的转换》看关于马克思哲学的解读[J].人文杂志,2011(04).

[173] 张一兵.反抗的本体论:以诗歌与游戏对抗腐败的世界——以瓦内格姆《日常生活的革命》为例[J].江苏社会科学,2021(03).

[174] 张一兵.否定辩证法:探寻主体外化、对象性异化及其扬弃——马克思《黑格尔〈精神现象学〉摘要》解读[J].中国社会科学,2021(08).

[175] 张义修."对象化"与马克思哲学之路的开端——对马克思原初哲学范式的概念史考察[J].马克思主义理论学科研究,2018(04).

[176] 张义修."实践"作为"对象性活动"的内涵及其转变——一项从人本学到新世界观的概念史考察[J].内蒙古社会科学(汉文版),2018(02).

[177] 赵敦华.马克思哲学何以是当代世界的哲学——"马克思哲学"的概念辨析、研究方法与现实意义[J].探索与争鸣,2018(04).

[178] 赵凯荣.马克思哲学的主体性问题——《1844年经济学哲学手稿》研究[J].武汉大学学报(人文科学版),2011(03).

[179] 周嘉昕.《关于费尔巴哈的提纲》:历史、理论和文本[J].山东社会科学,2015(07).

[180] 周龙辉.哲学革命与现实概念的嬗变:从黑格尔、费尔巴哈到马克思[J].东北大学学报(社会科学版),2021(02).

[181] 周书俊.马克思的"类生活"与"人的解放"[J].理论建设,2016(01).

[182] 周婷.哲学的现实与现实的哲学——论马克思哲学革命的基石[J].天津社会科学,2016(05).

[183] 朱立元.试论马克思现代存在论思想的提出及其理论意义(下)——重读《巴黎手稿》札记之五[J].复旦学报(社会科学版),2021(01).

[184] 朱荣英.论人的自由的实践根源及其生命表现——西方哲学的自由主张及马克思哲学对它的实践批判[J].河南大学学报(社会科学版),2019(04).

[185] 邹广文.宋珊珊.马克思人化自然观的系谱学考察及其当代意义[J].河北学刊,2017(2).

[186] 邹诗鹏.马克思的社会存在概念及其基础性意义[J].中国社会科学,2019(07).

[187] 邹诗鹏.马克思哲学中的斯宾诺莎因素[J].哲学研究,2017(01).

[188] 左亚文,吴朝邦.论"对象化"与人的本质的实现[J].华中师范大学学报(人文社会科学版),2016(04).

[189] 左亚文.重评马克思的"类本质"思想[J].东南大学学报,2014(4).